钱穆先生著作

［新校本］

钱穆先生著作

[新校本]

秦汉史

钱穆 著

九 州 出 版 社
JIUZHOUPRESS

图书在版编目（CIP）数据

秦汉史 / 钱穆著 . — 北京 ：九州出版社，2015.10
（2018.10 重印）
ISBN 978-7-5108-4005-0

Ⅰ．①秦… Ⅱ．①钱… Ⅲ．①中国历史－秦汉时代
Ⅳ．① K232

中国版本图书馆 CIP 数据核字（2015）第 254611 号

秦汉史

作　　者	钱穆　著
出版发行	九州出版社
责任编辑	周弘博
封面设计	陆智昌
地　　址	北京市西城区阜外大街甲 35 号（100037）
发行电话	（010）68992190/3/5/6
网　　址	www.jiuzhoupress.com
电子信箱	jiuzhou@jiuzhoupress.com
印　　刷	三河市国新印装有限公司
开　　本	880 毫米 ×1230 毫米　32 开
印　　张	10.125
插页印张	0.25
字　　数	199 千字
版　　次	2015 年 12 月第 1 版
印　　次	2018 年 10 月第 3 次印刷
书　　号	ISBN 978-7-5108-4005-0
定　　价	45.00 元

钱穆先生印·宾四

新校本说明

　　钱穆先生著作简体新校本，经钱胡美琦女士授权出版，以钱宾四先生全集编辑委员会所编《钱宾四先生全集》繁体版为本，进行重排新校，订正其中体例、格式、标号、文字等方面存在的疏误，内容保持《全集》版本原貌。

　　本书最初所据，系钱穆先生于北京大学所讲之秦汉史讲义。一九五七年梓行于香港，一九八五年交台北东大图书公司印行第四版。《全集》在此基础上查对各书原文，将原书讹误一一订正，本书即以《全集》为底本。

九州出版社

目　录

序 / 1

第一章　秦人一统之局 / 1

第一节　春秋以下政治社会学术之剧变 / 1

第二节　文化之西渐 / 4

第三节　秦始皇帝之政治措施 / 13

第四节　秦代之文化政策 / 18

第五节　秦政府之覆亡 / 31

第二章　汉初之治 / 41

第一节　汉高孝惠之与民休息 / 41

第二节　文景时代国内外之情势 / 48

第三节　文景两朝之政治 / 61

第三章　西汉之全盛 / 65

第一节　学术之复兴 / 65

第二节　武帝之政治 / 75

第三节　武帝之武功 / 125

第四章　西汉之中衰 / 152

第一节　武帝一朝之财政 / 152

第五章　昭宣以后之儒术 / 188

第一节　汉之中兴 / 188

第二节　儒术与吏治 / 195

第三节　博士之增立 / 202

第四节　昭宣以下之学风 / 222

第六章　西汉一代之政制 / 243

第一节　西汉之封建 / 243

第二节　西汉之郡县 / 259

秦汉史

第三节　西汉之中央官制 / 269

第四节　西汉之地方官制 / 275

第五节　西汉之封爵 / 285

第七章　王莽之新政 / 288

第一节　王莽之篡汉 / 288

第二节　王莽始建国后之政治 / 302

序

  民国二十年秋，余膺国立北京大学史学系讲座，开始撰写讲义两种。一为《近三百年学术史》，一为《秦汉史》。越一年，《秦汉史》写至王莽，《近三百年学术史》写至李穆堂，皆未完编。自后乃专力撰写《学术史》。二十二年秋，又开始讲通史，计划为通史编讲义。而《秦汉史》一稿，遂竟搁置，未获续成。二十六年，奔亡湘滇，《秦汉史》讲义旧稿亦未携带，盖视同敝帚，不屑以自珍矣。

  一九四九年，再度奔亡来香港。越年冬，去台北，北大旧同学张君基瑞来谒。谈次，袖出《秦汉史》油印讲义一册，曰：此书于流离中常置行箧，迄今且二十年，吾师殆已忘弃。愿为题数字，聊作纪念。因率题数行归之。

  一九五一年冬，重去台北。越年春，清华旧同学陶君元珍来谒。谈次，复及此稿，曰：昔在清华研究院，听吾师讲秦汉史，油印讲义，尚留行箧中。此稿已越二十年，吾师曷不刊而布之，以惠学者？余曰：此稿未终编。即西汉一代，亦尚多重要节目，须续写东汉时再牵连补及。且此稿历二十年，始终未再加整理，当时编写匆促，殆不足复存。陶君曰：不然。师此稿，实多创见。《国史大纲》论述秦汉，有语焉不详，不如此稿之畅竭者，复多绝未提及者。此二十年来，虽不断有关于秦汉史之著述问世，然师此稿所创见，实多并世学人所未及。且师此稿，其行文体裁，亦属别创，堪为后来写新史者作参考。著述行世，各有影响，何必一一求如精金美玉，绝无瑕疵，乃可刊布乎？越日，陶君持油印讲义来，曰：以此相赠。师返港，可即付梓人也。乃余膺奇祸，幸得不死。秋返港，即创始属草《宋明理学概述》。此稿插书架，未暇理会。友人某君见之，曰：暂借一读，不日可归。事隔有年，浑忘借者何人。遍询相知，皆曰未借。则此稿虽在人世，固已杳如黄鹤，一去不复返矣。

一九五六年夏，重去台北，偶与北大旧同学数人谈此事。或曰：张君基瑞有此稿，当嘱其送来。越日，张君果携来。赫然见旧题，乃顿忆前事。余笑曰：余于此稿，初不自珍惜。自陶君一本失去，乃若人面桃花，倍滋眷念。今重获此本，真是自由天壤间惟一孤本矣。此亦二十五年前一番心血所注也。子当以相赠，吾归，必亟刊行之。张君曰：此固某等之所望也。然此本流窜相随，越二十年，师付印后，盼仍保此原本见归。余诺之。然为张君此一语，弥感于陶君有歉然。抑陶君所赠本，乃由清华油印，尚在此本之后，或于此本文字有异同，今亦漫不记省，无可再校核矣。

秋返港，乃始开卷细读，恍如晤对二十余年前故人，纵谈秦汉间事。虽不能一一尽如我意，要之此君所言，如出我肺腑间，真所谓相视莫逆，心悦而解，其为快何如耶！因遂校其讹文，稍稍补申其语气未足，而一仍其内容旧贯，以付梓人焉。

排字既竟，因备述付印经过。而复有一事，必郑重告读吾书者。盖此书仅是一讲义，备便讲述。学者就吾所讲，退而循诵马、班两史，庶有窥乎秦汉两代史迹之大概。即有精治马、班原史，涉猎吾书，亦足供讨论钻研之一助。若读者懒窥旧史，谓治吾书即是读秦汉史，此则吾罪滋甚，决非余刊行此稿之用意也。

一九五七年三月二十四日钱穆自识于香港九龙钻石山寓庐

第一章　秦人一统之局

第一节　春秋以下政治社会学术之剧变

中国自春秋以来，迄于战国，举凡政治、社会、学术思想诸端，均走上一急剧变动之状态。虽其变动之起，或先或后，孰主孰从，有难一言判者；要其相激相荡，以同趋于急剧之变动则一。今试扼要言之。

春秋时代中国诸夏活动之疆土，西限于秦，仅属陕西之东南部。南止于楚，仅属湖北之西北部。北极于晋、卫诸国，晋惟山西之南部，卫仅河南之北部。东达齐、鲁，治化不及于海滨。所谓"中国"者，如此而止。然诸侯错处，见经传者略凡百三十九。其间又杂以戎、狄、蛮、夷。盖当时所谓一国，其意义仅属于一城，与后世所谓"国"者大异。"国之大事，在祀与戎。"一国之元首，即一族之宗子。其下则为宗子之同姓近戚，或分封采邑，或同治国政。是一国即一宗、一族之异称。其国际间之往来，则朝聘、盟会、宴享、庆吊，亦无异于数大宗族间之家庭酬酢。此以言其政治。若论庶民，则惟务稼穑。贵族筑城郭居中央为领主。其四鄙则划井为耕地，农人居之。又间以林地或牧场，薮泽或池塘，以及于郊封而止。所谓"封疆之内，莫非王土。食土之毛，莫非王臣"。凡土地之所有权，则全属王侯。山林薮泽，渔猎樵采之利，直属封君地主，农民并不得与。而农民之耕于地者，则纳税与服役，而为之臣属焉。以言学术，则"政教不分，官师合一"。大率一国之历史、宗教、政治，三者每混而不别。其典籍掌之史祝，藏之宗庙，即其一宗一姓之父兄子弟亦未必尽晓，无论下民也。

此等状态，春秋二百四十余年，固已日驰月骤，变动而不可止。及于战国，而其为变益烈。循至造成一绝异之阶段。其先诸侯兼并，次则大夫篡夺。一姓、一宗封建世袭之诸侯渐次沦亡，而军政国家之规模于以形成。在内则务开辟，在外则事吞并。遍设郡县以直辖于中央。食俸任职之官吏，代分邑受土之贵族而兴。各国争务于尽地力，划阡陌，废封疆畔岸，而肆农力于畎亩。于是耕者一夫不定于百亩，而民田亦得自由买卖。井田之制废，而土地之所有权乃自封君转入于庶民。同时山泽解禁，自由工商业勃起。大都市如临淄、邯郸，数百里相望。国家又兴募军，养武士。筑城开渠，建宫室，制兵械。诸大工役竞起，不得不广备奴役。而游士朋兴，君卿贵族争养食客。而社会之剧变，遂与春秋以来大殊其貌相。

　　然此一时代潮流中剧变之尤堪注目者，则厥为社会学术之勃兴。王官之学散而为诸子，其后著录于《汉书·艺文志》之书籍，凡七十九家，一千二百四十三篇，而词赋、兵法之类不与焉。可想其著述之富。而一大师之所号召，其朋徒之盛，风声之广，盖尤后世之所少见也。然燕惟《庞煖》二篇列纵横家，秦则自吕不韦后乃有著述。然不韦固亦东方人也。则其时各国学术，高下盛衰亦远异。大抵先起者为儒、墨，孔丘、墨翟皆鲁人，其学风所被，亦以齐鲁东方为盛。继起乃有法家、兵家、纵横家，如李克、吴起、商鞅、尸佼、申不害、公孙衍、张仪之徒，则三晋之士为多。论其学风，不徒先后有殊，亦复东西有别。东方齐鲁学人，大率尚文化，重历史。其学风对象，以整个社会为主。重一般之人生，不以狭义的国家富强为出发点。故其议论思想，往往求为整个社会谋彻底之改进。此为儒、墨两家所同。其后道家继起，其论学态度亦复同也。至三晋之士，则其目光意气，往往仅限于一国，仅以谋其国家之富强为基准。其用意所在，仅就现状粗加以革新，并不能注意及于整个之社会、全部之人生。其思想大体，仅为因利就便，趋于目前之功利而止。故其议论，往往尚权力而薄文化，重现实而轻历史。则法家、兵家、纵横家皆然。此则其大较也。至于秦，僻处西垂，其文化程度较东方为远逊。其所赖以兴国措政，以追逐于时代潮流急转之下者，则尽东土之士也。

第二节　文化之西渐

秦人僻居西土，就文化言，较东方远为落后。故秦之措施，大抵袭自东方；其任用以见功者，亦率东土之士也。秦自襄公始国，与东方诸侯通聘享之礼。及缪公，与晋通婚姻，与东方交涉益频。重用虞遗臣百里奚、蹇叔，称霸西戎。然东侵之路，为晋所扼。终春秋世，秦人未获逞志于东方。自此以往，直至孝公变法，而其势遂变。而东方文化之西渐，亦自孝公后而其迹益著。

一　商鞅及张仪范雎诸人

商鞅卫人。孝公变法，全出商鞅之主张。为鞅之参谋者有尸佼，晋人。其人殆出于儒，今《穀梁传》尚有其遗说。鞅之创制变法，大体受之李悝。《晋书·刑法志》言悝"撰次诸国法，著《法经》六篇，商鞅受之以相秦"，是也。商鞅之措施，又时时与吴起相似。商鞅、吴起，盖同承李悝之遗意也。今据《史记·商君列传》，商鞅变法有极关重要者几端：

一、废贵族世袭。宗室非有军功论，不得为属籍。

二、行县制。集小都、乡、邑、聚为县，置令、丞，凡三十一县。

三、禁大家族聚居。民有二男以上不分异者，倍其赋。令民父子兄弟同室内息者为禁。

四、行新田制。为田开阡陌封疆而赋税平。

五、推行地方自治。令民为什伍，而相收司连坐。

六、制军爵。有军功者，各以率受上爵。

七、奖农织。耕织致粟帛多者，复其身；事末利及怠而贫者，举以为收孥。（收录为官奴婢。）

八、建新都。筑冀阙宫庭于咸阳，自雍徙都之。

九、统一度量衡。平斗斛权衡丈尺。

一〇、法律上之平等。太子犯法，刑其师傅。

要之商鞅新法之意义，务在破弃旧传封建贵族制度之种种束缚，而趋于新军国之建设也。旧传封建制度之积弊，在东方文化较高诸邦，久已呈露。有识之士，激于世变，咸思改革。然以受古代文化之染缚较深，种种因袭牵制，荡涤匪易。魏文侯以大夫篡位，其自身地位之演进，本亦崛起于新时代机运之下，故其对于当时要求改革之新潮流，比较易于接受。然李悝虽相魏，似未大施其抱负。吴起于武侯世，亦不久遭谗而去。其在楚，终以变法改制见杀。商鞅较二人为后起。而秦人在文化历史上之演进，较之东方诸国，乃远为落后，故转得为种种之创新。其实商鞅变法，其最重要者，如上列

一、二、三、四诸项，在东方晋、楚诸国，本属早已推行。商鞅不过携带东方之新空气，至西方如法炮制，使西方人赶上东方一步。而结果则后来居上，新军国之创建，惟秦为最有成功焉。

史称孝公立，河山以东强国六，力政争相并。秦僻在雍州，不与中国诸侯之会盟，夷翟遇之。可见当时东方诸邦对秦人之鄙视。自商鞅入秦，其势遂一变。自后有张仪、范雎，皆魏人，仕秦，建伟绩。甘茂、公孙衍亦籍三晋。秦用客卿，其效大著。盖三晋之与秦，一则壤地相接，二则三晋学风多尚功利、务实际，亦与秦土旧风易于相得。则此所谓文化西渐者，其实以受三晋之影响为大。至于东方齐鲁诸邦，当时认为中国历史文化正统之代表，其学风思潮，每喜以整个社会之改造为帜志者，似尚未与秦人发生多少关系也。

范雎秉政时，荀卿入秦。荀卿赵人，亦籍三晋，然游学齐之稷下，精儒业，得当时东方文化之深义。范雎问之曰：“入秦何见？”曰：“佚而治，约而详，不烦而功，治之至也。秦类之矣。然而县之以王者之功名，则偶偶然其不及远矣。则其殆无儒耶？”（《荀子·强国篇》。）是荀卿亦赞许秦之法治，而讥其无儒。可证秦至昭王时，尚未受齐鲁东方文化之感染，故荀子嫌之也。而其法治之美，则自商君以来，迄于范雎，盖成于三晋人之手者为多。秦之富强，则皆三晋法治新统之成绩也。

秦人本无文化可言。东方游士之西入秦者，又大多为功名之士，对其故土文化，本已抱不满之感，欲求别辟新局以就功业。秦人之视文化，亦仅以为致国富强之捷径，于东土文化本身之佳美，及其意味之深邃处，则并未能认识接受而消融以为我有也。故东土文化之西渐之在秦人视之，仍为一种客体，并未能真有栽根立脚之点。商鞅车裂，张仪见逐，范雎退绌。其他如公孙衍、甘茂之徒，均不能安身于秦廷。观于秦人对东方游士及客卿之态度，即可见其对东土文化感情之一斑矣。其大规模的为东方文化西渐之鼓动者，厥为吕不韦。

二 吕不韦及其宾客

吕不韦亦籍三晋，然其在秦所努力者，实欲将东方学术思想之全部，移殖西土；不仅如商鞅、范雎诸人，只求在政治上有所建白而已。史称吕不韦为秦相国，时魏有信陵君，楚有春申君，赵有平原君，齐有孟尝君，皆下士，喜宾客，以相倾。吕不韦以秦之强，羞不如，亦招致群士，厚遇之，至食客三千人。是时诸侯多辩士，如荀卿之徒，著书布天下。吕不韦乃使其客人人著所闻，集论以为八览、六论、十二纪，共十二万言。以为备天地万物古今之事，号曰"吕氏春秋"。当时东方诸国，以武力言，固已远不敌秦。而言文化，则仍不脱其鄙视秦人之旧见。邯郸之役，东方诸国议欲帝秦。鲁仲连慷慨陈辞曰："彼秦者，弃礼义而上首功之国也。权使其士，虏使其民。彼则肆然而为帝，过而为政于天下，则连有赴东海而死耳，不忍为之民也。"（《史记·鲁仲连传》。）即其语已可见。蔺相如使秦，直斥其君自缪公以来，未尝有坚明之约束。又渑池之会，强秦君击盆瓿以辱之。此均是东方人于文化上轻傲秦人之证。至吕不韦，乃欲将东方学术文化大传统，移殖西土。其愿力固宏，其成绩亦殊可观。即今传《吕氏春秋》一书，便是其成绩之结晶品也。然当时吕氏宾客，虽居秦土，彼等观念上，亦并不尊秦，似仍抱其以东方文化轻傲秦土之素习。明儒方孝孺谓："其书数秦先王之过无所惮，而秦不以罪，则秦法犹宽。"（《逊志斋集》卷四《读吕氏春秋》。）其实非秦法之宽，此特当时东西文化高下一种应有之现象而已。今姑拈数例为说。《吕氏·谨听篇》：

> 今周室既灭，而天子已绝。乱莫大于无天子。
> 无天子则强者胜弱，众者暴寡，以兵相残，不得休
> 息。今之世当之矣。

吕氏著书，已在始皇世，至始皇八年而成。其时周室已灭，而六国皆未亡，故篇中之言如是。然吕不韦为秦相国，其宾客著书，全不为秦留地步，仅以与六国同列，岂不可怪？又《功名篇》：

> 欲为天子，民之所走，不可不察。今之世至寒
> 矣，至热矣，而民无走者，取则行钧也。欲为天子，

所以示民，不可不异。行不异乱，虽信今，（信，伸也。
言得志。）民犹无走。民无走，王者废矣，暴君幸矣，
民绝望矣。

此明讥秦政，虽以武强伸于一时，犹不为民所走也。不韦书
成，布诸咸阳市门，而其言犹如此。则当时吕氏宾客，口谈
议论，其所不见于文字者，又当如何乎？凭此推想，则无怪
不韦之终必招忌贾祸矣。旧史述不韦事迹，其实多可疑处。
最著者如称秦始皇为吕不韦子，其说实无根。同时楚相春申
君见杀，而杀之者楚幽王悼，亦流言是春申君子。其情迹与
吕不韦大体相似。同时发生此二怪事，较之古史传说，桀、
纣暴行，先后相类，更为出奇。昔人辨始皇非吕出者，本已
多有其说。（详见《史记志疑》。）余考《秦策》，吕不韦为子楚游
秦，已在孝文王时。所说乃孝文后弟阳泉君。与《史记》所
载不同。若依《秦策》，不韦入秦，始皇已生十年，不韦岂
能预为钓奇！至不韦纳姬事，《秦策》亦无之。史公不取《秦
策》，由其好奇。而不韦之死，其幕后殆有政治上之背景，未
必真由嫪毒也。《魏策》有一节：或谓魏王曰："秦自四境之
内，执法以下至于长挽者，故毕曰与嫪氏乎？与吕氏乎？今
王割地赂秦，以为嫪功，太后之德王也深，天下必舍吕氏而
从嫪氏，则王之怨报矣。"据此，则吕氏与嫪氏为政敌，太后
祖嫪氏。嫪氏得志，秦政必乱，故诸侯之怨可报。此亦未见
有嫪氏由吕氏进身之迹。至以大阴关桐轮等种种丑闻，竟不

知其何由而四播。大抵不韦在秦，虽居相国尊显之位，而兵权实力，则并不在握。始皇既忌之，故因治嫪毐而牵连诬陷不韦。嫪毐既自称为始皇之假父，吕氏宾客，实力不足以抗秦，遂造为飞谣以自快，因谓不韦是始皇真父耳。《秦始皇本纪》载：十二年不韦死，"其舍人临者，晋人也，逐出之。秦人六百石以上，夺爵，迁。五百石以下不临，迁，勿夺爵。"可见秦廷忌视不韦宾客，尤以晋人为甚。故借人不韦罪而尽逐之。其年秋，复嫪毐舍人迁蜀者，而吕氏门下宾客，终无明文许复；则此事后面有政治上之关系甚显。吕氏之在当时，是否有取秦而代之意，今虽不易轻断；然东方宾客在文化的见地上轻傲秦人，而秦人对东方文化亦始终不脱其歧视与嫉视之意，则为吕氏取祸之最大原因也。其后因始皇迁太后于雍，齐人茅焦说之，曰："秦方以天下为事，而大王有迁母太后之名，恐诸侯闻之，由此倍秦。"秦王乃迎太后入咸阳。茅焦之说，仍以东方文化为高压，谓有迁母之名，不免为东方人所轻耳。自《史记》载吕不韦事，不免惑于流言，未能抉出当时真相；遂使以下焚书、坑儒诸案，于史实上均不免多增一重之黯晦；故特为之辨析。至于《吕氏春秋》一书在当时学术思想史上之贡献及其重要性，则非此所能详也。

三　韩非尉缭李斯

吕不韦既死，东方学者入秦见祸者尚有韩非。非，韩之诸公子，亦籍三晋，与李斯俱事荀卿。或传其书至秦，始皇见之，曰："嗟乎！寡人得见此人，与之游，死不恨矣。"李斯曰："此韩非之所著书也。"其后秦攻韩，韩遣非入秦，非竟囚死。非之死，史称李斯谮杀之。然考《韩非》书有《存韩篇》，称韩客上书，言韩未可举；其人自为韩非。其后有李斯驳议，谓："非之来也，未必不以其能存韩为重于韩也。秦、韩之交亲，则非重；此自便之计。臣视非之言文，其淫说靡辨才甚。臣恐陛下淫非辨，因不详察事情。"史所称李斯谮杀非者，疑即指此。然此犹不失为一种政见之异同，斯之为秦谋者如此，未见其即为谮也。又考《秦策》，韩非、姚贾相谮，不及李斯。李斯晚节不终，众恶归之，今亦无可深辨。惟韩非以韩之诸公子，在秦建存韩之议，史称李斯、姚贾谮非，谓："秦欲并诸侯，非终为韩不为秦。今不用，久留而归，此自遗患也。不如诛之。"此实秦廷必诛韩非之真意。至秦王始见《韩非》书而深爱之者，亦有故。余考晚周学术，大抵邹衍、吕不韦为一派，荀卿、韩非为一派。邹衍、吕不韦取径宽，主兼容并包，有浑涵之势。荀卿、韩非取径狭，主定于一是，有肃杀之气。秦人于东土文化，始终未能近受，特借以为吞噬搏攫之用。不韦既见杀，而始皇得读《韩非》书，见其所谓"明主之国，无书简之文，以法为教，无先王之语，以吏为师"（《五蠹》。）一类之语，宜其深喜之。其卒于囚杀非，与其始之深慕非者，其实本于同一心理。要之秦人之视东土之文教及学者，仅等于一种工具。使其无所用，或且为我害，则摧残毁灭之不少惜。决不如东方人对自己文化，有历史传统之观感，与深厚之爱护也。

在韩非前，尚有尉缭，大梁人，亦籍三晋。来游秦，秦王与亢礼，衣服食饮与缭同。缭曰："秦王居约，易出人下。得志，亦轻食人。不可与久游。"乃亡去。秦固止以为国尉。此人可谓有深识。其实此非秦始皇一人之性情为然。秦廷对东方文化与学人之心理，始终如是，自其对商鞅以来未有变也。

李斯本亦吕不韦舍人，后为秦客卿。始皇十年，不韦免。是岁，秦议一切逐客。《史记·李斯传》谓由郑国开渠事，然当与吕不韦狱有关，实秦人对东方客卿擅权之一种反动也。李斯上书说，历述秦收客卿之效。又谓珠玉狗马声色之玩，一切物质享用，秦皆取之于东方，何得取人而独不然！秦卒罢逐客令，而李斯大用事。良以秦人对东土文化，虽抱歧视之念，然终不得不降心以相就。且李斯学于荀卿，其议论意趣，亦主于严肃统治。其对东方文化现状，多抱一种裁制之态度。此点与吕不韦极违异，而与秦之国情则较合。斯又为上蔡布衣，与韩非之为韩诸公子，易招秦廷之忌者又别；此其所以独能得志也。

第三节　秦始皇帝之政治措施

一　废封建行郡县

秦始皇帝灭六国，一天下，其政治措施之重要者，当首推废封建而行郡县。然封建之废，实不始于秦。自春秋以来，西周封建旧制，固已日在崩坏之中。封建制渐崩坏，即郡县制渐推行，二者相因，本属一事。考之《左传》，晋人早有县制。自曲沃并晋，献公患桓、庄之族逼，而尽杀群公子。及骊姬之乱，诅无畜群公子，而晋遂无公族。县制行，当始其时。（《左传》僖公三十三年，晋襄公以再命，命先茅之县赏胥臣。为"县"字之始见。）晋国政权之早得集中，殆亦其国势日隆之一因。至于顷公时，晋之宗家祁傒孙，叔向子，相恶于君，六卿欲弱公室，乃遂以法尽灭其族，而分其邑为十县，各令其子为大夫。晋益弱，六卿日大。自后晋遂亡。而其所创县制，则三家因之，勿能革也。春秋时，除晋外，行县制者犹有楚。宣公十一年，楚子县陈。十二年，郑伯逆楚子，曰："使改事君，夷于九县。"然则楚以灭人国为县也。内废公族，外灭人国，即封建制崩坏之两因，亦即县制推行之两因也。《史记·秦本纪》，武公十年，伐邽、冀戎，初县之。十一年，初县杜、郑。其时尚在曲沃武公并晋之前。及厉共公二十一年，初县频阳，则正晋六卿擅权时也。其后商鞅入秦，并诸小乡聚集为大县，县一令，四十一县。则秦之政治区域，至此已正式以县制划分矣。郡名亦始于六国。史言乐毅下齐七十余城，皆为郡县。齐愍王遗楚怀王书曰："四国争事秦，则楚为郡县。"张仪说燕昭王曰："今时赵之于秦，犹郡县也。"可见郡县制决不始于秦人统一之后。（参读顾炎武《日知录》卷二十二"郡县"条。）

始皇二十六年尽灭六国，丞相王绾等言："诸侯初破，燕、齐、荆地远，不为置王，无以镇之。请立诸子。"始皇下其议。群臣皆以为便。廷尉李斯议曰："周文武所封子弟同姓甚众，然后属疏远，相攻击如仇雠。诸侯更相诛伐，周天子不能禁止。今海内一统，皆为郡县，诸子功臣以公赋税重赏赐之，甚足，易制。天下无异意，则安宁之术也。置诸侯不便。"始皇曰："天下共苦战斗不休，以有侯王。天下初定，又复立国，是树兵也；而求其宁息，岂不难哉？廷尉议是。"分天下以为三十六郡，郡置守、尉、监。观此，则秦之群臣，有昧于时变，而欲恢复古代封建之旧制者。始皇、李斯，则循时势之推迁，因现状而为政。特未徇当时群臣复古之议耳，非能以一时一手一足之烈，毁天下之封建以为郡县也。

二 寝兵政策之实施

战国二百余年，苦于兵革。寝兵之说，春秋时如宋向戌之徒已倡之。自后墨家尤盛倡此义。然此实时代一般之理想。秦既统一，其不复封建，亦以求长期之宁息。又继之以收天下兵，聚之咸阳，销以为钟镶。金人十二，重各千石。又三十二年刻碣石门云："堕坏城郭，决通川防，夷去险阻。地势既定，黎庶无繇，天下咸抚。"堕城郭，决川防，夷险阻，免兵役，实与销锋镝实同为一种寝兵之企图，所以副长期兵争之后与民休息之意，而为统一盛运一最受憧憬之美景也。

三　新首都之建设

秦人之润色统一，又复极致力于新首都之建设。其意在集天下之视听，而耸动镇炫之，以使凝定于一尊也。盖中国疆土既广，列国分争已久，咸阳既为中国历史上一统的新首都之创始，在当时自不得不有一番文物之藻饰也。其著者：一、徙天下豪富至咸阳十二万户。二、大兴宫殿，每破诸侯，写放其宫室，作之咸阳北阪上，南临渭。自雍门以东至泾、渭，殿屋复道周阁相属。二百里内，宫观二百七十。所得诸侯美人钟鼓，以充入之，不移而具。又为阿房殿，高数十仞，东西五里，南北千步，从车罗骑，四马骛驰，旌旗不桡。为阙道，自殿下直抵南山，表南山之颠以为阙。为复道，自阿房渡渭，属之咸阳。务使极其宏丽。既兼东方诸国之所有，而又更驾而上之。而其时东方诸大都会，如魏之大梁，楚之郢，赵之邯郸，均以军事残破，独齐之临淄稍得全，然固不得与咸阳伍；而咸阳遂翘然为全国之首邑焉。

四　郡邑巡行与驰道建筑

秦人于内则努力于新首都之创建，外则岁时巡行郡县，同为当时抟固一统局面之政策。求为便于巡行，则治驰道。其事在始皇二十七年。《汉书·贾山传》有云："秦为驰道于天下，东穷燕、齐，南极吴、楚，江湖之上，濒海之观毕至。道广五十步，三丈而树，（三丈中央地，惟皇帝得行，树之以为界。）厚筑其外，隐以金椎，（隐，筑也。）树以青松。"其制壮丽如此。其后三十五年，又除道，道九原，（今河套地。）抵云阳，（今陕西淳化县北。）堑山堙谷直通之。《史记·蒙恬传》谓："使恬通道，自九原抵甘泉，堑山堙谷千八百里。道未就而始皇崩。"其后太史公又云："吾适北边，自直道归，行观蒙恬所为秦筑长城亭障，堑山堙谷通直道，固轻百姓力矣。"是蒙恬直道，始皇崩时虽未就，殆其后又足成之也。

五　制度文字风俗之统整

始皇二十六年，一法度衡石丈尺，车同轨，书同文字。又琅琊刻石："器械一量，同书文字。"凡此皆所以努力于造成当时一统之局面者。而于社会风俗之统整，秦人亦颇能注意，其事均见于其巡行之刻石。会稽一刻，尤为后人称道。其辞曰："饰省宣义，有子而嫁，倍死不贞。防隔内外，禁止淫佚，男女絜诚。夫为寄猳，杀之无罪，男秉义程。妻为逃嫁，子不得母，咸化廉清。"顾氏亭林称其"坊民正俗之意，未异于三王"。并为推论其意，谓："考之《国语》，越王勾践栖于会稽，恐国人不蕃，故令壮者无取老妇，老者无取壮妻。女子十七不嫁，丈夫二十不娶，其父母有罪。生子女有赏。《左传》子胥曰：越十年生聚。《吴越春秋》至谓勾践以寡妇淫佚过犯，皆输山上，士有忧思者，令游山上，以喜其意。当时勾践欲民之多，不复禁其淫佚，至盛奖之。以至六国之末，而其风犹在。始皇始为之厉禁，而特著于刻石之文，且不著之于燕、齐，而独著之于越。"（《日知录》卷十三《秦纪》会稽山刻石"条。）今按：琅琊刻石云："以明人事，合同父子。"是尚孝也。又曰："皇帝之功，勤劳本事，上农除末，黔首是富。"是重农也。此二者，皆为后来汉治之所重。又曰："匡饬异俗，陵水经地。"又之罘刻石曰："黔首改化，远迩同度。"则秦之注意于全国社会风俗之统整，固不仅会稽一刻为然已。

六　边境之开拓与防御

上述五端，皆为秦廷对于国内统治之努力。此外又注意于边境之开拓及防御。三十三年，略取陆梁地，为桂林、象郡、南海。西北斥逐匈奴，自榆中并河以东属之阴山，以为三十四县。因筑长城，起临洮至辽东，延袤万余里。中国版图之恢廓，盖自秦时已奠其规模。近世言秦政，率斥其专制。然按实而论，秦人初创中国统一之新局，其所努力，亦均为当时事势所需；实未可一一深非也。

秦政之尤招后世非议者，则为其焚书、坑儒事。此两事关系当时史实甚大，当专论之于后。

第四节　秦代之文化政策

　　秦人本无其本身之文化传统，战国以来，凡所兴建，皆自东方移殖，而秦人又迄未能融以为己有；此已于第二节详之。然东土学术，本自有齐鲁与三晋之别。凡秦人所师受而信用者，特三晋功利之士耳。至于齐鲁间学者讲学，重历史文化精神，求为社会整个的改造之理想，则秦之君臣，固未之前闻，抑亦无情欣赏。而方列国争强，方宇割裂，诸家论学，异说竞鸣，初惟见其凌杂，乃不感其相互间之冲突。逮于战国晚世，则固已有恶此凌杂而求有以出之于一途者。如老子，（其书晚出应在此。）如荀卿，如韩非，三子之著书，皆于此特加强调。荀卿虽久游稷下，熟闻东方学者尚文化、重历史之高论，然卿本赵人，亦自不脱三晋务实际、尚功利之流风。韩非、李斯受其学而体究不深，则不免一切以趋于功利。及秦既统一，而天下学人萃于一国，于是相互间冲突之形势遂大显。则有称说上古三代以鄙薄朝廷之建设者，此等大率出于齐士。李斯得君行道，乃本其师说，以"法后王"之见相绳。此实有合于秦廷向来对于东土文教不甚珍重护惜之态度，而于是乃有所谓"焚书"之事；此实中国史上一至值重视之事件也。

一　焚书

焚书之起，在始皇三十四年。博士仆射周青臣与博士齐人淳于越，辩废封建之得失。淳于越称说殷周，谓"事不师古而能长久者，非所闻也"。始皇下其议。丞相李斯曰："五帝不相复，三代不相袭，各以治。非其相反，时变异也。陛下创大业，建万世之功，固非愚儒所知。且越言三代事，何足法！异时诸侯并争，厚招游学。今天下已定，法令出一。百姓当家则力农工，士则学习法令辟禁。今诸生不师今而学古，以非当世，惑乱黔首。丞相臣斯昧死言：古者天下散乱，莫之能一，是以诸侯并作，语皆道古以害今，饰虚言以乱实。人善其所私学，以非上之所建立。今皇帝并有天下，别白黑而定一尊，而私学相与非法教。人闻令下，则各以其学议之。入则心非，出则巷议。夸主以为名，异取以为高，率群下以造谤。如此弗禁，则主势降乎上，党与成乎下。禁之便。"此为当时李斯建议焚书之理论。分析言之，约有两端：

> 一、深恨当时愚儒不明朝廷措施精意，不达时变，妄援古昔，饰言乱实。
> 二、鉴于战国游士嚣张，希复古代民力农工，仕学法律，政教、官师不分之旧制。

今试平心衡论，始皇、李斯在当时，能毅然推行郡县新制，不复封建旧规，此自一时之卓识。而并世之拘士，尚复称古道昔，哓哓争辩。政制是非，久始得定；急切相争，无可晓喻。此自可资惋叹，而无奈何者。李斯之见，谓"三代事何足法，诸生不师今而学古"，斯引以为大恨。此其蔑弃历史传统文化之观点，而一切以趋于当前之便利功实为主。其与淳于越诸人思想上之冲突，其背景实即战国以来齐鲁学与三晋学之冲突也。且始皇、李斯知古代封建旧制之不足复，而犹尚希慕于古者学术统于王官之成规。不悟此与封建同一根柢，皆由贵族阶级之世袭而来。今既无世袭之贵族，而欲尊王学于一统，以禁绝民间私家之学，其事要为不可久。则始皇、李斯之识见，亦与其所斥当时之愚儒者，相差无多耳。政治家过于自信，欲以一己之意见，强天下以必从，而不知其流弊之深，为祸之烈也。然此等议论，自荀卿、韩非著书，早已高唱极论。惩于游士之嚣张，不惜为一切之裁抑。偏狭峻刻，早为秦廷焚书埋下种子。李斯亦不过实行其师门之主张，同情其友生之感慨而已。荀卿自视太高，韩非急于事功，两人议论，不期而合。亦不悟其身后流弊之深，为祸之烈，有如此也。盖齐鲁诸儒之病，或有陷于迂远；而三晋群士之弊，则不免流于刻急；此当时两派之得失也。至后世学人，乃专以专制愚民归罪秦之君臣；此亦未尝不是，然亦仅呵谴其外貌，犹未能深探其内情耳。

至于焚书办法，李斯所奏亦有拟定。云：臣请

一、史官非《秦纪》，皆烧之。

二、非博士官所职，天下敢有藏《诗》《书》、百家语者，悉诣守尉杂烧之。

可见秦廷当时焚书，实分三类：

一、史官书，除《秦记》外全烧。

二、《诗》《书》、百家语，非博士官所职全烧。

三、秦史及秦廷博士官书犹存。

除焚书外，同时尚拟办法几项：

一、敢偶语《诗》《书》，弃市。

二、以古非今者族。吏见知不举者，与同罪。

三、令下三十日不烧，黥为城旦。

四、所不去者，医药、卜筮、种树之书。

五、若有欲学法令，以吏为师。

此处有极应注意者，则秦廷当时禁令，实似并不以焚书为首要。故"令下三十日不烧"，仅得黥罪。而最要所禁制者，实为"以古非今"，其罪乃至于灭族。次则"偶语《诗》《书》"，罪亦弃市。良以此次焚书动议，本由于诸儒之师古而议上。偶语《诗》《书》，虽未必即是议论当时之实政，然彼既情笃古籍，即不免有以古非今之嫌；故偶语《诗》《书》，即明令弃市也。而谈论涉及百家，则并不在禁令之列。此实无从禁，且亦不必禁。因李斯动议本重以古非今，而百家后起之说，则颇少称道先王也。然则秦廷此次焚书，其最要者为六国之史记，（此殆属《春秋》以下旧传官书。）以其多讥刺及秦，且多涉及现实政治也。其次为《诗》《书》，此即古代官书之流传民间者，以其每为师古议政者所凭藉也。又次乃及百家语，似是牵连及之，实不重视。而禁令中焚书一事，亦仅居第三最次之列。首禁议论当代政治，次禁研讨古代文籍，第三始禁家藏书本。其所谓"诣守尉杂烧之"者，亦似未尝严切搜检。当时民间私藏之事，以情事推之，不仅难免，实宜多有。自此以下，至陈涉起兵，不过五年。故谓秦廷焚书，而民间书荡然遽尽，绝少留存，决非事实。惟《诗》《书》古文，流传本狭。而秦廷禁令，又特所注重。则其遏绝，当较晚出百家语为甚。故自西汉以来，均谓秦焚书不及诸子，（王充《论衡·书解》、《佚文》、《正说》诸篇，赵岐《孟子题辞》，王肃《家语》后序，《后汉·天文志》，刘勰《文心雕龙·诸子篇》，逢行珪注《鬻子》叙等。）又谓秦焚书而《诗》《书》古文遂绝，（《史记·六国表序》、《太史公自序》，扬雄《剧秦美新》，及《论衡》上举诸篇。）盖指此种状态而言也。

二 坑儒

坑儒事起于焚书后一年，为始皇之三十五年。缘有侯、

秦汉史

卢两生，为始皇求仙药，谓始皇贪于权势，未可为求，亡去。始皇大怒，曰："吾前收天下书，不中用者尽去之，悉召文学、方术士甚众，欲以兴太平。方士欲以炼求奇药。今闻韩众去不报，徐市等费以巨万计，终不得药，徒奸利相告日闻。卢生等吾尊赐之甚厚，今乃诽谤我。诸生在咸阳者，吾使人廉问，或为讹言，以乱黔首。"于是使御史悉案问诸生。诸生传相告引。乃自除犯禁者四百六十余人，皆坑之咸阳，使天下知之以惩。后益发谪徙边。据此，则此次诸生见坑之罪，总有两点：

> 一曰诽谤上。
> 一曰讹言以乱黔首。

所谓"自除犯禁"者，即犯诽谤上及讹言乱黔首之禁，决非谓兴太平及炼求奇药为犯禁也。诽上之禁，即去年李斯奏请焚书所谓"以古非今"、"偶语《诗》《书》"之类矣。（《说苑》卷二十详载卢生批评始皇语，可参读。）故曰"使天下知之以惩"，正使皆惩于诽上与讹言，决不惩其望星气、炼奇药、为方术，及以文学兴太平也。后世乃谓秦廷所坑尽属术士，亦失其真。

秦廷之焚书、坑儒，古今人尽非之。然实不知焚书一案，其注重者尚不在焚书，前节已论及。至于坑儒，其所重亦不在坑儒，而别有在。何以言之？夫一时所坑，限于咸阳诸生四百六十余人，而其意则在使天下惩之不敢为讹言诽上。其一时未能尽惩者，后乃益发谪徙边。所谪亦必皆讠尤言诽上之罪也。故坑者四百六十余人，而谪者尚不知其几许。以秦之贪于刑罚，恐其数当甚巨。且亦不限于咸阳，政令所及，当遍全国也。故始皇长子扶苏谏曰："诸子皆诵法孔子，今上皆重法绳之，恐天下不安。"可见当时所谪实非属方士。所谓"诵法孔子"者，大率还以"偶语《诗》《书》"与"以古非今"两途为多耳。

三 博士官之设立

秦廷焚书，由于博士议政。其焚书令又明白规定非博士官所职皆烧。后人因谓秦廷只焚民间书，不焚博士官书。又谓六经掌于博士，故得不焚，无残缺。其实皆非也。考《汉书·百官公卿表》："博士，秦官，掌通古今。"博士官名已起于战国。如公仪休为鲁博士。（《史记·循吏传》。）贾山祖父祛，为魏博士。（《汉书·贾山传》。）淳于髡为齐博士等。（《说苑·尊贤》。）大抵齐之稷下先生，乃秦代博士制度之所本，故淳于髡以稷下先生亦称博士也。博士掌通古今，即齐制稷下先生所谓"不治而议论"者是已。《续志》："博士掌教弟子，国有疑事，掌承问对。"教弟子者，亦稷下先生先有之。如荀卿年十五，游学于齐，即为稷下弟子也。承问对，如秦群臣上尊号，称"谨与博士议"。（二十六年。）始皇渡湘江，逢大风，问博士，曰"湘君何神"。（二十八年。）及陈胜起，二世召博士诸儒生问之，皆是也。汉叔孙通以博士封稷嗣君，即谓其嗣稷下之遗风。又郑玄《书》赞,称"我先师棘下生子安国",棘下生即稷下先生,以孔安国为博士,故称之为稷下先生。此皆汉人尚知秦博士官制源于齐稷下先生之制之证。齐之稷下,则承鲁缪公、魏文侯养贤礼士而来。其演变所趋,则为四公子之门宾食客。惟自稷下以来,不闻专掌六艺,则秦博士亦必不专掌六艺,审也。惟其为博士者不专限于治六艺,故至汉文帝时,尚有所谓"诸子博士"及"传记博士"。其人于古今诸学,苟有一长,均得为之,如秦有"占梦博士"(见三十七年。)是也。至汉武帝始罢诸子、传记,专立五经博士,而博士之制遂一变。然则秦不焚博士官书,不得即谓其不焚六经,此理甚显。

且博士官所掌,亦非有一定。即如汉武立五经博士,《书》有欧阳,其后又有大小夏侯。《春秋》则公羊,其后穀梁则屡立屡废。则博士所掌,尽可有增除。故伏生治《尚书》,为秦博士,秦时焚书,伏生逃而壁藏其书。可知伏生初以治《尚书》,得备位博士,其事当在始皇三十四年前。及焚书议起,偶语《诗》《书》有禁,《尚书》决不再立为博士。故伏生亦亡去,而壁藏其书矣。然则秦代焚书前博士所掌,与焚书后决不一致。即如博士淳于越,为焚书一案起因之主要人,观其议论,殆亦儒生,以习《诗》《书》而得为博士者。然伏生尚失职,淳于越定不得仍为博士。故据秦有博士,遂断六经无残缺,不免为粗略之论矣。

博士额定七十人,其制亦袭稷下先生七十人也。(稷下七十人疑模孔子七十弟子。）秦始皇三十四年，置酒咸阳宫，称“博士七十人前为寿”。《说苑·至公篇》，亦称“博士七十人”。三十五年，侯生、卢生相与谋，尚谓“博士虽七十人，特备员”。是焚书令后，博士员数未有减，仍为七十也。（二世问陈胜事，召博士诸生三十余人，盖未全至。）《汉书·艺文志》，儒家《羊子》四篇，班注：“百章。（“百”疑“名”之讹。）故秦博士。”又名家《黄公》四篇，班注：“名疵，为秦博士。作歌诗，在秦时歌诗中。”又始皇三十六年，使博士为仙真人诗。京房称秦时赵高用事，有正先者非刺高而死。孟康曰：“姓正名先，秦博士也。”（《汉书·京房传》。）此皆秦博士姓名之可考者。而其人似多在焚书后。《说苑·至公篇》“始皇召群臣而议，博士七十人未对，鲍白令之对”云云，疑令之亦博士，亦主古以非今，与淳于越诸人同其见解者。

四　儒生及方士之采用

秦自六国时，其接触东方文化之范围，大体限于三晋。齐鲁东方之学，则少所染涉。至吕不韦著《春秋》，使其宾客人人著所闻。其间始多东方学之色彩。即如十二纪，即多取燕齐阴阳家言。然辜较言之，要仍以三晋为主。及不韦自杀，秦廷逐客，特严三晋。然秦既一统，其于东土之学，终不能长拒。于是秦人亦遂稍有取于燕、齐、邹、鲁滨海之学者。始皇二十六年，初并天下，即推终始五德之传，以为周得火德，秦代周，德从所不胜，方今水德之始。此秦廷采用燕齐方士学之第一端也。始皇即帝位三年，（二十八年。）东巡郡县。祠邹峄山，立石。与鲁诸儒生，议刻石颂秦德，议封禅望祭山川之事。是秦廷垂意邹鲁儒业之第一端也。是年齐人徐市等上书，言海中三神山事。始皇信之，遣徐市入海求仙人。三十二年，始皇之碣石，使燕人卢生（《说苑》云齐客。）求羡门、高誓，又使韩终、侯公、石生求仙人不死之药。三十四年，博士淳于越议政，其人齐籍。伏生挟书亡去，亦齐人也。三十五年，始皇谓："悉召文学、方术士甚众，欲以兴太平，方士欲以炼求奇药。"盖文学士大体出邹鲁。谓"欲以兴太平"者，儒生治礼乐，讲究封禅、巡狩诸礼，即兴太平也。方术士则多出燕齐，入海求仙、炼药为长生。此二者亦皆东方之学，与中原三晋之士多言功利法制者不同，而秦廷两用之。然苟其以古非今，讥切时政，则焚烧坑谪，不稍忌惜。此可以觇秦人对东土文化之态度矣。

五 秦代著述

秦世亦有著述。其可得而言者，据《汉书·艺文志》，除前举羊子、黄公皆以博士著书外，复有成公生，与黄公等同时。李斯子由为三川守，成公生游谈不仕，著书五篇，列名家。又有零陵令信著书一篇，列纵横家，难秦相李斯。近人章太炎据此论秦法非必以文学为戮。（见《秦献记》。）然其书既列名家、纵横，知与邹鲁儒生称先王、道古昔者不同。然余颇疑秦世著述，亦有属于儒生经术者。如汉世所传伏生《尚书》二十八篇，以《秦誓》终，当为秦博士所增。或是东方儒者增此以献媚秦廷，而始得列于博士。要之非秦前书也。史称缪公既报殽之役，乃誓于军云云；《书序》则谓系败殽还归而作。若依《书序》，则何以不替（废也。）孟明，而自称己过？又何以云"仡仡勇夫，我尚不欲"？若依《史记》，则未有既报殽耻，得志于晋，大功未赏，而转斥勇夫，谓"我尚不欲"之理。且誓文后半"如有一个臣"以下，全与蹇叔、孟明殽事不涉。其非缪公时文字，灼然易知。以秦之文化言，其时亦不能有此典雅之誓诰。然则今《尚书》终《秦誓》，明为秦并天下后东方儒者所编次。循此推论，今《大学》终篇引及《秦誓》"若有一个臣"一节，亦不能不疑其书出秦时人（或犹在后。）所著录也。至于《中庸》为秦时人统一后书，昔人已多论者。其称华岳，显为居秦而作。又曰："今天下，车同轨，书同文，行同伦。"皆秦统一后事。又曰："非天子不议礼，不制度，不考文。愚而好自用，贱而好自专，生乎今之世，反古之道，如此者灾及其身。"此则淳于越之徒所以议复封建而遭焚坑之祸也。《大学》《中庸》两篇，极为后来宋明理学家推崇，然其书则成于秦时人之手；此皆齐鲁诸儒以之媚秦而自显，非秦廷之宏奖儒术而有此也。余又疑今所谓先秦著述，其间由秦人一统之后，始得从容编纂撰述以成书者，尚多有之。若果精心裁别，自秦一统至下令焚书，其间前后尚九年。当时天下初定，学士撰述，于数量上宜必有可观者。

六 同书文字之制

《本纪》称始皇二十六年初并天下，书同文字；琅琊刻石亦言之。后汉许慎说此极详。其言曰：

> 宣王太史籀，著大篆十五篇，与古文或异。至孔子书六经，左邱明述《春秋传》，皆以古文。其后诸侯力政，不统于王。恶礼乐之害己，而皆去其典籍。分为七国，田畴异亩，车涂异轨，律令异法，衣冠异制，言语异声，文字异形。秦始皇帝初兼天下，丞相李斯乃奏同之。罢其不与秦文合者。斯作《仓颉篇》，中车府令赵高作《爰历篇》，太史令胡母敬作《博学篇》，皆取史籀大篆，或颇省改，所谓小篆者也。是时秦烧灭经书，涤除旧典。大发吏卒，兴戍役。官狱职务繁，初有隶书，以趣约易。而古文由此绝矣。（《说文解字叙》。）

是谓秦时文字，凡有四种。一曰大篆，即秦篆所本。谓之"史籀书"者，《说文》："籀，读也。"籀书为史之专职。昔人作字书，其首句盖云"太史籀书"，以目下文。后人因取首句"史籀"二字以名其篇。许氏误以为太史名籀，其实非也。（参看王国维《史籀篇疏证序》。）然班氏《艺文志》仅谓："《史籀篇》者，周时史官教学童书也。"又《史籀》十五篇，班注云："周宣王太史作大篆十五篇。"是至班氏尚不以籀为太史人名，其误乃始许氏耳。至其书果否出宣王时，则亦无据，不可深考。二曰古文。孔壁经文与左氏《春秋》皆以古文书之，而字体与大篆不同。三曰小篆。多本大篆，略有省改。又云"罢其不与秦文合者"，则当时虽六国文字异形，其与秦文，固有合有不合。东方六国间，亦互有合有不合。李斯《仓颉》诸篇，乃整理统一其字体。非六国文字与秦文字全不合，亦非李斯尽罢六国之文字，尽使改从秦文字也。然则当时六国文字，大体亦当与大篆、秦篆为近，而与孔壁古文及左氏《春秋》字体相异可知。四曰隶书。则特狱吏趋约易而用之，非当时通行正字也。大抵文字形体，不能历时而无变。而字体之剧变，则因使用之骤盛而起。古者学术统于王官，文字之用，及于民间者殊少。战国以来，王官失统，家学并起。文字之使用既繁，字体之迁改自速。故古今文字之异体，实由于当时社会贵族、平民学术升降一大关键而起。今推而论之，六国新文，流用民间，其对古文体之改易必多。惟《诗》《书》为古代官书，犹行于邹鲁，相传为儒业，师师相授，简策相移，传统不绝，为变较少。盖犹多春秋旧文。而六国文字，虽称各自异形，然其时交通频繁，文学游士，或朝秦而暮楚，或传食于诸侯，如稷下先生，平原宾客，皆广罗异材，不止一地。田文兼相秦、魏，荀卿遍游天下。吕不韦著书，大集诸侯之士。均不闻有文字异形之碍。则七国文字，同为时体，虽有异形，实无大乖异也。秦人同书文字，六国今文，以同时相通而多见存；春秋古文，以异时相隔而多见废；亦势所必然矣。且古文大体，存于《诗》《书》，传于儒生。秦自始皇二十六年书同文字，至三十四年焚书，自此禁习《诗》《书》，摈斥儒业；古文传统，因之而斩，亦其宜也。《史记·太史公自序》谓："秦拨去古文，焚灭《诗》《书》。"扬雄《剧秦美新》亦谓："始皇划灭古文，刮语烧书。"皆以烧书与灭古文并言，职以此故。然遂谓《诗》《书》古文与战国晚起新文形体绝殊，亦复未是。良以文字有渐变，无骤易。即《诗》《书》传写，虽曰存春秋以前之旧统，亦不能无染于战国以下之新风。其不能古今相别，截然各成一格，盖亦可知。惟大体言之，则可谓春秋古文与战国现行文字为殊体耳。此在秦时而文字已有今、古之别也。

第五节　秦政府之覆亡

一　封建心理之反动

秦自始皇二十六年并天下，至二世三年而亡，前后仅十五年。然开后世一统之局，定郡县之制。其设官定律，均为汉所因袭。其在政治上之设施，关系可谓极大。焚书坑儒，立以古非今之禁。尊王学，斥家言。定一尊于朝廷，综百家于博士。力反战国游士讲学之嚣风，求反之于古者政教不分、官师合一之旧。其同书文字，划灭古文，对于文教上之影响，亦复匪浅。国民处新王督责之下，不遑宁处。北筑长城，南戍百粤。内开驰道，建咸阳宫殿。物质上之种种建设，亦至伟大。然民力已竭，而秦法益峻。秦人之视东土，仍以战胜奴虏视之。指挥鞭挞，不稍体恤。始皇既卒，赵高用事。天下解体，怨望日甚。封建之残念，战国之余影，尚留存于人民之脑际。于是戍卒一呼，山东响应，为古代封建政体作反动，而秦遂以亡。

其时六国皆立后。陈胜、吴广皆楚人，最先起，故陈胜自立为楚王。张耳、陈余立赵歇为赵王。魏人周市立魏公子咎为魏王。燕人韩广自立为燕王。（秦王仇燕太子丹，或尽灭其后，故其时独燕无裔戚。）齐王族田儋自立为齐王。陈胜、吴广既死，项梁始立楚怀王孙心为楚王。（楚王族夷诛亦惨。故楚南公曰："楚虽三户，亡秦必楚。"而楚怀王孙心乃于民间访求始得。）韩人张良立韩公子成为韩王。其时起事者，尚以为古昔贵族后裔，仍当处其优越之地位，复其以前公侯世袭之旧制；故以废封建为秦罪。即陈婴之母，亦谓："吾依名族，亡秦必矣。"知贵族传统，在当时人心理中，盖犹有莫大之势力。然而时代大趋乃与人心迷信相背。项羽入咸阳，分封诸侯，已一变时人之想望。所谓六国之裔，皆转失职，未获保其优越之职位；而一时蜂起之将，转各分封要地。即如项羽自为西楚霸王，而迁义帝于郴州，最为其著例也。然使项王一依当时民众迷信，推尊义帝，退列臣位，天下将仍不免于乱。盖自秦人一统，中国历史已走入一新局，为往古所未有，而一时昧者不之知。故群情怀古，仍不免恋恋于封建之旧统。虽始皇、李斯毅然排众论而主独是，然亦不能尽脱一时旧见之束缚。如其欲复古者学术统于王官之陈规，摧折民间家言，而成蔽塞之势。又役使东方民力，逾于其量。七科之戍，（一吏有过，二赘子，三贾人，四尝有市籍，五六父母、大父母尝有市籍者，七闾左。）闾左之发，实为召乱大源。秦人自狃于往昔封建时代君主役民之成法，而不悟社会生业之分化已繁，政府统治之疆域亦廓。扫荆吴之闾巷，驱之渔阳之边塞，岂得不群情愤骚，揭竿而起！平心论之，此虽秦廷之虐政，亦自本于一种心理上之错误。而当时山东豪杰，一呼百应，亦为恢复封建之迷梦所驱，实亦不免于以另一种迷误之心理为之策动。而事实终于趋新，不能重归故态。项羽入关，大烧咸阳宫室，火三月不灭。此亦东方人嫉视秦廷建设之心理表示。然始皇、李斯十余年来为全国努力建设新首都，使社会民众从此有一集中之视听，其精神影响，已有成效，不可磨灭。项王不愿居关中，而亦不肯使沛公居之，是其心中亦隐然已存一咸阳为帝都王城之想，故不敢畀之畏敌也。可见一统之局已成，纵使一时崩坏，其势不能仍归于分裂。项羽分封诸侯王，互不自安，还相攻伐，终使群雄全灭，仍归一王。而后民间六国重立之迷梦，亦遂告毕。汉帝因得安享其成。历史推迁，固有非一二豪杰之力，可以称心而安排者。往史例证，往往而然，此特不过其一例也。

且尤可奇者，不徒六国后裔全不成事，即社会夙所推尊，故家大族，贤人学士，只其带有往昔贵族之色彩，比较近于民间一般之想望者，亦复先后失败。而最后之成功，转落于一辈纯粹平民之手。此尤当时民间心理所未始逆料也。如张耳为魏信陵君宾客，陈余为儒者，与张耳俱知名。周文，陈之贤人，曾事春申君。凡此诸人，俱归失败。而项氏世世为楚将，项王之为人，"恭敬慈爱，言语姁姁，暗恶叱咤，千人皆废"。（韩信语。）"其所任爱，非诸项，即其妻之昆弟。虽有奇士不能用。"（陈平语。）分明不失一贵族传统之身份与气派。而卒亦覆败。至于汉祖，史称"其父曰太公，母曰刘媪"，是父无名字，母无氏族，其家庭之孤微可知。至高祖之为人，史称其

　　仁而爱人，喜施，意豁如也。常有大度，不事家人生产作业。及壮，试为吏，为泗水亭长，廷中吏无所不狎侮。好酒及色，尝从王媪、武负贳酒。岁竟，此两家常折券弃责。（《本纪》。）不好儒，诸客冠儒冠来者，辄解其冠，溲溺其中。与人言常大骂。（《郦生传》。）

此实一无赖平民之写照耳。其一时功臣

　　惟张良出身最贵，韩相之子也。其次则张苍，秦御史。叔孙通，秦待诏博士。次则萧何，沛主吏掾。曹参狱掾。任敖狱吏。周苛泗水卒史。傅宽魏

骑将。申屠嘉材官。（即步卒。）其余陈平、王陵、陆贾、郦商、郦食其、夏侯婴等，皆白徒。樊哙则屠狗者。周勃则织薄曲，吹箫，给丧事者。灌婴则贩缯者。娄敬则挽车者。（赵翼《廿二史劄记》"汉初布衣将相之局"条。）

此等所谓布衣将相，诚开当时历史一大变，亦实为至堪惊奇之事。赵翼所谓"人情犹狃于故见，而天意已另换新局"，此语洵足道破当时之情势。实则无论一民族，一国家，一团体，其文化之积累既深，往往转不足以应付新兴之机运。故东方邹、鲁、齐、梁诸邦，转败亡于文化落后之秦国。殷鉴不远，正与六国后裔及其故家世族转失败于一群无赖白徒之手者，先后一理。正以彼有成迹，有先见，有夙习，此等均属暮气；转不如新兴阶级之一无束缚，活泼机警，专赴利便者之更易于乘势得意耳。故自秦之亡，而上古封建之残局全破。自汉之兴，而平民为天子，社会阶级之观念全变。此诚中国历史上一绝大变局也。秦皇、汉祖，均为历史大潮流所驱策；其兴亡久暂之间，当局者不自知。后世论史者，徒据一二小节，专于指对私人下评断，则亦断断乎其无当矣。

二 民族之向外发展

秦末之乱，生民涂炭。然此特一时政治之失调。若论其时中国民族精神，则正弥满活跃，绝无衰象。故及汉之兴，休养生息，未及百年，而已元气磅礴，蔚为极盛。秦有谪戍之法，移民边徼。及秦乱，中国之民，又相率避地奔亡。然皆能自立塞外，播华族之文风，化榛莽为同域。即此一端，可征吾华族优秀天姿，当秦季世，尚见蓬勃进取之迹也。兹撮其大要，著之于下。

一 南粤

《后汉书·东夷传》："秦并六国，其淮、泗夷皆散为民户。"又南廓其势力，清定扬、粤，置桂林、南海、象郡，以谪徙民，与粤杂处。（《史记集解》徐广曰："五十万人守五岭。"）至二世时，南海尉任嚣病且死，召龙川令赵佗，（赵国真定人。龙川，今惠州龙川县西北。）语曰："闻陈胜等作乱，豪杰叛秦。南海僻远，恐盗兵侵此。吾欲兴兵绝新道，自备待诸侯变。且番禺负山险，阻南海，东西数千里，颇有中国人相辅。此亦一州之主，可为国。会疾甚，郡中长吏亡足谋，故召公。"因使佗行南海尉事。嚣死，佗即移檄告横浦（在南雄县西北。）、阳山（在今阳山县南。）、湟溪（在连州西北。）关曰："盗兵且至，急绝道聚兵自守。"秦已灭，佗即击并桂林、象郡，自立为南粤武王。《汉书·高帝纪》，十一年五月，因立佗为南粤王，诏曰："粤人之俗，好相攻击。前时秦徙中县之民南方三郡，使与百粤杂处。会天下诛秦，南海尉佗，居南方，长治之，甚有文理。中县人以故不耗减，粤人相攻击之俗益止，俱赖其力。"盖不虚也。

二　滇

战国楚襄王时，使将军庄蹻将兵循江上，略巴、黔中以西。蹻至滇池，方三百里，旁平地肥饶数千里，以兵威定属楚。欲归报，会秦击夺楚巴、黔中郡。道塞不通，乃以其众王滇。变服从其俗以长之。秦时常頞略通五尺道，（今四川庆符县南五里。）于西南夷诸国颇置吏。

三　朝鲜

战国时，燕尝略属真番、朝鲜，为置吏筑障。秦灭燕，属辽东外徼。汉初大乱，燕齐人往避者数万口。汉修辽东故塞，至浿水（大同江。）为界。燕人卫满，聚党数千人，魋结蛮夷服，东走，出塞。渡浿水，居秦故空地上下障。稍役属真番、朝鲜蛮夷，及故燕齐亡命者，王之。

四　辰韩

其耆老自言：秦之亡人，避苦役，适韩国。马韩割东界地与之。其名，国为邦，弓为弧，贼为寇，行酒为行觞，相呼为徒，有似秦语。故或名之为秦韩。（今朝鲜庆尚道。）

五　澶洲

又《东汉书》云："会稽海外有夷洲及澶洲。传言秦始皇遣方士徐福，（即徐市。）将童男女数千人入海，求蓬莱神仙不得。徐福畏诛不敢还，遂止此州。世世相承，有数万家。人民时至会稽市。"此所谓澶洲者，或言是日本，或言是琉球，或言是台湾，今不可考。

六　河套

秦灭六国，始皇帝使蒙恬将十万众北击胡。悉收河南地。因河为塞，筑四十四县城。临河，徙谪戍以充之。通直道，自九原至云阳，因边山险堑溪谷，可缮者治之。起临洮至辽东万余里。又渡河，据阳山、北假中。匈奴不胜秦北徙。蒙恬死，诸侯畔秦，中国扰乱，诸秦所徙谪戍边者复去，于是匈奴得宽，复稍渡河南，与中国界于故塞。

总上所述，见秦、汉之交，中国内部虽极扰攘，而民族向外之展扩，则并未衰歇。东、南两方，尤为迈进。北方对匈奴，虽秦廷最用全力经营，然秦乱则边民多舍弃而归，成绩最少。盖以气寒地瘠，为中土人民所不喜。至于西垂，虽记载不详，然秦都咸阳，大徙东方豪族，其于西土之开发，殆必有甚著之进步也。故至汉时，而遂有"关东出相、关西出将"之谚。陕西、甘肃两省，盖自秦后，乃亦为中国重要之一部矣。

今考中华民族，于其内部乱离之际，奔亡迁谪，救死不遑，而声威远播，日转开拓。凡此亦非无故。当时民族自身内部之活力，盖极有可注意者。姑举一事言之。如秦乱，田横兵败奔亡，与其徒属五百余人入海居岛中。汉高祖使使召之。田横与其客二人来雒阳，横于道自杀。汉拜横二客为都尉，二客亦自刭从横葬。高祖再使召其余五百人，闻田横死，亦皆自杀。此等风义节烈，盖不徒为一二豪杰奇瑰非常之行，而蔚为社会一般之共尚。故能使五百余人，从容就死，共蹈大义。（此等风气，盖尚是古代封建贵族所培养。即如张王敖宾客贯高等，亦其一例。然田横、张耳等，其自身皆不成事。降及汉世，封建贵族不复兴，此等风尚，乃变而为任侠，而亦不为社会所重视矣。）使此五百人常留海外，当必有所建树。自反面言之，当时吾民族迁徙流播，远离国土，而能奋然自立，展扩吾华族之文化于四裔。此虽大半为罪谪及逃亡之徒，然其平素社会熏染，亦必至为坚实。尝一脔，知鼎味。田横宾客五百人，正当时社会一极好之写照也。

抑且当时吾民族之向外展扩，盖亦并不专由于政治力之推动与侵夺也。社会经济方面之自然发展，亦颇值注意。《史记·货殖传》对此略有所载，亦足见其一斑。

一　乌氏倮

乌氏（县名，属安定。）倮，畜牧，及众，斥卖。求奇缯物，间献遗戎王。戎王什倍其偿，与之畜。畜至用谷量牛马。始皇令倮比封君，以时与列臣朝请。

二　巴寡妇清

巴蜀寡妇清，其先得丹穴，擅其利数世，家财不訾。清以寡妇能守其业，用财自卫，不见侵犯，始皇以为贞妇而客之，为筑女怀清台。

三　蜀卓氏　程氏

蜀卓氏，其先赵人也，用铁冶富。秦破赵，迁卓氏。卓氏见虏略，独夫妻推辇，行诣迁处。诸迁虏少有余财，争与吏求近处，处葭萌。惟卓氏曰："此地狭薄。吾闻汶山之下，沃野，下有蹲鸱，（大芋。）至死不饥。民工于市，易贾。"乃求远迁。致之临邛，大喜。即铁山鼓铸，运筹策，倾滇、蜀之民。富至僮千人。

程郑，山东迁虏也。亦冶铸，贾椎髻之民。富埒卓氏。俱居临邛。

四　楼烦班氏

《汉书·叙传》称："秦之灭楚，班氏迁晋、代之间。始皇之末，班壹避地于楼烦，至马牛羊数千群。值汉初定，当孝惠、高后时，以财雄边。出入弋猎，旌旗鼓吹。年百余岁，以寿终。故北方多以壹为字者。"

此等皆能以经济上之开发，助成民族之展扩。亦当时社会活力表现之一面也。

第二章　汉初之治

第一节　汉高孝惠之与民休息

一　汉初之民间状况

史称始皇并天下，"内兴功作，外攘夷狄。收泰半之赋，发闾左之戍。（应劭曰："秦时以适发之名适戍，先发吏有过及赘婿、贾人。后以尝有市籍者发。又后以大父母、父母尝有市籍者。戍者曹辈尽，复入闾取其左发之。未及取右而秦亡。"）男子力耕，不足粮饷。女子纺绩，不足衣服。竭天下之资财，以奉其政，犹未足以赡其欲。海内愁怨，遂用溃畔。"（《汉书·食货志》。）自陈、吴起兵，迄于项羽之死，前后又八年。"丁壮苦军旅，老弱疲转漕。"（项羽语。）汉兴，社会显著之变象，厥为户口之耗减，及经济之困竭。高祖五年，初定天下，即诏曰："民前或相聚保山泽，不书名数。今天下已定，令各归其县，复故爵田宅。吏以文法教训辨告，勿笞辱。"（《高纪》。）然其后（高七年。）高祖困平城，既解，还过曲逆，上其城，望室屋甚大；曰："壮哉县！吾行天下，独见雒阳与是耳。"顾问御史，曲逆户口几何？对曰："始秦时三万余户。间者兵数起，多亡匿。今见五千余户。"（《陈平传》。）由是言之，汉初户口，较秦时又大减。曲逆五千户，高祖以为壮县仅见，比之雒阳。讫高祖十二年，封侯者百四十有三人，而大城名都，民人散亡，户口可得而数，裁什二三。大侯不过万家，小者五六百户。（《高惠高后文功臣表》。）则其时天下之残破，民人之流散死亡者，盖殊可惊。以言其经济，高祖二年关中大饥，米斛万钱。（《本纪》。《食货志》作"米石五千"。）人相食，死者过半。高祖乃令民得卖子，就食蜀汉。天下既定，民无盖藏。将相或乘牛车。天子不能具钧驷。于是为秦钱重，令民铸钱，而不轨逐利之民畜积余赢，以稽市物，痛腾跃。米至石万钱，马至匹百金。盖自战国相争，在上者既勤于干戈，在下者亦亟于迁徙。如滕为小国，其君行仁政，而四方士民辐凑而往。在上者虽有意招徕，又复亲为鹬獭。故《老子》有小国寡民，使其人"老死不相往来"之想。（《老子》乃战国晚年书。）至于游士传食，更可勿论。秦之得天下，熟视于战国之兵革迁流，以为常态。故其发谪戍，拓边防，亦一仍战国之所以使其民者而勿变，或更甚焉。民力既竭，终于大乱。战国晚年，已为动极思静之候。秦承其余波，未能遽处以静。固为秦君臣之不智，然亦动势既剧，人力非能骤为转移。秦之君臣，乃为时势之牺牲。汉兴而后，动力大疲，民心知倦。与以休息，因得长久。又秦灭六国，以西土征服东方，终不免有敌体相克之感。西方文化既落后，民口亦较寡。其统一东方，乃适会一时之机运。汉之君臣，悉起东方。六国复立，至是皆败。以东方崛起之平民，入踞咸阳，得全国共仰之首邑，天时、地利、人和三者共济，天下乃安。而汉高君臣起于卑微，其朴实之本色，平民化之精神，实较秦皇、李相之以贵族地位、学士智识凌驾一世者，更足以暗合于时代之趋向。斯则汉祖之大度，萧相之恭谨，所由以创开国弘远之模也。然朝廷政制，则多沿秦旧，未遑兴革。今举其较著者数事言之。

二　汉廷之开国设施

一　律令

吾国刑法，其先无可详考。魏文侯时，李悝集诸国刑典，造《法经》六篇。一、盗法。（盗贼律。）二、贼法。（诈伪律。）三、囚法。（断狱律。）四、捕法。（捕亡律。）五、杂法。（杂律。）六、具法。（名例律。见《唐律疏》。）商鞅携之入秦，改法为律，是为秦律之始。汉兴，高祖初入关，与民约法三章，曰："杀人者死，伤人及盗抵罪。"一时秦民大悦。然三章之法，亦何足以为治！萧何为相国，乃复捃摭秦法，作律九章。据《晋志》，谓其"除秦参夷连坐之罪，增部主见知之条。益事律兴（擅兴。）、厩（厩库。）、户（户婚。）三篇，为九章之律"。然事出草创，多袭秦旧。崔实《政论》云："萧何作九章之律，有夷三族之令。黥、劓、斩趾、断舌、枭首，故谓之具五刑。"则惨酷与秦无异也。其后孝惠四年，省法令妨吏民者，除挟书律。高后元年，诏曰："前日孝惠皇帝言，欲除三族罪、讹言令，议未决而崩。今除之。"则夷三族之罪，至高后时始除。挟书律及讹言令，即秦皇焚书、坑儒时所定，而萧何草律，亦未删削。《孝文纪》二年五月，诏除诽谤讹言法，则高后时仍未去。（或云中间重复。然景、武后，如张汤、赵禹、江充、息夫躬之徒，诬害忠鲠，倾陷骨肉，往往以诽谤不道或祝诅上有恶言等为辞，则知此二法，终汉世未除矣。）史称汉初禁网疏阔，盖当时君臣务于与民休息，实际得大宁静。而文字法令章程，却草草不遑修饰也。

二　仪法

叔孙通，薛人。秦时以文学征，待诏博士。数岁，陈胜起，二世召博士诸儒生问。通曰："明主在上，安有反者！此特群盗鼠窃，何足忧。"二世喜，赐通帛二十四，衣一袭，拜为博士。通后亡去。及降汉王，汉王憎儒服，通乃服短衣，楚制。汉王拜通为博士，号稷嗣君。（徐广曰："言足以继踪齐稷下之风流。"此为秦博士官制从齐稷下递变一旁证。）汉王已并天下，悉去秦仪法，为简易。群臣饮，争功，醉或妄呼，拔剑击柱。高祖患之。通说上征鲁诸生与弟子共起朝仪。高帝曰："得无难乎？"通曰："礼者，因时世人情为节文。臣愿颇采古礼与秦仪杂就之。"上曰："可试为之，令易知。度吾所能行为之。"通征鲁诸生三十余人，及上左右为学者，与其弟子百余人，为绵蕞野外习之。月余，通曰："上可试观。"上使行礼，曰："吾能为此。"乃令群臣习肄。会十月，（汉七年。）长乐宫成。诸侯群臣朝十月。（汉因秦以十月为正月。）仪：先平明，谒者治礼，引以入殿门。廷中陈车骑、步卒，卫官设兵，张旗志。传曰趋。殿下郎中侠陛，陛数百人。功臣列侯，诸将军军吏，以次陈西方，东乡。文官丞相以下，陈东方，西乡。大行设九宾，摈者九人，胪句传。于是皇帝辇出房，百官执戟传警。引诸侯王以下至吏六百石，以次奉贺。自诸侯王以下，莫不震恐肃敬。至礼毕，尽伏。置法酒，诸侍坐殿上，皆伏抑首，以尊卑次起上寿。觞九行，谒者言罢酒。御史执法举不如仪者辄引去。竟朝置酒，无敢谨哗失礼者。于是高帝曰："吾乃今日知为皇帝之贵也。"（叔孙朝仪无足论，然此等处，正可映见汉廷君臣之朴真。以平民为政府，而犹能保留其平民朴真之面目者，此在中国史上历朝君臣，惟汉初有之耳。）拜通为奉常，（掌宗庙礼仪。）赐金五百斤。孝惠时，为先帝园陵寝庙，群臣莫习，又令通定宗庙仪法。及稍定汉诸仪法，皆通所论著。司马迁谓："秦有天下，悉内六国礼仪，采择其善。虽不合圣制，其尊君抑臣，朝廷济济，依古以来。叔孙通颇有所增益减损，大抵皆袭秦故。自天子称号，下至佐僚，及宫室官名，少所变改。"（《史记·礼书》。）然其后贾谊、董仲舒、王吉、刘向之徒，皆不满通所制。并上书对策，请更改作。怀愤叹息，终以不遂。（后汉章帝诏曹褒定汉礼，亦谓"通制散略，多不合经"。见《褒传》。）而叔孙制仪，遂垂为汉家之典常。三代礼乐，徒供汉儒为慕古之空想耳。

三 财计及章程

当战国时，郡县有期年上计之法。其制先见于魏。《韩非子·外储说左下》："西门豹为邺令，居期年上计。"又刘向《新序·杂事二》载魏文侯时，"东阳上计钱布十倍，大夫毕贺"是也。（《韩非子》：李兑治中山，苦陉令上计而入多。李兑乃李克字误，亦当魏文时。）其制又见于齐。《韩非》同篇右下又云："田婴相齐，有说齐王曰：'终岁之计，王不一以数日之间自听之，则无以知吏之奸邪得失。'"是也。秦亦袭用其制。《史记·范雎传》："王稽为河东守，三岁不上计。"是也。盖亦自商鞅变法，仿魏制推行也。《续汉书·百官志》："凡郡国岁尽，遣吏上计。"注引卢植《礼注》曰："计断九月，因秦以十月为正故。"是汉又循秦制也。《张苍传》："苍自秦时为柱下御史，明习天下图书计籍，又善用算律历，故令苍居相府，领主郡国上计者。"《高纪》称张苍定章程，如淳曰："章，历数之章术。程者，权衡、丈尺、斗斛之平法也。"《苍传》："汉兴二十余年，天下初定，公卿皆军吏。苍为计相时，绪正律历。以高祖十月始至霸上，故因秦时本十月为岁首，不革。推五德之运，以为汉当水德之时，尚黑如故。吹律调乐，入之音声，及以比定律令。若百工，天下作程品。至于为丞相，卒就之。"是汉之一切律历、法度、章程，全本秦旧。秦人自居水德，汉起代秦，尚沿水德不革，其他则可想。又《秦始皇纪》："分天下为三十六郡，一法度衡石丈尺。"是张苍定章程，主要者即在郡国上计之一切稽核法式。汉初财计制度，亦一本秦旧。至于律历，亦因与财计有关而兼及之也。《食货志》又言："高祖轻田租，什五而税一。量吏禄，度官用，以赋于民。而山川、市肆租税之人，自天子至于封君汤沐邑，皆各为私奉养，不领于天下之经费。漕致关东粟，以给中都官，岁不过数十万石。孝惠、高后之间，衣食滋殖。"是可见汉初朝廷财计之简俭矣。

三　在野学者之意见

要之汉初政局，大体因袭秦旧，未能多所改革。此由汉廷君臣，多起草野，于贵族生活，初无染习，遂亦不识朝廷政治体制。又未经文学《诗》《书》之陶冶，设施无所主张。而遽握政权，急切间惟有一仍秦旧，粗定规模。而其恭俭无为之精神，则实足以代表当时一般社会平民所要求。其所由与秦政绝异其趣者正在此。至于民间稍有文学儒生，亦以倦于兵革久乱之后，不愿为朝廷有所建白。如叔孙通定朝仪，征鲁诸生三十余人。有两生不肯行，曰："天下初定，死者未葬，伤者未起，又欲起礼乐。礼乐所由起，百年积德而后可兴也。吾不忍为公所为。"竟不往。又曹参为齐相国，尽召长老诸先生，问所以安集百姓；而齐故诸儒以百数，言人人殊。参未知所定，闻胶西有盖公，善治黄老言，使人厚币请之。盖公为言："治道贵清静而民自定。"推此类具言之。参用其意相齐九年，齐国安集，大称贤相。及继萧何为汉相，仍本清静之意，举事无所变更，一遵何之约束。百姓歌之。鲁两生及齐盖公，可证其时一辈在野学者之见解。而亦与当时之时代要求相合。盖汉廷君臣，崛起草野，粗朴之风未脱，谨厚之气尚在。又当久乱后厌倦之人心，而济之以学者间冷静之意态。三者相合，遂成汉初宽简之治。故汉初之规模法度，虽全袭秦制，而政令施行之疏密缓急，则适若处于相反之两极焉。其一动一静，一宽一密之间，秦政乃战国紧张局面之掉尾，而汉治则以后元气恢复之开端。此中分界，并不在法规制度之相袭，而惟在心情意态之有异也。

至于汉高之诛锄功臣，韩信、彭越、黥布、陈豨之徒，相继杀戮。高后大封诸吕，亦遭失败。此不过为前代封建思想反动之余波。统一之机运既开，黎民得离战国之苦，君臣俱欲休息乎无为。（《吕纪》赞语。）大局所趋，中央政府自臻稳定，割据政权必难安立。历史大趋如此，亦不尽由于人谋也。

第二节　文景时代国内外之情势

汉初之与民休息，历高帝、孝惠、高后，前后二十三年，（自高祖五年，至吕后八年。）而社会顿呈活气。以民间种种事态之向上与改变，使汉廷政治，亦不能不一变其宽简安静之初制，以与社会情态相因应。乃成所谓"文、景之治"。而同时边患之侵逼，亦助成汉廷改制机运。今分述其内外情态之大要如下。

一　民间经济之复苏

甲　商人兴起及其奢风

汉之初兴，民间户口之耗亡，与经济之衰落，既如上述。而自孝惠、高后以后，此种衰状，即有复苏之象。然因政治宽简，一任社会事态自为流变，致于在经济复苏之过程中，不免有连带而来之敝患。其最著者，厥为新商人阶级之崛起，而形成资产之集中与不均。因此又导成社会奢侈之风习。此其事，可于贾谊及晁错诸人之奏议中证明之。史称文帝即位，躬修俭节，思安百姓。时民近战国，皆背本趋末。贾谊说上曰：

> 古之治天下，至纤至悉也，故其畜积足恃。今背本而趋末，食者甚众，是天下之大残也。淫侈之俗，日日以长，是天下之大贼也。残贼公行，莫之或止，大命将泛。（《食货志》。）

晁错亦言之，曰：

> 农夫五口之家，服役者不下二人。能耕者不过百亩。百亩之收，不过百石。尚复被水旱之灾。急征暴赋，朝令而暮得。当其有者半价而卖，无者取倍称之息。于是有卖田宅、鬻子孙以偿责者矣。而

商贾，大者积贮倍息，小者坐列贩卖。操其奇赢，日游都市，乘上之急，所卖必倍。故其男不耕耘，女不蚕织，衣必文采，食必粱肉。无农夫之苦，有阡陌之得。因其富厚，交通王侯，力过吏势，以利相倾；千里游敖，冠盖相望，乘坚策肥，履丝曳缟。此商人所以兼并农人，农人所以流亡者也。(《食货志》。)

其言商人兼并农人之情势，既甚详尽。而当时商人阶级之奢风，贾谊尤慨乎言之，谓：

> 今民卖僮者，为之绣衣丝履，偏诸 (织丝为之。) 缘，内之闲中。是古天子后服，所以庙而不宴者也，而庶人得以衣婢妾。白縠之表，薄纨之里，緁以偏诸，美者黼绣。是古天子之服，今富人大贾，嘉会召客者以被墙。古者以奉一帝一后而节适，今庶人屋壁得为帝服。倡优下贱，得为后饰。然而天下不屈者，殆未有也。(《本传》。)

当孝惠、高后以后，社会经济渐苏，而商人阶级兼并奢越之情形，据贾、晁二子言，已可推见。

今考当时社会新商人阶级之崛起，其事最先当溯及于春秋，而其势成定于战国。王船山有言："商贾之骄侈，自七国始。七国者，各君其国，各有其土。有余、不足，各产其乡，迁其地而弗能为良。战争频而戈甲旌旄之用繁，赂遗丰而珠玑象贝之用亟。养游士，务声华，而游宴珍错之味侈。益之以骄奢之主，后宫之饰，狗马雁鹿祛服殊玩之日新，而非其国之所有。于是而贾人者，越国度险，罗致以给其所需。人主、大臣且屈意下之，以遂其所欲得。而贾人遂以无忌惮于天下。"(《读通鉴论》卷三。) 战国初期，天下称陶朱公。（其人是否即范蠡，殊可疑；而要之当时已有国际大商人出现。）至晚期吕不韦以阳翟大贾，为秦相国。船山商贾盛于战国之言既信，而余考当时新商人阶级之崛起，犹别有一因焉。其因维何？曰山泽之解放是也。封建井地之制废，民田得自由买卖，而同时又开放山泽，听民资生牟利，政府仅征其定额之税；此为当时农业经济分解，而工商业突起之一要因。故曰："农不出则乏其食，工不出则乏其事，商不出则三宝绝，虞不出则财匮少。财匮少而山泽不辟矣。"(《史记·货殖传》引《周书》。) 此辟山泽之虞，实当时社会经济变动一主要成分也。山泽本为禁地，至战国而逐渐公开，此种辟山泽之虞，已不为封建贵族封君特设御用之职，而变为社会自由工商业之主要凭藉，此实中国古代社会剧变一要项。换言之，此即是社会新商人阶级之崛起也。于是在昔为农民与封君之对立，至是渐成为农民与工商阶级之对立焉。而其时如老子、荀卿、韩非、吕不韦著书，遂均有重农抑商之主张。惟下及秦人统一，实未确定一种重农抑商之制度。观于秦始皇令乌氏倮得比封君，以时与列臣朝请。又客巴寡妇，为筑女怀清台。是其对殖产之家，颇致尊奖也。汉兴，高祖为商人乘时乱不轨逐利，乃令贾人不得衣丝乘车，重租税以困辱之。孝惠、高后时，复弛商贾之律。然市井子孙，亦不得宦为吏。惟封建世袭之制既已不复，殖产致富，以利言之，其事亦等于封君。故人情之趋于货殖，终不为衰。

秦汉之制，列侯封君食租税，岁率户二百。千户之君则二十万。朝觐聘享出其中。庶民农工商贾，率亦岁万息二千。百万之家，息亦二十万。而更繇租赋出其中。衣食之欲，恣所好美，何殊封君？今略举汉初殖货之家，如卓氏富至僮千人，程氏埒之。宛孔氏家致富数千金。鲁邴氏起富至巨万。此皆以铁冶。齐刁间起富数千万。周师史致七千万，则以转毂商贾。其他不可胜数。又有子钱家，子贷金钱，贪贾三取一，（当息三分余。）廉贾五取一。（当息二分。）吴楚兵起，长安中列侯封君，行从军旅，赍贷子钱家。子钱家以为关东成败未决，莫肯予。惟无盐氏出捐千金贷，其息什之。三月吴楚平。一岁之中，无盐氏之息什倍。则所谓"封君低首仰给"，洵不虚矣。

而当时货殖之家，必务畜奴。尤著者如蜀卓氏，至千人。盖以其时殖产，多赖人力。以山泽之开放，都市之扩大，而致大富。亦以井田之废弃，民田得自由卖买，而有赤贫。赤贫者无以应在上之赋役而自卖为奴，遂重为富人殖产之资。《货殖传》所举当时大富如铁冶、鼓铸、烧盐、转毂（即运输。）

诸业，其有待于盛多之人力者无论矣。即其所言诸末业为贫资，如种树果菜，如畜养豕鱼，如屠沽，如贩粜，如制器漆髹，如皮革杂工，皆待役使人力以为操赢之算。大抵其时所谓商贾，尚以工、虞、农、牧为主，以转贩居积为副。故奴婢遂为治产一要素。

富人既凭其财力，役使平民，无异于往昔之封君贵族；而及其积资愈富，买爵得官，亦复易易。陈豨之反，其将皆故贾人。汉之郎选，均由纳赀。故张释之以赀为骑郎。司马相如亦以赀为郎。而孝景后二年诏曰："今訾算十以上乃得宦。有市籍不得宦，无訾又不得宦，朕甚愍之。訾算四得宦，无令廉士久失职，贪夫长利也。"据应劭云："十算，十万。"汉制一黄金一斤，直钱万；十万钱则十金也。文帝云："百金，中人十家之产。"则中人一家产当十金，即十万钱也。是汉制须家赀在中人以上，乃得入宦途。又如淳引《汉仪注》："赀五百万为常侍郎。"其限额之巨至如是。故董仲舒有云："夫官吏多出于郎中、中郎、吏二千石子弟。选郎吏又以富赀，未必贤。"则汉代之以财富上通吏禄之路，断可见。应劭曰："古者疾吏之贪，衣食足而知荣辱，赀盈十万乃得为吏。"应氏之所谓古，盖亦秦汉之制。侯王贵族之世袭既废，天下安宁，则杀敌之首功不立。又选举未密，射策未兴，吏途自凑于富赀。淮阴侯韩信始为布衣时，"贫无行，不得推择为吏"；知贫不得为吏，即在秦时已然矣。

又晁错在文帝时，其议务农贵粟，主募天下入粟县官，得以拜爵除罪。文帝从其言，令民入粟边六百石，爵上造。稍增至四千石，为五大夫。万二千石，为大庶长。以为贵粟足以重农。然农家五口，力耕不过百亩，所收不过百石，其能得六百石之赢者有几？则无亦豪强挟利，以多役人佃即收其半者，乃有之。无亦富商大贾，以金钱笼致而得者，乃有之。如是则重农而农益轻，贵粟而金益贵，士宦之路，仍在财富，又可知也。故封建世贵之制既废，社会折而入于以财相役。富不与贵期而贵自至。富贵不与骄奢期，而骄奢自至。亦事势之自然而至显易见者也。

乙　农民生计之贫困

自都市之集中，山泽之解放，耕农之业，分化而有工、虞、牧、圃、商贾。凡脱离畎亩耒耜而为新生业之经营者，往往得奇利。而农田百亩之业，则日陷于贫困，至不能给衣食。《汉书·食货志》载李悝尽地力之教，谓：

> 一夫挟五口，治田百亩。岁收亩一石半，为粟百五十石。除十一之税十五石，余百三十五石。食人月一石半，五人终岁为粟九十石。余有四十五石。石三十，为钱千三百五十。除社闾尝新春秋之祠用钱三百，余千五十。衣人率用钱三百，五人终岁用千五百，不足四百五十。不幸疾病死丧之费，及上赋敛，又未与此。此农夫所以常困，有不劝耕之心。

此当时农民生活一大概的估计也。李书未必即悝之手著，其言或可出战国之晚年。然农民生活变化较少，以之估量汉初之农民，大率亦无甚远。若再以在上之赋敛言之，则除田租什一而外，尚有口赋。口赋者，《汉仪注》："民年七岁至十四，出口赋钱人二十。十五以上至五十六，出赋钱人百二十，为一算。"（《昭纪》如淳注引。）武帝征伐四夷，重赋于民，民产子三岁，则出口钱，人二十三。三钱以补车骑马。民至生子辄杀。（《汉书·贡禹传》。）又有更赋。如淳曰："古者正卒无常，人皆当更迭为之。一月一更，是为卒更。如次直者，出钱顾贫者，月钱二千，是谓践更。（《沟洫志》如淳注，引律说平价一月钱二千。）天下人皆直戍边三日，亦名为更，律所谓繇戍也。虽丞相子亦在戍边之调。然不人人自行。诸不行者，出钱三百入官，官以给戍者，是为过更。"董仲舒言之，曰："秦用商鞅之法，改帝王之制，除井田，民得卖买。富者田连阡陌，贫者无立锥之地。又颛川泽之利，管山林之饶。荒淫越制，逾侈以相高。邑有人君之尊，里有公侯之富。小民安得不困！又加月为更卒，已复为正。（年二十三为正卒，其前已给繇役，故此云"已复为正"。）一岁屯戍，一岁力役，三十倍于古。（师古曰："更卒给郡县，正卒给中都官。一岁中屯戍及力役之事，三十倍于古也。"）田租、口赋、盐铁之利，二十倍于古。（田租、口赋以外，盐铁又尽人所需，所出当二十倍于古也。）或耕豪民之田，见税什五。（豪民征其税，什取五也。）故贫民常衣牛马之衣，而食犬彘之食。重以贪暴之吏，刑戮妄加。民愁无聊，亡逃山林，转为盗贼，赭衣半道，断狱岁以千万数。汉兴，循而未改。"仲舒之言如此。故王莽篡位下令，谓："汉氏减轻田租，三十而税一。尚有更赋，罢癃咸出。而豪民侵陵，分田劫假。厥名三十，实什税五也。富者骄而为邪，贫者穷而为奸。俱陷于辜，刑用不错。"其言固非虚。此当时贫民生计窘迫之一斑也。

丙　奴隶亡命及豪杰任侠

社会经济之畸形发展，一面为新商人资产之骤起，一面为农民生计之穷迫，既如上述。而奴隶、亡命之多，遂因之而激增。贫民无以自存，则转卖为奴婢。因卖身为奴，即可以不自负政府赋敛之责也。高祖二年，关中大饥，令民得卖子。五年，诏曰："民以饥饿自卖为人奴婢者，皆免为庶人。"然此特初即位，以示惠于民；民困不苏，则自卖为奴之风，终未能绝。故贾谊曰："今岁恶不入，请卖爵子。"晁错劝文帝募民以入奴婢赎罪，及输奴婢以拜爵者。知奴婢在当时，其数盖至可惊。武帝时，杨可告缗，得民奴婢以千万数。元帝时，贡禹言官奴婢十余万。既官私皆盛行蓄奴，而民间则以奴致富。故卓氏在蜀，富至僮千人。程郑，亦数百人。齐俗贱奴虏，而刀间独爱贵之。桀黠奴，人之所患，唯刀间收取，使之逐渔、盐、商贾之利。或连车骑交守相，然愈任之。终得其力，起富数千万。此言能使豪奴自饶也。然不独豪奴，司马迁以"马蹄躈千、牛千足、羊彘千双、僮手指千"并举。盖多畜奴隶，其富自增，不论豪也。汉律人出一算，惟贾人与奴婢倍算。所以者何？其人贫不能自纳赋，则卖身为奴婢。

买奴者率富商大贾，故汉律倍其奴婢之算，实是倍算贾人耳。奴千人，倍算应二十四万。然一金值万钱，年纳二十四金，于豪富固无难。至当时贵族公卿，畜奴之盛，自可想见。陈平赐陆贾奴婢亦百人。

　　贫者若不自卖为奴隶，则往往相聚作奸，陷于刑辟，流为亡命，而任侠因以炽。季布楚人，为任侠有名。项籍灭，高祖购求之。敢有舍匿，罪三族。布匿濮阳周氏。周氏进计，髡钳布，衣褐，置广柳车中，并与其家僮数十人，之鲁朱家所卖之。朱家大侠，所藏活豪士以百数，庸人不可胜言。心知其季布，买置田舍。后为汉名臣。布弟心，为任侠，方数千里，士争为死。尝杀人亡吴，从袁丝匿。长事袁丝，弟畜灌夫、籍福之属。又雒阳剧孟尝过袁盎，盎善待之。安陵富人有谓盎曰："吾闻剧孟博徒，将军何自通之？"盎曰："剧孟虽博徒，然母死，客送丧，车千乘，此亦有过人者。且缓急人所有，不以存亡为辞。天下所望者，独剧孟、季心耳。"栾布梁人，为人略买，为奴于燕，为其家主报仇，遂显名。及孝文时，为燕相，至将军。乃曰："穷困不能辱身，非人也。富贵不能快意，非贤也。"于是尝有德，厚报之。有怨，必以法灭之。剧孟尤以侠显。吴楚反时，周亚夫东至河南，得剧孟，喜曰："吴楚举大事，而不求剧孟，吾知其无能为已。"天下骚动，大将军得之，若一敌国。其足以倾动社会如此。灌夫亦喜任侠，诸所与交通，无非豪桀大猾。家累数千万，食客日数十百人。陂池田园，宗族宾客为权利，横于颍川。宁成去官归家，赇贳买陂田千余顷，假贫民，役使数千家，致产数千万。为任侠，持吏长短。而尤以侠著者为郭解。解少时阴贼感慨，以躯借交报仇。藏命作奸剽攻，休乃铸钱、掘冢。及年长，更折节为俭，以德报怨，厚施而薄望。然其自喜为侠益甚。既已振人之命，不矜其功。而少年慕其行，亦辄为报仇不使知。凡此皆史所载汉初豪杰任侠之事。

今要而观之，任侠者，周人困乏、藏匿亡命、借交报仇。其来者，非贫即罪。仰食其门，恃以藏迹。而亦遂为之舍身报仇怨。任侠之所藏活，流品不必齐，其事盖亦古者畜奴之变相也。多畜奴，以逐利长产为商贾；多聚贫罪之徒，则藉以为奸利，如铸钱、掘冢之类。虽触刑辟，特以市权势、牟邪利为任侠。盖任侠之与商贾，究其源则出于一。大侠之家，其所谓宾客，大半则犹如商贾之有奴；其迹虽异，其情则近。盖自封建制度既废，贵族阶级崩坏。商贾、任侠，则起而分擅往者贵族阶级之二势。一得其财富，一得其权力。皆以下收编户之民，而上抗政治之尊严也。而二者之起，其皆为社会经济复苏之后之现象则一。

二 诸侯王之骄纵

因社会经济之复苏，其影响及于上层统治阶级者，最先则为诸侯之骄纵。史称："高帝时，列侯初封，大侯不过万家，小者五六百户。逮文、景四五世间，流民既归，户口亦息。列侯大者至三四万户，小国自倍。富厚如之。子孙骄逸，忘其先祖之艰难，多陷法禁，陨命亡国。迄于孝武后元之年，而靡有孑遗。"（《高惠高后文功臣表序》。）可悟其间之消息矣。如曹参初封，盖六百户。至后嗣侯宗免时，有户二万三千，即其证。而汉之诸王则尤然。史称其"原本已大，末流滥以致溢。小者淫荒越法，大者睽孤横逆，以害身丧国"。（《诸侯王表序》。）其事盖与功臣侯者一例。而其影响于政局者，则尤大也。横逆最著者如吴。濞之初封，王三郡，五十三城。会孝惠、高后时，天下初定，郡国诸侯各务自拊循其民。吴有豫章郡铜山，乃招致天下亡命者盗铸钱。又有海盐之饶。不赋于民，而国用足。如是者三四十年，国力既盈，遂生他意。自谓国虽狭，地方三千里。人虽少，精兵可具五十万。骄纵之形既成，使中央虽欲守其宽简之初政而不可能。又如梁孝王，招延四方豪杰，自山以东游说之士毕至。筑东苑，方三百余里。广睢阳城七十里。大治宫室，为复道，自宫连属于平台三十余里。得赐天子旌旗，从千乘万骑，出称警，入言跸，拟于天子。多作兵器弩弓矛数十万，而府库金钱且百巨万，珠玉宝器多于京师。及孝王死，藏府余黄金尚四十余万斤。他财物称是。其富厚亦几逾京师。其他诸王荒淫之事，尤不可尽言。（赵翼《廿二史劄记》有"汉诸王荒乱"一条，列举其事。）富商大贾，则"因其富厚，交通王侯，力过吏势"。（晁错语。）亡命游侠之徒，诸侯王亦往往招致养匿，相结为奸。如吴王濞招天下亡命铸钱。淮南王长收聚汉诸侯人及有罪亡者匿与居，为治家室，赐与财物爵禄田宅。江都王非亦盛招四方豪杰。是其自身即不啻一任侠也。又如赵王彭祖，使使即县为贾人权会，入多于国经租税。以故赵王家多金钱。(《史记·五宗世家》。)权会者，盖独买商物以专其利，是藉侯王势经营商贩。贵族与商人，声气互通，相为消长。要其皆足以上撼政局，而使之兀臲不安，则一也。

三　外患之凌逼

当是时，汉之国力，日以充盈。社会财赋，淫溢愈厚。而其北邻匈奴，适亦处于进展极速之境。势力接触，而边患以起。当楚、汉相距，中国罢于兵甲，而匈奴有雄桀之主曰冒顿，得以乘时自强，控弦之士三十余万。汉初定天下，高祖七年，冒顿围高祖于平城。高祖仅得脱。至高后时，冒顿为书遗高后，曰："孤偾之君，生于沮泽之中，长于平野牛马之域。数至边境，愿游中国。陛下独立，孤偾独居。两主不乐，无以自娱。愿以所有，易其所无。"其为骄嫚无礼，至如此。然汉廷经郑重之讨论，终为好辞以对。至文帝时，匈奴骄蹇如故，自称"天所立匈奴大单于"，时侵边塞。使汉廷不能再安于和亲之一途。故贾谊慷慨陈辞，谓："窃料匈奴之众，不过汉一大县。以天下之大，困于一县，窃为执事者之羞也。"然考匈奴之强，亦因多汉人为之辅翼。韩王信降匈奴，匈奴因以引兵南下，乃有平城之役。是后韩王信为匈奴将，及赵利(赵苗裔。)、王黄等，时来侵盗。其先又有故燕王臧荼子衍亡在胡。陈豨反，燕王卢绾又亡入匈奴，率其党俱去者且万人，往来苦上谷以东。文帝时，为胡谋主者，乃汉使宦者燕人中行说。是知非尽匈奴独力足为边患也。至于南粤王赵佗，自称"身定百粤之地，东西南北，数千万里，带甲百万有余"。然均汉人南戍不返者。此尤与匈奴不同。故当时汉之边患，惟北方为强邻逼处，然亦半由自力分扩，还为毒害，非尽外力。是可见当时汉族社会内力之充盈，及其无限之发展。乃逼使其上层统治者，不得不一变其与民休息之局，而转移其方针也。

第三节　文景两朝之政治

汉自高祖迄于吕后，二十余年，社会复苏。其当时内外之情势，俱如上述。而文、景两朝政治之措施，又如何乎？汉孝文为中国史上有数之贤君，其最为后人称诵者，厥为其自奉之俭约。在位二十三年，宫室、苑囿、车骑、服御无所增益。有不便，辄弛以利民。尝欲作露台，召匠计之，直百金，曰："百金，中人十家之产也。"即不为。身衣弋绨。所幸慎夫人，衣不曳地。帷帐无文绣。以示敦朴，为天下先。惟其自奉之薄如此，故其取于民者亦至轻。自文帝十三年，除民田租，至景帝元年，复收民田半租，其间凡十一年，未收民租一粒谷。此实为历史所仅见。又其时民赋四十，丁男三年而一事。(《贾捐之传》。)赋役亦轻。其次则为待人之宽仁。其尤有关系者，为废肉刑。事亦在文帝十三年。齐太仓令淳于意，有罪当刑，其少女缇萦上书，愿没入为官婢，赎父刑罪。文帝怜其意，乃下令曰："《诗》曰：'恺悌君子，民之父母。'今人有过，教未施而刑已加焉；或欲改行为善，而道无由至。朕甚怜之。夫刑至断肢体，刻肌肤，终身不息，何其刑之痛而不德也！岂称为民父母之意哉？"遂废肉刑。史称孝文即位，"躬修玄默。劝趣农桑，减省租赋。而将相皆旧功臣，少文多质，惩恶亡秦之政，论议务在宽厚，耻言人之过失。化行天下，告讦之俗易。吏安其官，民乐其业，畜积岁增，户口浸息。风流笃厚，禁网疏阔。刑罚大省，至于断狱四百，有刑措之风"。其外对邻敌，内抚诸王，亦一以宽厚之意行之。南越尉佗自立为帝，文帝召贵佗兄弟，亲致书，存问有加。与匈奴结和亲，已而背约入盗，令边备守，不发兵深入，恐烦百姓。吴王濞诈病不朝，因赐几杖。张武等受赂金钱，觉，更加赏赐，以愧其心。其务以德化有如此。论其宅心之宽厚，为政之清简，诚堪谓为盛德之君而无愧也。

然其时贾谊上疏陈政事，已谓："窃维事势，可为痛哭者一，可为流涕者二，可为长太息者六。其他背理而伤道者，难遍以疏举。言者皆曰天下已安已治，非愚则谀，皆非事实，知治乱之体者。"凡谊所论，举其大者，如王国之地大难制，一也。匈奴之嫚侮侵略，二也。富人大贾之侈靡相竞，俗吏之不知风俗大体，三也。而谊尤以教太子、敬大臣、厉廉耻、崇德教为言。其赐民田租，荀悦论之，以为："豪强富人，占田逾侈，输其赋大半。官收百一之税，民输大半之赋。官家之惠，优于三代。豪强之暴，酷于亡秦。文帝不正其本，而务除租税，适足以资豪强。"又如帝五年除盗铸钱令，听民放铸，其立意固亦以利民。然能铸钱者非贫民也。因此，"奸富者益以富，朴贫者益以贫。则仍是驱人以听豪右之役也"。（王船山语。）其除肉刑，当黥者髡钳为城旦舂，当劓者笞三百，当斩左趾者笞五百，当斩右趾者弃市。史称其"外有轻刑之名，内实杀人。斩右趾者当死。斩左趾者笞五百，当劓者笞三百，率多死"。故景帝元年下诏曰："加笞与重罪无异。幸而不死，不可为人。"因遂多所轻减。至于封建诸王，至景帝时而卒有七国之变。匈奴至武帝时，亦终张挞伐之师。是文帝实遗留此种种问题于其子孙。而其及身当世，则仍循高祖以来君臣相守与民休息、毋动为大之旧见。特文帝行之以慈祥恺悌，终不失为令人爱想之贤主耳。

然文帝虽仁慈，亦非不知政治之不能终以无动无为，一务恭俭玄默以为长治久安之计也。贾谊所言，文帝且一一行之。帝临崩，告其子：一旦有事，周亚夫可用。景帝卒用亚夫平七国之变。特文帝以代王入主中朝，诸王在外者，非其长兄，则其伯叔父。廷臣皆高祖时功臣，封侯为相，世袭相承。文帝即由廷臣所立，强弱之势，难于骤变。其时汉中朝之政令，既不能行于王国，而汉帝威权，亦不能大伸于中朝功臣之上。故贾谊一言，而绛、灌之属皆不喜，谓："洛阳少年，专欲擅权，纷乱诸事。"文帝虽心悦谊，不得不外疏之。然文帝以慈祥恺悌默运于上，二十三年之间，而中央政府之基础日以稳固，外有以制诸王，内有以制功臣；则文帝之贤，又岂仅于慈祥恭俭而已哉！景帝虽遵业，慈祥之性，不能如其父。为之谋臣者，如晁错，又以深刻，主促七国之变。大难虽平，错亦见诛。然自高祖以来，功臣、外戚、同姓三系纷纭之争，至此告一结束。而中央政府一统之权能，遂以确立。景帝又用郅都、宁成，务为严酷，痛诛游侠之徒；宗族豪杰，尽为慑恐。匈奴在景帝时，亦幸勿为大患。而俭约之守，则自高祖以来七十年相守勿衰。从此内力充盈，乃生武帝，雄才大略，得所凭藉，终以造成西汉全盛之势。文、景之治，固为其主因矣。

第三章　西汉之全盛

第一节　学术之复兴

汉自高、惠、吕后，与民休息。迄于文、景，仍遵简俭之治。垂七十年，而汉代遂达于全盛。其财富之盈溢，即为其时代全盛之特征。史称：

> 七十年间，国家无事。非遇水旱，则民人给家足。都鄙廪庾尽满，而府库余财。京师之钱，累百巨万，贯朽而不可校。太仓之粟，陈陈相因，充溢露积于外，腐败不可食。众庶街巷有马，阡陌之间成群。乘牸牝者，摈而不得会聚。守闾阎者食粱肉。为吏者长子孙。居官者以为姓号。人人自爱而重犯法，先行谊而黜愧辱焉。于是网疏而民富，役财骄

溢，或至并兼。豪党之徒，以武断于乡曲。宗室有土、公卿大夫以下，争于奢侈。室庐舆服，僭上无限。物盛而衰，固其变也。(《食货志》。)

则社会经济情况，自文、景以来，继长增高。而上所述富商大贾之奢风，并兼之盛，奴婢之激增，以及在上有位者之骄纵，实亦随之俱进，未有转向。而别有一事，更堪注意者，则为社会学术界复古空气之渐趋浓厚是也。

一　汉初之学术残影

自秦焚书令下，至孝惠四年，初除挟书律，前后共二十三年。此二十三年中，兵戈扰攘，学士逃亡，学术之不绝如线。自孝惠以后，民间重得流传书籍之自由，而学术新芽，遂以再苗。然考汉初诸臣，亦多通文学，习《诗》《书》，不尽未受教育之徒也。粗举其著者，如：

张良，韩人。尝学礼淮阳。又受《太公兵法》于下邳圯上之老人。

陈平，阳武人。少时好读书，治黄帝、老子之术。其兄纵平使游学。

韩信，淮阴人。通兵法。

张苍，阳武人。好书律历，秦时为御史，主柱下方书。尤好书，无所不观，无所不通，而尤邃律历。

郦食其，陈留高阳人。好读书，为儒生。

陆贾，楚人。时时为高祖称说《诗》《书》。著书十一篇，称《新语》。

娄敬，齐人。说高祖西都关中，称说周秦，盖亦知书。

朱建，楚人。与郦、陆、娄、叔孙同传。赞曰"高祖以征伐定天下，而缙绅之徒，骋其知辩"，则均儒者也。

叔孙通，薛人。秦时以文学征，待诏博士。降汉，从弟子百余人。共起朝仪。又征鲁诸生三十余人。又陈涉之王，鲁诸儒持孔氏礼器归之。孔甲为涉博士，与俱死。高祖围鲁，鲁中诸儒尚讲诵习礼，弦歌之音不绝。叔孙所征，盖即其等。高祖过鲁，以太牢祀孔子，亦为感其儒业之盛而然也。

蒯通，范阳人。论战国时说士权变，自序其说凡八十一首，号曰《隽永》。

楚元王交，高祖同父少弟。好书，多材艺。少时，尝与鲁穆生、白生、申公俱受书于荀卿门人浮丘伯。及秦焚书，各别去。高祖过鲁，申公以弟子从师入见于鲁南宫。元王王楚，以穆生、白生、申公为中大夫。

田叔，赵陉城人。学黄老术于乐钜公。

盖公，胶西人。善治黄老言。曹参相齐，尽召长老诸先生，问所以安集百姓；齐诸儒以百数，言人人殊，参独敬盖公言。

四皓，年老，为高祖嫚士，匿山中；孝惠为太子时，卑辞厚礼聘之。

其他当尚有。而坠绪微茫，不绝如缕，盖仅足以当前世学术之残影耳。

二　文景两朝之博士

历孝惠、高后，至孝文时，而学者益出。其时书亦渐多。刘歆移太常博士云："汉兴，至孝文皇帝，天下众书，往往颇出。皆诸子传说，犹广立学官，为置博士。"是也。（高祖拜叔孙通为博士，号稷嗣君，则博士之官汉初即设。）今考《楚元王传》："文帝时，闻申公为《诗》精，以为博士。"《儒林传》："韩婴，文帝时为博士。"赵岐《孟子题辞》云："孝文欲广游学之路，《论语》《孝经》《孟子》《尔雅》皆置博士。"是刘歆之说有据也。然司马迁谓文帝本好刑名之言，及至孝景，不任儒者，而窦太后又好黄老之术，故诸博士具官待问，未有进者。观于张叔孝文时以治刑名，得侍太子；晁错学申商刑名于轵张恢生所，文帝时亦为博士，因上书言皇太子应深知术数，文帝善之，拜太子家令。术数者，《韩非·定法篇》："申不害言术。"又申子曰："圣人任法不任智，任数不任说。"术数即刑名之学也。文帝以刑名教太子，史迁谓其本好刑名，良不诬矣。惟其时博士既不限于儒生，则诸博士之具官待问未有进者，不得专以文、景不好儒说之。盖其时汉廷自萧、曹以下，皆以兵革汗马之功，封侯为相。汉约，非有功不得侯，又非侯不为相。故宰相一职，遂为功臣阶级所独擅。彼辈皆起军旅中，质多文少。即张良以下，陆贾、娄敬诸文人，尚不得大用，何论新起之士！故贾谊卒抑郁以死。晁错进言，遽自见杀。此皆不得专以文、景不好儒为说也。孝景时博士可考者：辕固，齐人，以治《诗》为博士。胡母生，齐人；董仲舒，广川人；均以治《公羊春秋》为博士。然《史》《汉》儒林传所载，特本其后博士限于五经而推溯言之。其实文、景两朝博士，决不止此。尚可考者，如鲁人公孙臣，以言五德终始召拜博士，在文帝时。贾谊年二十余，以颇通诸家之书，亦召为博士。辕固生与黄生争论于景帝前；黄生无所考见，疑亦博士也。《汉旧仪》：文帝时，博士七十余人，朝服玄端章甫冠，为待诏博士。是其时博士员数，仍袭秦旧，故亦七十余人也。文、景两帝共逾四十年，计其时先后为博士者应逾百数。惜乎《史》《汉》儒林传未能详举其姓名耳。然其学风则大抵可论。治黄老则主清静无为，治申商则务循名切实。要之沿袭秦廷以古非今之禁，卑之无甚高论，求为当身之可行则止。此则当时学风之大致可想见者也。至于其变而渐趋于复古，则其动机似先发于王国，而犹不在中朝。

三　王国对于学术之提倡

朝廷与王国学术异趋者，中朝自高帝至文、景，长守恭俭质朴之本色，而王国则先变而为奢侈也。其招徕文学之事，如楚元王敬礼穆生、白生、申公，及曹参孝惠时为齐相，尽召长老诸先生以百数之类，皆是也。其尤著者，为吴王濞。史称："汉兴，诸侯王皆自治民聘贤。吴王濞招致四方游士，齐人邹阳，与吴人严忌、枚乘等，俱仕吴，皆以文辩著名。"其时诸侯王已渐趋于奢侈，与中朝恭俭远殊矣。其后吴既败，诸人去吴归梁。梁孝王亦招延四方豪杰。山东游士，有齐人羊胜、公孙诡之属。司马相如亦自汉病免而客游梁。梁游士宾客之盛掩汉廷。王国宾客文学之事，愈后愈盛，并不以吴、楚之败而中折。其后则南有淮南王刘安，北有河间献王刘德，皆及武帝世。

一　淮南王

淮南王为人，好书，鼓琴，亦欲以拊循百姓流名誉，招致宾客方术之士数千人。高材者有苏飞、李尚、左吴、田由、雷被、毛被、伍被、晋昌等八人，号曰八公。及诸儒大山、小山之属。作为《内书》二十一篇，《外书》三十三篇，又有《中篇》八卷，言神仙黄白之术。亦二十余万言。又有淮南王赋八十二篇，群臣赋四十四篇，《淮南歌诗》四篇。复有《淮南杂子星》十九卷。安于武帝属为诸父。武帝初即位，建元二年，淮南王入朝，献所作《内篇》新作，武帝爱秘之。武帝甚尊重安，每为报书及赐，常召司马相如等视草乃遣。然安卒以谋反见诛。惟考《史》《汉》所载，淮南王谋反状，似颇无实据。其先淮南入召，太尉田蚡告之曰："方今上无太子，王亲高皇帝孙，一旦宫车晏驾，非王尚谁立者？"其后雷被戏剑误中淮南王太子，遂亡之长安，上书自明。汉廷诏即讯太子，因连及王。又有怨家构之丞相公孙弘。弘乃疑淮南有畔逆计，深探其狱。伍被诣吏自告与淮南王谋反踪迹。王自杀，被亦受诛。盖淮南以文学照耀一世，早为武帝所忌。而其时朝廷威信已立，中央集权统一之势已定，诸王国更不如文、景时。一有风声摇动，其臣纷纷自投汉廷，谋为免身计。雷被、伍被皆文学浮辩士，非有气节。所谓淮南谋反状，半出影响，半出罗织。汉廷欲逮淮南太子，淮南不免仍蹈以前诸王不逊顺之旧态。所谓"欲毋遣太子，遂发兵，计未定，犹豫十余日"者，或为得其情。时胶西王端议："《春秋》曰：'臣毋将，将而诛。'安罪重于将。"盖胶西之议出于其相董仲舒。仲舒固深疾汉廷兄弟亲戚骨肉之骄扬奢僭，而主为忍而诛者。武帝乃使仲舒弟子吕步舒治淮南狱，以《春秋》谊断。（参看《仲舒传》及《五行志》。）太史公所谓"公孙弘以《春秋》之义绳臣下"，（《平准书》。）即指此类。而博士狄山廷斥张汤，亦谓其"治淮南、江都狱，以深文痛诋诸侯，别疏骨肉，使藩臣不自安"也。（《汤传》。）

二　河间王

河间献王刘德，以孝景前二年立。史称其修学好古。从民得善书，必为好写与之，留其真，加金帛赐以招之。四方道术之人，不远千里，或有先祖旧书，多奉以奏献。故得书多，与汉朝等。同时淮南王安亦好书，所招致率多浮辩。献王所得书，皆古文先秦旧书，《周官》《尚书》《礼》《礼记》《孟子》《老子》之属。(史称河间得《孟子》，而文帝时自有《孟子》博士。犹如河间得《尚书》，而汉廷自有晁错受伏生《尚书》也。)皆经、传、说、记七十子之徒所论。其学举六艺。立毛氏《诗》、左氏《春秋》博士。修礼乐，被服儒术，造次必于儒者。山东诸儒，多从其游。武帝元光五年，(在淮南朝汉后九年。)献王来朝，献雅乐。对诏策所问三十余事。春正月，还而卒。(《汉书·本传》。)其献雅乐事，《礼乐志》亦言之，谓："天子下大乐官，常存肄之，岁时以备数。然不常御。常御及郊庙，皆非雅声。"《艺文志》又云："武帝时，河间献王好儒，与毛生等共采《周官》及诸子言乐事者以作《乐记》。献八佾之舞。其内史丞王定传之，以授常山王禹。禹，成帝时为谒者，数言其义，献二十四卷记。"《礼乐志》谓："成帝时，谒者常山王禹世受河间乐，能说其义。其弟子宋晔等上书言之。下大夫博士平当等考试。当以为："河间献王聘求幽隐，修兴雅乐以助化。时大儒公孙弘、董仲舒等，皆以为音中正雅，立之大乐，春秋乡射，作于学官，希阔不讲。故自公卿大夫观听者，但闻铿锵，不晓其意。河间区区下国藩臣，以好学修古，能有所存，民到于今称之，况于圣主！"事下公卿，以为久远难分明，当议复寝。"是河间乐在武帝时，本以备数，不及郊庙大典。其后亦迄未施行也。(《艺文志》河间所辑合礼、乐共二百三十余篇。)

今考《西京杂记》称:"河间献王德筑日华宫,置客馆二十余区,以待学士。自奉养不逾宾客。"其礼贤有如此。而观汉名臣奏(《史记·五宗世家》集解引。)杜业奏曰:"河间献王经术通明,积德累行,天下雄俊众儒皆归之。孝武帝时,献王朝。被服造次必于仁义。问以五策,献王辄对无穷。孝武帝艴然难之,谓献王曰:'汤以七十里,文王百里,王其勉之。'王知其意,归即纵酒听乐,因以终。"则献王之见忌于武帝,盖视淮南尤益甚矣。考景帝子十四人,惟献王与栗太子同母。栗太子废而献王于诸子年最长,又得贤名。武帝之忌献王,有以也。献王即以来朝之年正月薨,(见《武纪》。)其时朝十月,盖归而即卒;杜业之奏,非无据矣。

《戴东原集》有《河间献王传经考》,谓《毛诗》《左氏春秋》《周官》皆传自献王。其后今文学家疑之。康有为《新学伪经考》以《史记·河间献王世家》不及献王得书事,证《汉书》云云为伪。然同时史迁于《淮南王传》,亦不言其著书、献书事,《汉书》亦为增补。特今《淮南王书》尚传,故无从见疑耳。否则亦可以《史记》未之及,遂谓《汉书》云云尽出虚造耶?(史公时儒术始兴,其言阔略。《鲁共王传》不言坏壁,《楚元王传》不言受《诗》浮邱伯,皆是。)淮南献所著书,而武帝爱秘之。夫爱矣,云何而秘?宜乎河间书之尽藏秘府,伏而不发矣。盖其时淮南、河间,皆以王国讲文学,流誉驾中朝,遂为武帝所忌。二王均不得其死，其书入汉廷，亦遂抑而未行也。

今合而观之，河间尚经术，淮南贵辞赋；虽南北风尚相异，要亦自与中朝之学术不同。若河间之修古礼乐，游情三代，勿论矣。即言淮南，其书侈张，与黄老清静、申韩切实皆绝殊。辞赋之学，近源吴、梁，远溯齐、楚，（楚自襄王避秦东迁，则亦江淮之国也。）以南人之巫风，泽海国之仙思。其学亦东方齐鲁之支流与裔。与经术复古派相近，而与中原三晋功利现实之观则远。其时中朝学者，即主改弦易辙，如贾谊、晁错，皆中原之士，均不脱功利现实之见；与秦廷之法后王，汉室之尚恭俭，犹是一脉相承。而淮南、河间王国学风，则先趋于复古奢侈之路也。（复古者尚礼乐务文饰，易近奢淫一路。而奢淫者纵情欲慕神仙，追思远古，放情世外，往往与复古派精神相通。皆不肯卑卑切事情也。）

今再综括言之。汉初学术，中朝与诸侯王国自异。如萧何之定律令，叔孙之定仪法，张苍之定章程，韩信之定兵法，此亦古代所谓王官之学。凡汉所定，则皆一依秦旧，无大更革也。其战国以来后起百家之学，稍得势于中央者，厥惟黄老与申商。黄老主一切因循，清静而无为。申商主循名责实，尊上以守法。此独与汉廷初年政治相得。盖二者迹异而情近，故司马迁以老、庄、申、韩同传也。其流衍复盛于社会之下层者，其一为儒家言，又其一为辞赋家言。辞赋一家，渊源自晚周，骤盛于汉代。其先盖由纵横策士递变而来。彼辈昧于时变，既不得志于中央，乃散走于列国，而尤盛于南方。

　　　　　　　　　　　　　　　　　　　秦汉史

吴、楚、梁、淮南，导奢风而启叛志，皆此辈为之也。儒学则抱残守缺，尤盛于北方之农村。三时耕作，一时诵习，三年而习一艺，三十而通六经。称《诗》《书》，法先王，进可以淑世，退亦可以淑身。先秦百家言，惟儒最为源远而流长，亦其学术之本身，固已异于其他诸家矣。然汉廷虽有博士之官，儒术固掩抑不扬。而河间一国，独先尊崇之。此固献王之贤，亦缘儒术之在北方民间，固已先有根基，声光已露，故献王亦注意及之耳。

第二节 武帝之政治

汉兴七十年，恭俭无为之治，继承勿辍。至于武帝，而社会财富，日趋盈溢。又其功臣、外戚、同姓三系之纷争，亦至武帝时而止。中央政府统一之权威，于以确立。而民间古学复兴，学者受新鲜之刺激，不肯再安于无为。而边患亦迄未宁息，抑且与时俱进，不得不谋一痛惩创之道。凡此均为促成汉武一朝政治之背景。而武帝自以雄材大略，乘时奋发。席全盛之势，建超古之业。寻其事迹，千端万绪，而有可以一义为之说明者，则厥为其稽古之遥情是已。然秦皇、汉武，同为中国史上之雄主。秦皇焚书坑儒，以吏为师，禁天下之以古非今。迄于汉武，不及百年，乃表章六艺，高慕尧舜，处处以希古法先为务。若汉武之与始皇，所处在绝相反之两极。而论其措施，则汉武之置五经博士，设博士弟子员，即犹始皇之焚非博士官书，以吏为师，统私学于王官之制也。汉武遣方士，求神仙，行封禅，立明堂，（武帝因公玉带上明堂图，作明堂于汶上。兒宽云："祖立明堂辟雍，宗祀太一"，亦指泰山明堂言，长安明堂尚在后。）造历推德，外攘四夷，又事事与始皇如出一辙。其事岂不甚怪？盖汉武鄙薄始皇，远慕唐虞。究其所至，仍亦为始皇之所为而止耳。而汉武顾自以为唐虞三代，不知其仍为亡秦之续也。汉自高祖以来七十年，恭俭无为，惟知袭秦故而已。武帝发愤，欲兴太平，乃其实亦仍袭秦故。汉廷学者，至武帝时，几无不高谈唐虞三代，而深斥亡秦者。然不知其所高谈深斥，要亦未出亡秦之牢笼。上者亦不越于战国。此惟司马迁能言之，曰："战国之权变，亦有可颇采者，何必上古！秦取天下多暴，然世异变，成功大。传曰法后王，何也？以其近己而俗变相类，议卑而易行也。学者牵于所闻，见秦在帝位日浅，不察其终始，因举而笑之，不敢道，此与以耳食无异。"（《六国表序》。）然则汉武之稽古，其亦史迁之所谓以耳食者欤！今撮叙其大端于后，以见汉室全盛期之所为，而明治道隆替、世变往复之所以焉。

一　武帝一朝之学术

甲　外廷之博士

武帝初即位元年，冬十月，（其时尚以十月为岁首。）诏丞相、御史、列侯、中二千石、诸侯相，举贤良方正直言极谏之士。丞相卫绾奏："所举贤良，或治申、商、韩非、苏秦、张仪之言，乱国政，请皆罢。"奏可。此为武帝即位辟头第一声。其一朝措施，即已于此露其朕兆，定其准的。时武帝年十七也。考卫绾为人，醇谨无他长，惟以敦厚见赏于文、景两帝。何以少主初政，即突发此惊人之议？且其事并不著于绾之《本传》，而惟于《武纪》见之。又其年六月，（据《百官公卿表》。）绾即以不任职罢免。可知其议发动，实不在绾。或谓是年所举贤良，董仲舒亦预其列。罢申、韩云云，其议实发自仲舒。史称："仲舒广川人，少治《春秋》，孝景时为博士，学士皆师尊之。武帝即位，举贤良文学之士，前后百数，而仲舒以贤良对策。"惟仲舒对策之年，则昔人多疑而不能定。《汉书·武纪》载于元光元年，与公孙弘并列。《通鉴》则据《史记》"武帝即位，为江都相"之文，载于建元元年。疑《通鉴》所定实是。据《本传》，仲舒对策，推明孔氏，抑黜百家。立学校之官，州郡举茂才、孝廉，皆自仲舒发之。今考举孝廉在元光元年十一月，若对策在下五月，不得云自仲舒发之，一也。（《通鉴考异》说。）又《武纪》："建元六年，辽东高庙灾，高园便殿火。"《五行志》"仲舒对曰"云云，《本传》在废为中大夫时，居家推说其意。是贤良对策不得反在元光元年，二也。（沈钦韩说。）史公学于董生，记董生事必确。《史传》云："今上即位，为江都相。"是为相在建元元年，对策即于其时，审矣。辽东高庙灾，仲舒且为之下狱。若其事在对策前，则董名尚未显，主父偃何自嫉之？《史》《汉》并云仲舒"自是不敢复言灾异"，而对策推灾异甚切。武帝册中又有"敬闻高谊"语。若曾受拘系，不合再为此言。《刘向传》又言："仲舒坐私为灾异书下吏，复为太中大夫、胶西相。"不云下吏后对策为江都相。此又其较然无疑者，三也。（苏舆说。）又仲舒对策，详论《春秋》谓一为元之说，益知其当在建元元年，四也。（王楙《野客丛书》说，苏舆引。）惟策中有"今临政而愿治，七十余岁矣"一语，自汉初至建元三年始七十岁，则建元元年不得云七十余岁。（齐召南说。）若为可疑。然此实衍文。原文当云："古人有言：临渊羡鱼，不如退而结网；临政愿治，不如退而更化。"浅人妄加数字也。（苏舆说。）策中又云："夜郎、康居，殊方万里，说德归谊。"考通夜郎在建元六年王恢击东粤后。而张骞道康居，远在其后十余年，无从先有归谊事。然则仲舒对策，不仅"临政愿治"一语，为后人所妄改；即"夜郎、康居"云云，疑亦非当时之真矣。

至其深斥申、商、韩非之意，则文中再三及之。初对策有云：

> 天道之大者在阴阳。阳为德，阴为刑。刑主杀而德主生。是故阳常居大夏，而以生育长养为事。阴常居大冬，而积于空虚不用之处。以此见天之任德不任刑也。王者承天意以从事，故任德教而不任刑。为政而任刑，不顺于天，故先王莫之肯为也。今废先王德教之官，而独任执法之吏治民，毋乃任刑之意与！

其第二策又云：

> 秦师申商之法，行韩非之说，非有文德以教训
> 于天下也。

是其明斥申、商、韩非之说也。盖仲舒对策大意，在于去刑
法而任教化；而苟任教化，则必以儒道为宗矣。故于三策之
末总见其意云：

> 《春秋》大一统者，天地之常经，古今之通谊也。
> 今师异道，人异论，百家殊方，指意不同，是以上
> 无以持一统。法制数变，下不知所守。臣愚以为诸
> 不在六艺之科、孔子之术者，皆绝其道，勿使并进。
> 邪辟之说灭息，然后统纪可一，而法度可明，民知
> 所从矣。

此仲舒对策盛推儒术、深斥申商之证也。然《严助传》亦云：
"郡举贤良对策百余人，武帝善助对，独擢为中大夫。"严助
对策亦在建元元年，与仲舒同时。帝既嘉纳仲舒之言，顾不
拔用于中朝，而外出为江都相，则武帝似不必深契于仲舒矣。
且是时武帝年仅十七岁，文学侍从之臣，最先进者为严助，
亦在此次对策后。朝廷大臣，如丞相卫绾等，皆朴质无文，

非学士。而诏册辞旨，典雅深美，所谓推儒术而抑申商者，即武帝诏册辞旨已然矣。仲舒所对，特与朝廷诏制本意近合相和，固非由于仲舒而始开是意也。

然则武帝以十七龄少主，初即位，制诏贤良对策，已卓然有复古更化之意矣。今试问其诏册典雅，事何从来？考之《史记·儒林传》："兰陵王臧，受《诗》申公，事孝景帝，为太子少傅，免去。今上初即位，臧乃上书宿卫上，累迁，一岁中为郎中令。"郎中令掌宿卫宫殿门户，乃亲近之职。文帝初入未央宫，"拜张武为郎中令"是也。是王臧尝为武帝少傅，又特见亲信。盖帝之好儒术，渊源自此。疑制诏文字，即出郎中令王臧辈之手。是年，又用赵绾为御史大夫。绾与臧同学，其拔用，殆亦臧所推荐。《史记·儒林传》已言之："武帝即位，赵绾、王臧之属明儒学，而上亦向之，于是招方正贤良文学之士。"则其事明起于王、赵也。

赵、王既用事，即议立明堂，安车蒲轮，征其师鲁申公。其时丞相为窦婴，乃窦太后诸侄。帝既有意更张，疑若变易先帝之所立，事盖为太后所不喜。帝之用窦婴，盖引以缓太后意。此等安排，疑亦出赵、王之策划为多。明年，冬十月，赵绾请无奏事东宫，太后乃大怒，绾及臧皆下狱自杀，窦婴亦免相。武帝遂罢明堂事，申公亦病免归。是为武帝重用儒术一顿挫。然其后三年，（建元五年。）武帝终置五经博士，而儒术终于独盛。

《汉书·儒林传》赞："武帝立五经博士，《书》惟有欧阳、

《礼》后、《易》杨、《春秋》公羊而已。"王应麟《困学纪闻》谓："后汉翟酺曰：'文帝始置一经博士。'考之汉史，文帝时，申公、韩婴皆以《诗》为博士。（所谓《鲁诗》、《韩诗》。）五经列于学官者，惟《诗》而已。景帝以辕固生为博士，（所谓《齐诗》。）而余经未立。武帝建元五年春，初置五经博士。《儒林传》赞称举其四，盖《诗》已立于文帝时。"今按：胡母生、董仲舒皆治公羊《春秋》，于景帝时已增为博士。则武帝所增只三经，非四经也。所以称置五经博士者，据《百官表》："博士秦官，掌通古今。员多至数十人。武帝初置五经博士。"盖其前申公之俦为博士，乃以"通古今"，非以其专经也。至武帝专隆儒术，乃特称"五经博士"。其他不以五经为博士者，遂见罢黜。因又名之曰"诸子传记博士"。其先则皆以通古今为博士，不别五经与诸子传记也。故独以经学设博士，其事自武帝始。《儒林传》赞所以独举四经者，因其后此四经皆有增设，至宣帝时，增员至十二人。独《诗》惟三家，更无新增，故独不及。（王莽立《毛诗》博士，汉人不以为典要。）非谓武帝增此四经也。故自武帝建元五年之后，博士官之性质，乃与前迥异。前之博士掌通古今，而后之博士，则专掌通五经。此其异也。若谓武帝继文、景时之一经博士而增成为五经，则为不明秦汉博士官性质衍变，失之远矣。

其后十二年，（元朔五年。）又为博士置弟子员，其议始于公孙弘。公孙弘，菑川薛人。亦以建元元年举贤良，征为博士。奉使匈奴还，免归。元光五年，复征贤良对策，称旨。

（《汉书·武纪》在元光元年，《弘传》在五年；又云："岁中至左内史。"《百官表》弘为左内史在元光五年，《荀纪》亦载在此年，知《武纪》误。）起徒步，数年至宰相，封侯。汉制列侯始得为相，惟弘无爵，为拜相始特封侯。其后以为故事，至丞相必封侯，事自弘始也。弘既相，于是议为博士官置弟子五十人，复其身。由太常择补。（此选士。）郡国有好文学，亦得举诣太常，受业如弟子。（此选吏。）一岁皆辄课。能通一艺以上，补文学掌故缺。（秩在百石下。兒宽以文学掌故补文学卒史，秩百石，可证。）高第可以为郎中。自是学者益众。此武帝一朝尊经隆儒之大概也。

今考秦人焚书，诸侯史记以外，特严于《诗》《书》。清儒章实斋谓"六经皆史"，《诗》《书》即古代之官书也。诸侯史记则后世新官书也。故二者同焚，而百家语转不为罪。迄兹未百年，经术又转盛，《诗》《书》六艺独得设博士，而其他百家尽归罢黜。此其转变之间，盖亦有故。汉之初兴，创痍未脱，与民休息，则黄老之说为胜。及于文、景，社会富庶，生气转苏。久痿者不忘起，何况壮旺之夫！复与言休息，谁复乐之？而一时法度未立，纲纪未张。社会既蠢蠢欲动，不得不一切裁之以法。文帝以庶子外王，入主中朝。时外戚吕氏虽败，而内则先帝之功臣，外则同宗之诸王，皆不安就范围。文帝外取黄老阴柔，内主申韩刑名。其因应措施，皆有深思。及于景帝，既平七国之变，而高庙以来功臣亦尽。中朝威权一统，执申韩刑名之术，若可以驱策天下，惟我所向。然申韩刑名，正为朝廷纲纪未立而设。若政治已上轨道，全国共遵法度，则申韩之学亦复无所施。其时物力既盈，纲纪亦立，渐臻太平盛世之况。而黄老申韩，其学皆起战国晚世，其议卑近，主于应衰乱。惟经术儒生，高谈唐虞三代，礼乐教化，独为盛世之憧憬。自衰世言之，则每见其为迂阔而远于事情。及衰象既去，元气渐复，则如人之病起，舍药剂而嗜膏粱，亦固其宜也。后人乃谓儒术独为利于专制，故为汉武所推尊，岂得当时之真相哉？

然称《诗》《书》，道尧舜，法先王，战国初期学派儒、墨皆然，不专于儒也。且文帝时有《孟子》博士。（《河间献王传》载河间得书，"皆古文先秦旧书，《周官》《尚书》《礼》《礼记》《孟子》《老子》之属"。特举《孟子》《老子者，《孟子》，文帝时立博士，《老子》尤为时重。《艺文志》有《老子邻氏经传》四篇、《傅氏经说》三十七篇，《徐氏经说》六篇。殆亦立博士，故有传说，如后六艺诸经尽有传说一例。然则班氏《河间》一传，正见其据当时传闻，故言之亲切如是。若由刘歆以下伪造，何缘于《周官》《尚书》下，忽及《孟子》《老子》哉？）至武帝时亦废。其后刘向父子编造《七略》，六艺与儒家分流。是儒亦百家之一，不得上侪于六艺。然则汉武立五经博士，谓其尊六艺则可，谓其尊儒术，似亦未尽然也。特六艺多传于儒者，故后人遂混而勿辨耳。

故汉人之尊六艺，并不以其为儒书而尊。而汉人之尊儒，则以其守六艺。此不可以不辨也。而汉人之所以尊六艺者，则别有故。《儒林传》："窦太后好《老子》书，召问博士辕固生。固曰："此家人言耳。"太后怒曰："安得司空城旦书乎？”乃使固入圈击豕。景帝知固直言无罪，而为太后怒，乃假固利兵。龁应手而倒，固得无死。”今考“家人言”者，秦博士鲍白令之对始皇曰：“五帝官天下，三王家天下。”“官”言其公，“家”言其私。家人言，乃对王官之学而说，犹云民间私家之言耳。凡战国诸子所以称百家，皆谓其非王官学。扬子云《博士箴》亦云：“《诗》《书》是泯，家言是守。”以《诗》《书》家言对文，正犹《七略》《艺文志》以王官六艺之学与九流十家对列也。司马迁有云：“厥协六经异传，整齐百家杂语。”而刘知幾《史通》称之，谓其：“鸠集国史，采访家人。”（《六家篇》。）又曰：“殷周已往，采彼家人。”（《采撰篇》。）则“家人言”即指百家言，更无疑矣。辕固生自以治《诗》《书》，此乃古者王官之学，故特轻鄙晚出家言。窦太后怒之，曰：“安所得司空城旦书。”秦法：“令下三十日不烧，黥为城旦。”汉以司空主罪人，贾谊云“输诸司空”是也。《诗》《书》为秦法所禁，故云何从得此司空城旦书，即谓犯禁书也。然则扬子云所谓“《诗》《书》是泯，家言是守”，王仲任所谓“秦人焚书，不及诸子”，皆有证矣。秦人焚古代官书，而立晚世家言为博士，所以尊新王一朝之统。此乃荀卿之所谓“法后王”。汉武罢斥百家，表章六艺，夫而后博士所掌，重为古者王官之旧，乃所以求稽古考文之美。此乃荀卿之所谓“法先王”。则当时之尊六艺，乃以其为古之王官书，非以其为晚出之儒家言，其义又断可识矣。故班氏《儒林传》亦谓：“六艺者，王教之典籍，先圣所以明天道、正人伦、致至治之成法也。"

其先儒家治六艺，本指礼、乐、射、御、书、数。下至战国晚世，《周官》(《保氏》)、《吕览》(《博志篇》)诸书犹然。秦焚《诗》《书》，独不及《易》，以《易》为卜筮书也。是秦时《周易》犹不与《诗》《书》为类。《汉书》称《易》既未焚，"传受者不绝"。然考《儒林传》谓：汉兴，言《易》者皆本田何。何以齐田徙杜陵，号杜田生。丁宽从何学成，东归，何谓门人曰："《易》已东矣。"则汉博士言《易》，渊源惟有田何。此证秦焚书前儒者治《易》之寡。秦既不焚《易》，邹、鲁、梁、赵之士，治《易》遂多。淮南有"九师《易》"，其学与黄老同流。故今《易传》皆涉黄老意。即汉博士言《易》，亦弗能自外。故以《易》为古之王官之学则犹可，以《易》为古之儒学，又未见其然也。

故汉人之尊孔子，特为其传六艺之统。汉人之尊六艺，特为其为古代之王官学。汉武之立五经博士，特为欲复古者王官之学之旧，以更易秦廷末世之所建。惟深推其用意，实亦不出秦廷统私学于王官而"以吏为师"之故智耳。故其采六艺而罢百家，若专就朝廷设官之用意言，则亦未见其有所大胜于秦之泯《诗》《书》而守家言也。后人乃专以汉武尊儒为说，又未为得当时之真相矣。

乙　内朝之侍从

汉武以大有为之君，处大有为之世，年少气锐，求欲一革文、景以来恭俭苟简之风。其罢黜百家，表章六经，固已见其指意之所在。而武帝当时所以斡旋朝政，独转乾纲者，则在其以文学为侍中，削外朝之权而归之内廷；此又汉制当时一大变也。《百官表》："侍中、左右曹、诸吏、散骑、中常侍皆加官。"钱大昕曰：

> 自侍中而下，《汉书》所称中朝官也。亦谓之内朝臣。考高帝时，卢绾为将军，常侍中。孝惠时，郎、侍中皆冠鵔鸃，贝带，傅脂粉。是汉初已有侍中。武帝初，严助、朱买臣皆侍中，贵幸用事，始与闻朝政。厥后，卫青、霍去病、霍光、金日磾皆由侍中进，而权势出宰相右矣。武帝时，霍光、韩增皆为郎，迁诸曹侍中。宣帝时，苏武、杜延年、刘安民为右曹，张延寿为左曹。此左右曹之始。宣帝时，杨恽为诸吏光禄勋。此诸吏之始。宣帝时，张霸为散骑中郎将，张勃、刘更生为散骑谏大夫。此散骑之始。司马相如纳赀为郎，事景帝，为武骑常侍，则景帝时已有常侍。武帝常与侍中、常侍、武骑及待诏陇西、北地良家子能骑射者微行。而东方朔亦为常侍郎。然其时未见中常侍之名。至元、成以后始有之。元帝时，有中常侍许嘉。成帝时，有中常侍晁闳。成帝欲以刘歆为中常侍，大将军王凤以为不可，乃止。《叙传》：班伯为中常侍。哀帝时，有中常侍王闳、宋宏等，皆士人也。后汉中常

侍并以宦者为之，非西京旧制矣。(《三史拾遗》。)

史称武帝内朝诸臣，最先为严助。其后得朱买臣、吾丘寿王、司马相如、主父偃、徐乐、严安、(主父偃、徐乐、严安三人上书言事，《通鉴》载于元朔元年置沧海郡后，盖三人进身较晚。荀氏《汉纪》载于元光二年，误也。)东方朔、枚皋、胶仓、终军、严蓹奇等，并在左右。"其尤亲幸者，为东方朔、枚皋、严助、吾丘寿王、司马相如。是时征伐四夷，开置边郡，军族数发，内改制度；朝廷多事，屡举贤良文学之士。公孙弘起徒步，数年至丞相，开东阁，延贤人，与谋议。朝觐奏事，因言国家便宜。上令助等与大臣辩论。中外相应以义理之文，大臣数诎。"(《严助传》。)今考严助，会稽吴人严忌子。严忌与邹阳、枚乘皆游仕吴王濞，以文辩著名。其后则去而之梁，从梁孝王游。《艺文志》有庄夫子赋二十四篇，即忌也。又有严助赋三十五篇。枚皋不通经术，有赋百二十篇，乃枚乘子。枚乘赋有九篇。武帝自为太子，闻乘名。初即位，以安车蒲轮征。乘年老，道死。司马相如从邹阳、枚乘、严忌游，著《子虚赋》。武帝读而善之，曰："朕不得与此人同时哉！"《志》有司马相如赋二十九篇。其他吾丘寿王赋十五篇，常侍郎庄蓹奇赋十一篇。《七略》曰："或言庄夫子子，或言族家子，庄助昆弟也。"朱买臣赋三篇。而主父偃二十八篇，徐乐一篇，庄安一篇，待诏金马聊苍三篇，即胶仓，与邹阳七篇同列纵横家。又终军八篇，吾丘寿王六篇，《虞丘说》一篇，即吾丘，庄助四篇，在儒家。东方朔二十篇，则在杂家，与《淮南》内外篇同列。今要而论之，是诸人者，或诵《诗》《书》，通儒术。或习申商，近刑名。或法纵横，效苏张。虽学术有不同，要皆驳杂不醇，而尽长于辞赋。盖皆文学之士也。武帝兼好此数人者，亦在其文学辞赋。故武帝外廷所立博士，虽独尊经术；而内朝所用侍从，则尽贵辞赋。大体言之，经术之与辞赋，亦当时学术界一分野也。经术为北学，集于河间；辞赋为南学，萃于淮南。武帝并驾兼收，欲跨河间、淮南而上之。河间、淮南两王，皆已不得其死；而经术辞赋之士，悉会于汉廷。辞赋者，铺张藻饰，侈陈富丽，务为夸大，与汉开国以来恭俭无为之旨适相反。其风起于齐、吴、梁、楚、淮南，植根于诸王国，而渐染及于中朝。武帝内中于辞客之侈张，而外以经术为附会。兴明堂，建封禅，修郊祀，改正朔。内定制度，外攘四夷。凡所谓正礼乐、致太平者，皆导源于辞赋，而缘饰之以经术。往者文景以来黄老申韩清简切实之说，务为卑近可行者，宜为武帝所不喜。故汲黯面折之，曰："陛下内多欲而外施仁义，奈何欲效唐虞之治。"而公孙弘曲学阿世，常称以为："人主病不广大，人臣病不俭节。"此最为有合于时宜矣。盖自文、景以来，恭俭苟且，而臣下日趋于骄侈。贾谊之徒，已为之痛哭流涕长太息。今公孙弘一反其道，导人主以广大，绳臣下以俭节。上足以结雄主之欢，下亦以矫时风之敝。经术、辞赋两者，皆可以会通于公孙子"人主病不广大，人臣病不俭节"之一语。当武帝之世，招致文学贤良前后数百人，异人并出；独公孙弘以六十老翁，徒步至相，封为列侯，年八十，终于相位。夫岂偶然而致哉！

二　武帝一朝之政治

甲　董仲舒公孙弘之对策

汉兴以来七十年，以恭俭之治与民无为。社会经济，日趋盈溢。学术空气，亦渐浓厚。武帝雄才大略，处此时机，慨然欲有所建立。朝野和之，更化复古之声，一时四起。武帝初即位，建元元年，即以此意册所举贤良方正直言极谏之士，谓：

> 五帝三王之道，改制作乐，而天下洽和，百王同之。圣王已没，王道大坏。五百年之间，守文之君，当涂之士，欲则先王之法以戴翼其世者甚众，然犹不能反，日以仆灭，至后王而后止。岂其所持操，或悖缪而失其统欤？固天降命不可复反，必推之于大衰而后息欤？凡所为屑屑，夙兴夜寐，务法上古者，又将无补欤？三代受命，其符安在？灾异之变，何缘而起？性命之情，或夭或寿，或仁或鄙，习闻其号，未烛厥理。伊欲风流而令行，刑轻而奸改，百姓和乐，政事宣昭，何脩何饬，而膏露降，百谷登，德润四海，泽臻草木，三光全，寒暑平，受天之祜，享鬼神之灵，德泽洋溢，施乎方外，延

及群生？子大夫明先圣之业，习俗化之变，终始之
序，讲闻高谊之日久矣，其明以谕朕。（《董仲舒传》。）

册文寥寥数百字，其薄秦制，慕古昔，欲更化习俗而反之上
古三代之意，已明白著见。时武帝年十七耳。帝为太子时，
王臧为之傅。臧乃儒者，鲁大儒申公弟子。寻即见绌，殆或
以儒术不见欢于景帝及窦太后也。武帝初即位，臧上书宿卫，
累迁，一岁至郎中令，其为武帝所亲信可知。此等诏册，殆
出王臧诸人手。其时即无董仲舒辈，武帝已有复古更化之意。
然当时所以欲"复古更化"者，其动机果何在？且彼意中所
欲复之"古"又何若？则其事有至当研讨者。

盖武帝此册，有极关重要之问题几点：一曰受命之符。
当时以为三代盛世，皆有一种瑞祥，征其为上天所降命。否
则不足以为太平，不足以见天命。一曰灾异，即瑞祥之反面。
国将败亡，有失天意，则天乃降灾异以为谴告。一曰命之夭
寿。王者既称天子，代天而治，世既太平，获天之祜，万民
咸得其寿，而不夭折，则此王者应得登格于天，永为神仙不
死，如黄帝。一曰终始之序。古之王者，皆应五德。五德运
移，终而复始，各有次序。受命之符，即与帝王所当之德运
相应。如周为火德，则有赤乌之符，是也。一曰德泽施乎方
外。所谓太平，不仅其国内之治安，又贵于方外之归化，而
致其奇禽怪兽异物，如所云东海致比目之鱼、西海致比翼之
鸟，亦足为一种受命之符征也。武帝所以欲复古更化之动机，

似不免为上此诸说所歆动。故武帝意中所欲复之古，亦似为此等景象之古也。至于当时政治上实际问题，有待于在上者之解决，则莫过于经济上贫富不均所产生种种之现象。武帝诏册中所谓"风流而令行，刑轻而奸改"者，即微逗其间之消息；而固非武帝所欲复古更化之所重也。其他如诸王国，则自吴楚七国败后，已不成为问题。匈奴外患，在吕后、文帝时颇烈，景帝时已稍减，无大寇。以武帝时国力言，强弱之势与前不同，匈奴宜亦不足为大患。其他四邻，尤不足忧。故武帝诏册，亦只求德泽之如何而洋溢及乎方外；此与吕后、文帝时所以忧边者亦复异。其后武帝一朝政治，如封禅巡狩、明堂郊祀、改正朔、易服色制度、外征四夷，种种所谓复古更化者，皆已于此诏册中及之。而社会经济之贫富不平，为刑不轻、奸不改、风化不流、政令不行之根源，乃当时政治上惟一真实之问题所在，则武帝不徒未经注意，抑且以其种种之复古更化，而促其现象之加甚焉。此武帝一朝政治之大概也。

其时对策者百有余人，惟董仲舒所对，尤为武帝异视。仲舒之对曰：

> 臣闻天之所大奉使之王者，必有非人力所能致而自至者，此受命之符也。天下之人，同心归之，故天瑞应诚而至。《书》曰："白鱼入于王舟，有火复于王屋，流为乌。"此盖受命之符也。

废德教而任刑罚，刑罚不中，则生邪气。邪气
积于下，怨恶畜于上。上下不和，则阴阳缪戾，而
妖孽生矣。此灾异所缘而起也。(《本传》。)

此仲舒所对受命之符及灾异之见解，盖为当时学者共同之传
说，仲舒亦未能立异也。至于性命之寿夭与仁鄙，仲舒独以
教化对。以仲舒治学，只谈阴阳，鲜及神仙也。而对于如何
而可以"受天之祜，享鬼神之灵，德泽洋溢，施乎方外"一
节，则言之极恺切。其大要在于更化而复古。其言曰：

圣王之继乱世也，扫除其迹而悉去之，复修教
化而崇起之。教化已明，习俗已成，子孙循之。行
五六百岁，尚未败也。至周之末世，大为无道，以
失天下。秦继其后，独不能改，又益甚之。重禁文
学，不得挟书。弃礼捐谊而恶闻之。其心欲尽灭先
王之道，而颛为自恣苟简之治。故立为天子，十四
岁而国破亡矣。自古以来，未尝有以乱济乱，大败
天下之民如秦者也。其遗毒余烈，至今未灭。使习
俗薄恶，人民嚚顽，抵冒殊扞，熟烂如此之甚。孔
子曰："腐朽之木，不可雕也。粪土之墙，不可圬
也。"今汉继秦之后，如朽木粪墙矣。虽欲善治之，
亡可奈何。法出而奸生，令下而诈起。如以汤止沸，
抱薪救火，愈甚，亡益也。窃譬之，琴瑟不调，甚

者，必解而更张之，乃可鼓也。为政不行，甚者，
必变而更化之，乃可理也。当更张而不更张，虽有
良工，不能善调也。当更化而不更化，虽有大贤，
不能善治也。故汉得天下以来，常欲善治，而至今
不可善治者，失之于当更化而不更化也。

其于鄙秦制，崇古化，盖君臣上下，一气相和，远非文、景
以来相守"卑之无甚高论，求为可行"之夙见矣。至谓"法
出而奸生，令下而诈起"，实为当时政治上真实问题所在，即
武帝所谓"若何而风流令行、刑轻奸改"者。其病根，自下
言之，乃在社会经济之发展而造成大贫大富之阶级。乃汉兴
七十年与民无为，使民间经济自由发展之所致。此乃封建贵
族阶级既破以后，社会新兴之问题。自上言之，则黄老之无
为，与申商之刑名，一主放任，一主驱缚，而不谋所以为教
化，则终不足以胜颓趋。而仲舒以之归罪于秦俗，欲以复古
为对治之药也。盖仲舒对策大意，以为刑罚不息，由于俗化
不美。所谓俗化之不美者，主要指其从利作奸而言。惟教化
可以为之堤防，而教化之美则在古代。盖秦之为政，既急功
而近利，复严刑而酷法。自战国以来，其所采取于东方者，
亦尽三晋功名之士，教化风俗，非其所重。齐鲁儒学传统，
固于秦政绝少影响。仲舒所论，正为东方儒学传统在政治理
论上之正式抬头。此乃秦廷焚书坑儒以来政学思想一大转变。
此一转变，则实为考史者所当郑重注意也。惟既时异世易，

秦以前乃封建世袭之社会，与秦以后之平民农商业社会异体。苟空以古代礼乐教化而言，其何能淑？而况所谓古代之礼乐教化者，其实质又何如乎？如昔秦博士淳于越，主复封建，拘古不化，宜为秦王、李斯所笑。而仲舒固非淳于越之比。其对于当时病象，其背景在于经济失调之一点，仲舒固已确切指出。其欲以教化代刑名与无为之意，亦诚不可不谓是当时一帖对症之良药。

其第二策极言秦任刑法不以文德为教之非，又继言武帝有天下，忧劳万民，而未有获者，则由于士素之不厉。谓：

> 今之郡守、县令，既无教训于下，或不承用主上之法，暴虐百姓，与奸为市。贫穷孤弱，冤苦失职，甚不称陛下之意。夫长吏多出于郎中、中郎、吏二千石子弟，选郎、吏又以富訾，未必贤也。是以廉耻贸乱，贤不肖浑殽。

乃倡岁使诸列侯、郡守、二千石贡贤之法。盖汉室官吏，多从任子、算訾二途中出。任子仍不免古者封建时代贵族世袭之臭味，算訾则全为封建制度破坏、社会产生资产阶级以后所生之现象。当时之资产阶级，其实即无异于一种新贵族。司马迁比之于古之封君，最为得其情实。仲舒以贡贤代任子、算訾两途，此诚救时要道矣。

其最后第三策，又力陈官吏不得经商货殖，谓：

身宠而载高位，家温而食厚禄，因乘富贵之资力，以与民争利于下，民安能如之哉！是故众其奴婢，多其牛羊，广其田宅，博其产业，畜其积委，务此而亡已，以迫蹴民。民日削月朘，浸以大穷。富者奢侈羡溢，贫者穷急愁苦。穷急愁苦而上不救，则民不乐生。民不乐生，尚不避死，安能避罪？此刑罚之所以蕃，而奸邪不可胜者也。故受禄之家，食禄而已，不与民争业，然后利可均布，而民可家足。天子所宜法以为制，大夫所当循以为行也。

其下乃举古者公仪子相鲁，见家织帛，怒而出其妻为说。以为古者贤人君子皆如此。其实春秋以前，商业货殖之事未起，贵族世袭，授田而井，固与汉世不同。是仲舒之言复古，实非真复古。在仲舒之意，亦仅重于更化，而即以更化为复古也。且即如仲舒言，禁官吏兼营货殖，而社会经济仍未得均，仍不免有大穷大富；谓民将化其廉而不贪鄙，其乌能之？然仲舒谓："皇皇求财利，常恐匮乏者，庶人之意。皇皇求仁义，常恐不能化民者，大夫之意。"就其职位分析言之，固亦足以矫正当时以官吏而兼营货殖兼并小民之一敝矣。惟民间之"皇皇求财利，常恐匮乏"，任其自然，亦必终达于大穷大富之分驰。此在文、景时形势已然。官吏之兼营货殖，犹或较商人阶级之崛起，微为晚后。则专从卿大夫教化着眼，似仍不足以挽时病。而要之不失为正本清源之一道。必先于政治上有此措施，使服官主政者不再从事于经商营利，乃始可以渐及于社会，有所冀于移风而易俗也。在仲舒之意，乃求以学术文化领导政治，以政治控制经济，而进企于风化之美，治道之隆。此诚不失为先秦儒家论政一正统。仲舒乃进而主张"诸不在六艺之科、孔子之术者，皆绝其道，勿使并进"，以为"邪辟之说灭息，然后统纪可一而法度可明，民知所从"。此其意，则与始皇、李斯之禁私学而定一尊者，若无甚大异。然一在法先王，一在法后王。若法先王而不陷于拘古昧今，能识其会通，达于时变，此即先秦儒学重历史文化传统之真传也。

仲舒以前，惟贾谊论政，如其主教太子、礼大臣、正风俗，亦皆有窥于儒学之精义。惟贾生之言，犹颇涉及于权谋功利，故汉人不推为醇儒。而要之贾、董两人均不失为汉代深识之士。二人者，均能于当时社会经济贫富分驰以至扰动政治安全之理，凿凿言之。又均能于教化之不可一日废，而其尤要则在君相卿大夫者，恳切三复。其意深至，实有以箴切当时黄老、申商之隐敝。而惜乎文帝不能用贾谊，武帝亦不能用仲舒。仲舒之主罢百家、尊孔子，独为武帝所取者，以其时言封禅、明堂、巡狩种种所谓受命之符、太平之治，以及德施方外而受天之祐、享鬼神之灵者，其言皆附会于《诗》《书》六艺而托尊于孔子故也。故武帝用仲舒之议，而疏仲舒之身。仲舒终其生未见大用。武帝为求兴太平，不惜以天子朝廷而与小民争利，则宜乎仲舒之终见绌矣。

《汉书·食货志》又载仲舒"限民名田"一奏，专从社会经济立论；其见解与对策时偏主在上之教化者合而观之，乃可以见仲舒论政之大体也。其言曰：

> 古者税民不过什一，其求易供；使民不过三日，其力易足。至秦则不然，用商鞅之法，改帝王之制。除井田，民得卖买。富者田连阡陌，贫者无立锥之地。又颛川泽之利，管山林之饶。荒淫越制，逾侈以相高。邑有人君之尊，里有公侯之富。小民安得不困？又加月为更卒，已复为正，一岁屯戍，一岁力役，三十倍于古。田租、口赋、盐铁之利，二十倍于古。或耕豪民之田，见税什五。故贫民常衣牛马之衣，而食犬彘之食。重以贪暴之吏，刑戮妄加。民愁无聊，亡逃山林，转为盗贼，赭衣半道，断狱岁以千万数。汉兴，循而未改。古井田法，虽难卒复，宜少近古。限民名田，以赡不足，塞并兼之路。盐铁皆归于民。去奴婢，除专杀之威。薄赋敛，省繇役，以宽民力。然后可善治也。

今考武帝元封元年，桑弘羊为治粟都尉，领大农，尽斡天下盐铁。今仲舒此奏有"盐铁皆归于民"之请，语犹应在此后。是已去《天人对策》时三十年矣。儒术教化，此奏均未及，而专以塞并兼、宽民力为言。然武帝亦不能用，而仲舒遂以老死矣。

汉武初年以对策著者，仲舒后有公孙弘。《弘传》："武帝初即位，年六十，以贤良征。后为博士，免归。五年复征贤良。"其事在元光五年，去仲舒对策已十一年。武帝诏册曰：

　　盖闻上古至治，画衣冠，异章服，而民不犯。阴阳和，五谷登，六畜蕃，甘露降，嘉禾兴，朱草生。山不童，泽不涸。麟凤在郊薮，龟龙游于沼，河洛出图书。父不丧子，兄不哭弟。北发渠搜，南抚交趾，舟车所至，人迹所及，跂行喙息，咸得其宜。朕甚嘉之。今何道而臻乎此？（《弘传》。）

知武帝所谓上古至治之情形，仍是以前见解。一则天命之符征，如麟凤龟龙、河洛图书是也。二则长生延寿，如父不丧子、兄不哭弟是也。三则德泽及四夷，如北发渠搜、南抚交趾是也。弘所对空洞敷衍，随文缘饰，空言仁义礼智，不及民生疾苦。而曰："智者，术之原。擅杀生之柄，通壅塞之涂，权轻重之数，论得失之道，使远近情伪必见于上，谓之术。"史称其"习文法吏事，缘饰以儒术"者，良不诬矣。弘既以尚智术深得武帝意，又曰："臣闻尧遭鸿水，使禹治之，未闻禹之有水也。若汤之旱，则桀之余烈也。"是时河决瓠子，未塞，又有陨霜、大风、螟之变，弘特为此说以贡谀。时对者百余人，太常奏弘第居下。策奏，武帝擢弘对第一。是后武帝尊用弘至丞相、封侯，而终疏仲舒，未见任信。今即武帝两次诏策，及董、公孙二人对策后之通塞，亦可推见武帝一朝政治之大概矣。

乙　武帝时之郊祀封禅巡狩及改制

今依次叙述武帝一朝之政治。首当及其对于郊祀、封禅、巡狩种种典礼之兴复。当时政治上实际问题，最大者厥为社会贫富之不均。而武帝政治措施，于此全不理会，最先即及于郊祀、封禅、巡狩种种典礼之兴复者；此由其时学者间共同信仰，太平景象之特征，定有一种天人交感之符兆。故遂于无形中造成一种观念，即努力于促现此种天人交感之符兆，亦即为造成太平之阶梯也。

汉代郊祠，最先为雍五畤。汉兴，二年，东击项籍而还入关，问："故秦时上帝祠何帝也？"对曰："四帝，有白、青、黄、赤帝之祠。"高祖曰："吾闻天有五帝，而四，何也？"莫知其说。于是高祖曰："吾知之矣，乃待我而具五也。"乃立黑帝祠，命曰北畤。五畤皆在雍，故曰雍五畤。其时有司进祠，上不亲往。其后至文帝时，黄龙见成纪，下诏曰："有异物之神，见于成纪，毋害于民，岁以有年。朕几郊祀上帝诸神，礼官议，毋讳以朕劳。"遂以夏四月亲幸雍，郊见五畤。是为汉廷亲郊之始。事在文帝十五年。是后景帝中六年冬十月，亦一幸雍，郊五畤。其后至武帝，幸雍祠五畤者凡八。（元光二年十月，元狩元年十月，二年十月，元鼎四年十月，五年十月，元封二年十月，四年十月，太始四年十二月。）多在十月，盖皆以岁首亲郊也。

雍五畤以外，复有渭阳五帝庙，兴自文帝时。公孙臣以言黄龙符瑞召拜博士，遂有赵人新垣平以望气见上，言："长安东北有神气，成五采，若人冠冕焉。或曰：东北，神明之舍；西方，神明之墓也。天瑞下，宜立祠上帝，以合符应。"于是作渭阳五帝庙。同宇，帝一殿，面五门，各如其帝色。祠所用及仪，亦如雍五畤。十六年夏四月，文帝亲拜霸渭之会，以郊见渭阳五帝。于是贵平至上大夫，赐累千金。而使博士诸生刺六经中作《王制》，谋议巡狩、封禅事。其后新垣平益为诈，事觉，文帝诛夷平，遂怠于改正服鬼神之事。而渭阳五帝使祠官领，以时致礼，不往焉。

五帝祠以外有泰一祠，兴于武帝时。亳人谬忌奏祠泰一方，曰："天神贵者泰一，泰一佐曰五帝。古者天子以春秋祭泰一东南郊，日一太牢，七日。为坛，开八通之鬼道。"于是天子令太祝立其祠长安城东南郊，常奉祠如忌方。其事亦在元光二年，即武帝始幸雍郊五帝之年也。其后人上书言："古者天子，三年一用太牢，祠三一，天一、地一、泰一。"天子许之。令太祝领祠之于忌泰一坛上，如其方。元鼎五年，又立泰一坛于甘泉。初上幸雍且郊，或曰："五帝，泰一之佐也，宜立泰一而上亲郊之。"上疑未定。以齐人公孙卿言黄帝事，大悦。明年，上郊雍，至陇西，登空桐，幸甘泉，令祠官宽舒等具泰一祠坛，放亳忌泰一坛，三陔。五帝坛环居其下，各如其方。黄帝西南，除八通鬼道。泰一祝宰衣紫及绣，五帝各如其色。十一月辛巳朔旦冬至，昧爽，天子始郊拜泰一，如雍郊礼。是后又两幸甘泉郊泰畤。（天汉元年正月，后元元年正月。）武帝世郊泰畤者凡三。

雍五畤、甘泉泰畤外，又复有河东后土祠，亦始武帝时。元鼎四年，天子郊雍，曰："今上帝，朕亲郊，而后土无祀，则礼不答也。"有司与太史令谈、祠官宽舒议："天地牲，角茧栗。今陛下亲祠后土，后土宜于泽中圜丘。为五坛，坛一黄犊。牢具，已祠，尽瘗。而从祠衣上黄。"于是天子东幸汾阴。汾阴男子公孙滂洋等见汾旁有光如绛。上遂立后土祠于汾阴脽上，如宽舒等议。上亲望拜，如上帝礼。时为元鼎四年十一月。其后武帝凡亲祠后土者五。（元封四年三月，六年三月，太初元年十二月，二年三月，天汉元年三月。）

以上为武帝一朝郊祀之大概。所谓远追三古盛时之礼乐者，就实言之，特六国晚年以来方士之余绪，固与贾、董诸人所唱以古礼乐为教化者远异。盖贾、董欲以兴教化而主复古，武帝则自以复古饰其奢心，而即谓教化在是也。

然武帝一朝兴古复礼之尤要者，当推封禅与改制。封禅之事始于秦始皇。《史记·封禅书》正义："泰山上筑土为坛，以祭天报天之功，故曰封。泰山下小山上，除地报地之功，故曰禅。"是封禅亦不过为祭天礼地之事。始皇二十八年东行郡县，上邹峄山，与鲁诸儒生议刻石颂秦德，议封禅望祭山川之事。时齐鲁儒生博士七十人，议各乖异，难施用。始皇因绌儒生，颇采太祝祠雍上帝礼行之。时秦得天下始三年，下去焚书尚六年。齐鲁儒业尚盛，然所谓封禅之礼，已无确说可遵。故知所谓"封泰山者七十有二代"，其事皆出齐人夸饰，因亦无从确据也。秦封禅后十二岁而亡，至汉文时又有倡议封禅者。其端起公孙臣，言汉土德，当有黄龙见。后三岁，黄龙果见成纪，事在文帝十五年春。文帝以是始亲郊。又使博士诸生刺六经中作《王制》，谋议巡狩、封禅事。盖因符瑞而兴祀典，因祀典而及封禅，其事牵连而起。后以新垣平诈发，文帝遂怠于此等事，而封禅卒不兴。

武帝行封禅，始元封元年，距武帝初即位已三十年矣。先是元鼎四年，汾阴得大鼎，齐人公孙卿曰："今年得宝鼎，其冬辛巳朔旦冬至，与黄帝时等。"卿有札书，曰："黄帝得宝鼎冤句，问于鬼臾区。鬼臾区对曰：'黄帝得宝鼎神策，是岁己酉朔旦冬至。得天之纪，终而复始。'于是黄帝迎日推策，后率二十岁复朔旦冬至。凡二十推，三百八十年，黄帝仙登于天。"卿因嬖人奏之，武帝大悦，召问卿。对曰："受此书申公，申公已死。"上曰："申公何人？"曰："齐人，与安期生通。受黄帝言，无书，独有此鼎。书曰：'汉兴，复当黄帝之时。'曰：'汉之圣者，在高祖之孙且曾孙也。宝鼎出而与神通，封禅。封禅七十二王，惟黄帝得上泰山封。'申公曰：'汉帝亦当上封禅，封禅则能仙登天矣。黄帝万诸侯，而神灵之封君七千。天下名山八，而三在蛮夷，五在中国。中国华山、首山、太室山、泰山、东莱山。此五山，黄帝之所常游，与神会。黄帝且战且学仙，百余岁然后得与神通。黄帝采首山铜，铸鼎于荆山下。鼎既成，有龙垂胡髯下迎黄帝。黄帝上骑，群臣后宫从上龙七十余人，龙乃去。余小臣不得上，乃悉持龙髯。龙髯拔，堕。堕黄帝弓。百姓仰望，黄帝既上天，乃抱其弓与龙髯号。故后世因名其处曰鼎湖，其弓曰乌号。'"于是天子曰："嗟乎！诚得如黄帝，吾视去妻子如脱屣耳。"拜卿为郎，使候神于太室。元鼎六年冬，公孙卿言见仙人迹缑氏城上。有物如雉，往来城上。武帝亲幸缑氏视迹，问卿："得毋效文成、五利乎？"文成、五利皆方士言神仙，以诈见诛也。卿曰："仙者非有求人主，人主者求之。其道非少宽暇，神不来。言神事如迂诞，积以岁，乃可致。"于是郡国各除道，缮治宫馆、名山神祠，所以望幸。及元封元年冬，上议曰："古者先振兵释旅，然后封禅。"乃遂北巡朔方，勒兵十余万骑，还祭黄帝冢桥山，释兵凉如，乃归甘泉。春正月，行幸缑氏，诏曰："朕用事华山，至于中岳，获驳麃。翌日，亲登嵩高。御史乘属，在庙旁吏卒，咸闻呼万岁者三。登礼罔不答，其令祠官加增太室祠。"遂东巡海上。夏四月，上还，登封泰山，降坐明堂。诏曰："朕以眇身承至尊，兢兢焉惟德菲薄，不明于礼乐，故用事八神。遭天地况施，著见景象，屑然如有闻。震于怪物，欲止不敢。遂登封泰山，至于梁父。然后升禅肃然。（山名。）自新，嘉与士大夫更始，其以十月为元封元年。"是为汉武之第一次封禅。

自得宝鼎，武帝即与公卿诸生议封禅。封禅用希旷绝，莫知其仪礼。而群儒采封禅《尚书》《周官》《王制》之望祀射牛事，于是上乃令诸儒习其仪。数年，至且行，齐人丁公年九十余，曰："封禅，古不死之名也。秦皇帝上泰山，中阪，遇暴风雨，不得上。陛下必欲上，稍上，即无风雨，遂上封矣。"武帝既闻公孙卿及方士言，黄帝以上封禅，皆致怪物与神通。欲放黄帝，以上接神人蓬莱高世，比德于九皇，而颇采儒术以文之。群儒既不能辩明封禅事，又拘于《诗》《书》古文，不敢骋。上为封禅祠器示群儒，群儒或曰"不与古同"。徐偃又曰："太常诸生行礼，不如鲁善。"周霸属图封事。于是上黜偃、霸，尽罢诸儒弗用，而东幸。是武帝封禅，最大动机，实由歆于方士神仙之说而起也。

又司马相如病死，遗书言封禅事，武帝得而异之。时为元狩五年。五岁始祭后土，八年遂礼中岳，封泰山。不得谓非相如有以启之。相如以辞赋见知，武帝初见其《子虚赋》，相如曰："此乃诸侯之事，未足观，请为天子游猎之赋。"遂成《上林赋》，极写天子之巨丽。上既美《子虚》之事，相如见上好仙，因曰："《上林》之事，未足美也。尚有靡者，臣尝为《大人赋》未就，请具而奏之。"以为列仙之儒，居山泽间，形容甚臞，此非帝王之仙意也。既奏之，武帝大说，飘飘有凌云气游天地之间意。是武帝之慕神仙，行封禅，其意亦由辞赋之家助成之。相如初游梁，得交齐人邹阳、淮阴枚乘、吴严忌之徒，皆词客。相如之学，盖兼得齐、楚两地之传。黄老起于齐，（说见前。）神仙之说与黄老通。邹衍亦齐人。方士多兴于齐。所谓八神天主、地主、兵主、阴主、阳主、日主、月主、四时主，其祠皆在齐。故始皇东游海上，行礼祠之，而武帝亦然。言封禅必主泰山，亦在齐。而楚人辞赋，其学与齐之黄老阴阳实相通。其言神仙，则《远游》。言鬼物，则《招魂》。言宇宙上古，则《天问》《离骚》。南人之有《楚辞》，犹海疆之有黄老阴阳也。故汉兴，传《易》者惟淄川田何，而淮南有九师。燕齐方士言黄金不死之药，而《淮南外书》亦道之。相如游于梁，交诸词客，盖兼涉齐、楚两派。其为《子虚》《上林》，亦以齐、楚对言。而武帝内廷文学侍从之臣，亦不越齐、楚两邦籍。严助、枚皋、忽奇、朱买臣，皆吴人。皋父乘为梁孝王客。武帝自为太子，闻乘名。及即位，乘年老，乃以安车蒲轮征。乘道死。后乃得乘孽子皋而大喜。而主父偃、严安、终军、东方朔，（褚补《史记》云齐人。）则皆齐人也。吾丘寿王为赵人，徐乐燕人，则亦染被齐风者。元狩元年，上幸雍祠五畤，获白麟奇木，博谋群臣；终军对，以为："封禅之君无闻焉。宜因昭时令日，改定告元，苴白茅于江淮，发嘉号于营邱，以应缉熙，使著事者有纪。"（《终军传》。）时为元狩元年，尚在相如遗书言封禅之前。东方朔有《封泰山》篇，（《朔传》。）不详在何时。此皆词人鼓吹封禅之证也。其他如获白麟，（即元狩元年。）作《白麟之歌》。得鼎汾阴，（《本纪》元鼎四年，《礼乐志》作五年。）马生渥洼水中，（《本纪》在元鼎四年秋，《礼乐志》作元狩三年。）作《宝鼎》《天马之歌》。甘泉宫产芝，（同上。）作《芝房之歌》。贰师伐大宛，（太初四年。）作《西极天马之歌》。幸东海，获赤雁，（太始三年。）

作《朱雁之歌》。凡所谓兴礼乐、陈符瑞、夸盛德而誉太平者，率皆词人之事。《礼乐志》谓："司马相如等数十人，造为诗赋，略论律吕，以合八音之调，作十九章之歌，以正月上辛，用事甘泉圜丘"者，即此《白麟》《赤雁》诸歌也。而司马迁《乐书》称："其时通一经之士，不能独知其辞，皆集会五经家，相与共讲习读之，乃能通知其意。多《尔雅》之文。"其时外朝博士之陋有如此。而内朝文学侍从之臣，所谓"竞为侈丽闳衍之词，没其风谕之义"（《艺文志》。）者，实不啻为武帝导其侈心，更不论于风谕也。

《史记·封禅书》谓："武帝初即位，元年，汉兴已六十余岁矣。天下艾安，搢绅之属，皆望天子封禅改正度也。而上乡儒术，招贤良，赵绾、王臧等以文学为公卿，欲议古，立明堂城南以朝诸侯。草巡狩、封禅、改历、服色事。未就，会窦太后治黄老言，不好儒术，召案绾、臧。绾、臧自杀，诸所兴为皆废。"似武帝初即位，便已议及封禅。然考《儒林传》及《汉书·武纪》《礼乐志》《儒林传》诸篇，皆言议立明堂，不及封禅。且臧、绾召申公，申公之来，武帝问治乱之事。申公时已老，八十余，对曰："为治不在多言，顾力行何如耳。"是时天子方好文词，见申公对，默然。然已招致，则以为太中大夫，舍鲁邸，议明堂事。及臧、绾自杀，明堂事废，申公亦疾免。申公治学，最为朴醇。所谓封禅、巡狩、改历、服色诸端，恐是史公连笔及之。其时所议，或犹专在治明堂朝诸侯，未必已及封禅。即细按《史记·封禅书》以下云云，亦可推见。

及其后，终军、司马相如诸人屡言封禅，又得公孙卿、丁公诸人言，武帝始议放古巡狩、封禅事。而诸儒对者五十余人，未能有所定。武帝问兒宽。宽对曰："陛下躬发圣德，天地并应，符瑞昭明，其封泰山，禅梁父，昭姓考瑞，帝王之盛节也。然享荐之义，不著于经。惟贤主所由，制定其当，非群臣之所能列。今将举大事，优游数年，使群臣得人自尽，终莫能成。惟天子兼总条贯，以顺成天庆。"上然之，乃自制仪，采儒术以文焉。（《兒宽传》。）兒宽千乘人，受《尚书》于欧阳生，为齐学。伏生传《尚书》，本重《洪范》五行，言灾变，与封禅、符瑞之说相通。宽亦有政治材，识机变，故能迎合武帝意。是武帝封禅，儒生乃从旁为迎合，非居主动之地。其"拘牵于《诗》《书》古文而不敢骋"者，既不为朝廷所喜，特采其说以为文饰。盖亦与始皇行封禅而尽绌儒生，先后一例。武帝封泰山下东方，如郊祠泰一之礼；禅泰山下趾东北肃然山，如祭后土礼；亦与始皇封禅而采太祝祠雍上帝礼先后一例也。

《史记·太史公自序》，自述："奉使西征，还报命。是岁，天子始建汉家之封，而太史公留滞周南，不得与从事，故发愤且卒。而子迁适使反，见父于河洛之间。太史公执迁手而泣曰：'余先周室之太史也。今天子接千岁之统，封泰山，而余不得从行，是命也。余死，汝必为太史。为太史，无忘吾所欲论著矣。'"迁又自记其父为学，谓："学天官于唐都，受

《易》于杨何，习道论于黄子。"所谓天官、《易》与道论，皆与黄老阴阳为近。是其为学，盖亦与齐学言符瑞受命者相通。故司马迁言封禅，亦谓："自古受命帝王，曷尝不封禅。盖有无其应而用事者矣，未有睹符瑞见而不臻乎泰山者也。"然史迁自言年十岁即诵古文，其为《史记》，亦一以六艺古文为宗。其父谈在当时，盖亦"拘牵于《诗》《书》古文而不敢骋"者。故武帝封泰山，只令侍中儒者，皮弁搢绅，射牛行事，特以为文饰；而司马谈以太史不获从。则谈亦"尽罢诸儒而弗用"之一人耶！马端临尝论其事，谓："秦始皇、汉武帝封禅，皆黜当时诸儒之议，而自定其礼仪。考史氏所载，则秦之诸儒，进蒲车扫地之说。汉之诸儒，有拘于《诗》《书》古文而不敢骋之说。以此拂二帝之意而不见录。然封禅非古礼也。窃详诸儒之意，盖欲以古帝王巡狩望祀之礼而缘饰之。省方问俗，赏善罚恶，凡以为民。秦、汉二主之事，则夸诵功德，希求福寿，凡以为己。又安能考《诗》《书》之说，行简质之礼乎？固宜其见绌也。"（《文献通考·郊社十》。）今考《汉书·艺文志》，有封禅议对十九篇，其详莫可考。马氏所谓诸儒"欲以古帝王巡狩望祀之礼缘饰之"，大体甚是。然当时诸儒，固有主封禅为应答受命之符瑞者，其意不尽在省方问俗，如司马谈父子即是矣。故即在诸儒间，意见亦甚歧。故诸儒对者五十余人，未能有所定。而要之其议礼仪，拘牵于《诗》《书》古文则一。诸儒既见绌，太史谈亦发愤而卒。遗命其子"无忘吾所欲论著"。今《史记·封禅书》辨明方士诈欺，人主惑于神仙长生之说，极委悉矣。特言受命符瑞，则与当时内朝诸侍从文学浮辩者不甚悬绝。又于封禅仪节，亦谓"其仪阙然堙灭，其详不可得而记闻"。则颇有鲁申公传《诗》阙疑之风。然所谓"既已不能辩明，又拘牵《诗》《书》不能骋"，则谈、迁父子之所欲论著，实亦不能自逃于此类耳。

今辜略而论，儒家言封禅，凡有两义。《尧典》："岁二月，东巡守，至于岱宗。柴，肆觐东后。"又曰："五载一巡守，群后四朝，敷奏以言，明试以功，车服以庸。"此近于《孟子》言巡守，省方考绩。此一说也。《管子·封禅篇》："古者封太山、禅梁父者，七十二家，皆受命，然后得封禅。"《白虎通·封禅篇》："王者易姓而起，必升封泰山何？报告之义也。始受命之日，改制应天。天下太平，功成封禅，以告太平也。"此又一说也。其说皆起于齐。故封禅必在泰山、梁父。《尧典》不言封禅而言巡狩，然首及东方，又易泰山而称岱宗，示易姓代德之意，则亦齐人依封禅之说而稍变之也。易姓代德，受命改制，盖即邹衍五德终始之说也。言封禅必牵涉及于巡狩者，窃谓巡狩乃古代游牧国家一种大会猎之礼。凡诸部落共戴一盟主者，则必应会猎之礼而至，以示其主从之等。此在西周乃至春秋时尚有其痕迹。成有岐阳之搜，穆有涂山之会，（见《左》昭四年。）晋文有践土之盟，而曰"天王狩于河阳"。（见《左》僖二十八年。）郑如楚朝，楚乃与之田江南之梦。（见《左》昭三年。）此皆古巡狩礼之遗蜕可迹者。巡狩会猎之礼，继之以盟誓而告上下神祇，是即为封禅。故《管子》书言必受命然后得封禅，盖必巡狩封禅而后见其为当时之共主也。然则巡狩、封禅之事，于古非无，而后之说者遂忘其本真，去实益远，而有附会之于邹衍五德终始之说者。邹衍齐人，秦并天下，齐人奏其说，始皇采用之。二十六年，定为水德之制。二十七年，即出巡陇西。二十八年，东行郡县，遂上泰山而封禅。然秦人初并六国，其巡行郡县，宣示威德，震压非常，实为一统初成应有之手段。故其立石颂德，尚不失整顿风教、昭隆化海之意。及始皇至海上，而燕齐方士乘之，以神仙长生之说进。故秦之封禅，其初意不在求仙药、祷长生，以后乃折而旁趋，汇而同归，而封禅乃与长生合为一事。此观之《秦本纪》始皇历次东巡之事，而显然可见者。

故秦后封禅有三说：一曰受命告成功。其正主也。一曰巡狩方岳，省方考绩。此因而缘饰于政事者。一曰封禅则能仙登天。此则起于秦皇巡海上求仙之后，盛于汉武之世，乃缘饰以投人主之所好也。故汉武先封禅而后及于改制，此明背改制成功而封禅报告之义。汉武之世，中国一统，天下艾安，亦与秦始皇初并六国时情势大异。汉武巡守，并不见秦人宣示德化、镇压非常之用意。即司马相如等所为郊庙十九歌，《白麟》《朱雁》，多陈符瑞，亦复与秦刻石之谨谨于风教黎庶者不类。汉武之远巡而登封，先之以公孙卿，持节先行以候神迹，即以封禅为求仙。此与秦始皇之因巡狩郡县而登封泰山，因登封泰山而遂行游海上以求神仙，其事虽牵连而及，其意义犹划然为二者，并不同矣。故始皇封泰山惟一次。其行游刻石，则除泰山外，尚有琅邪、之罘、碣石、会稽，皆不失宣省习俗之辞。盖封禅所以告成功，巡狩所以同教化，与入海求仙其事各异。而武帝自元封元年封禅泰山，还坐明堂，即曰："古者天子五载一巡狩，用事泰山，诸侯有朝宿地。其令诸侯各治邸泰山下。"自后元封五年又至泰山增封。太初三年又修封。天汉三年，太始四年，征和四年，五年一修封，凡五修封。始专从《尚书》"五载一巡守"之义，而与所谓"王者受命改制告成功"而封禅者又别。此由汉廷设有五经博士，五载一巡守，见于《尚书》。而受命改制告成功而封禅，其说于经无征。故汉武之封禅，其先虽由答应符瑞而起，其终则若为巡狩省方之事。其先后之间，又自背戾。若曰告成功，则未改制而封禅，为颠倒矣。若曰答符瑞，则不必五载一修矣。若曰五载一巡守，则无事专重泰山，应一岁遍历四岳矣。汉武封禅，皆无说以处。始皇一封泰山，告成功也。屡巡东南，省风教也。虽非古制，要为有所用意。而汉武则异焉。后世言封禅，始皇、汉武同讥，其实亦当有辨也。

今论其所以，一则始皇分求仙与封禅为两事，而汉武则混而一之，其不同一也。一则始皇时求仙皆入海求之，其说由于燕齐滨海之方士；而武帝时求神仙，初不限于入海。言神事者，如文成将军少翁、五利将军栾大及公孙卿、丁公等，虽皆齐人，而公孙卿言仙独主黄帝，与秦以来所谓海上诸仙人者不同。天下名山八，为黄帝之所常游，三在蛮夷，五在中国。中国若华山、首山、太室山、泰山、东莱山，皆在大陆。与秦以来专指海上蓬莱、方丈、瀛洲为三神山者又别。自此求仙不必入海，而封禅即为求仙。故武帝封禅欲放黄帝。五年一增修，冀于终遇之。其登泰山前，先登中岳太室。其后又至东莱山，在元封二年。此因言神仙者变其辞，故朝廷之封禅亦变其义也。

　　然方士之言虽骋，终于《诗》《书》古文无征。公孙卿言黄帝常游天下名山，其五在中国。于是儒生又会合之于《尚书》之巡守四岳，而及于《尔雅》之五岳。而武帝自封泰山后，十三岁而周遍于五岳四渎矣。此又自方士折而入于儒生也。要之曰儒生，曰方士，曰词客，此三者，其治学立说，涂辙意趣各不同；而武帝之意，惟冀一遇其所大欲，则固可兼试而并信也。

　　封禅所以告成功，其先当有改制以协符瑞。而武帝则封禅在前，改制在后。始封禅为元封元年，改制度在太初元年，相去凡六年。改制之事，亦起于秦。《史记·秦始皇纪》：

　　　　始皇推终始五德之传，以为周得火德。秦代周德，从所不胜。方今水德之始。改年始朝贺，皆自十月朔。衣服、旄旌、节旗皆上黑。数以六为纪。符、法冠皆六寸，而舆六尺，六尺为步，乘六马。更名河曰德水，以为水德之始。刚毅戾深，事皆决于法，刻削毋仁恩和义，然后合五德之数。

秦汉史

《封禅书》亦云：

> 自齐威宣之时，驺子之徒，论著终始五德之运。
> 及秦帝，而齐人奏之，故始皇采用之。

驺子即驺衍，当战国晚世，燕惠王时，犹在齐湣王后。史称齐威宣时，误也。所谓五德终始从所不胜者，金、木、水、火、土为五德；从所不胜者，土德后，木德继之，金德次之，火德次之，水德次之是也。《吕氏春秋·应同篇》有其说，云：

> 凡帝王者之将兴也，天必先见祥乎下民。黄帝之时，天先见大螾大蝼。黄帝曰："土气胜。"土气胜，故其色尚黄，其事则土。及禹之时，天先见草木秋冬不杀。禹曰："木气胜。"木气胜，故其色尚青，其事则木。及汤之时，天先见金刃生于水。汤曰："金气胜。"金气胜，故其色尚白，其事则金。及文王之时，天先见火，赤乌衔丹书集于周社。文王曰："火气胜。"火气胜，故其色尚赤，其事则火。

至于秦而主水尚黑。是谓五德转移。凡受命而兴者，天必先见其祥，与受命者之德相符；如膺火德，则有赤乌、丹书之瑞是也。是谓符应。得此符瑞者，应本其所受命之德而改制，如周尚赤，秦改尚黑，即改制也。

秦亡汉兴，汉君臣皆起草野，于制度之事初未措意，故亦无推德改制之事。叔孙通为汉定朝仪，仍以十月为岁首。张苍定章程，亦本秦制。《史记·历书》云：

> 高祖自以为获水德之瑞，虽明习历如张苍等咸以为然。是时天下初定，方纲纪大基，高后女主，皆未遑。故袭秦正朔服色。

至文帝时，乃有提议改制者，首为贾谊。《史记》谊《本传》谓：

> 贾生以为汉兴至孝文，二十余年，天下和洽而固。当改正朔，易服色，法制度，定官名，兴礼乐。乃悉草具其事仪法，色尚黄，数用五，为官名，悉更秦之法。

时文帝以初即位，谦让未遑。然议以谊任公卿之位。绛、灌、东阳侯、冯敬诸在朝大臣尽害之。乃毁谊，曰："雒阳之人，年少初学，专欲擅权，纷乱诸事。"于是文帝出谊为长沙王太傅，以解于诸老臣。贾谊既卒，（在文帝十二年。）越二年，（十四年。）有鲁人公孙臣上书，曰：

> 始秦得水德，今汉受之，推终始传，则汉当土
> 德。土德之应黄龙见。宜改正朔，易服色，色尚黄。
>
> （《封禅书》。）

时丞相张苍，好律历，以为汉乃水德之始，河决金堤即其符。年始冬十月，色外黑内赤，与德相应。公孙臣言非是。罢之。（汉制度皆定自张苍。苍特袭秦旧，护前惮改作，故谓汉仍水德，水克火。如苍说，则汉德承周，略秦不计。）明年，黄龙见成纪。文帝乃召公孙臣，拜为博士。与诸生申明土德，草改历服色事。又下诏议郊祀。张苍自绌，谢病称老。（《苍传》。）其后文帝以新垣平事，遂怠于改正朔服色神明之事。故终文帝世，改制事竟不成。

至武帝而改制之议复起。史称建元元年，赵绾、王臧已草改历服色事。（《封禅书》。）未知确否。而司马相如《子虚赋》，亦以"改制度，易服色，革正朔，与天下为始"讽上。知其时改制之见解，盖盛行于学者间，未或辍也。而正式改制则在太初元年。《武纪》："夏五月，正历，以正月为岁首。色上黄，数用五，定官名，协音律。"是也。其事尤要者为改历。《汉书·律历志》云：

> 至武帝元封七年，汉兴百二岁矣。大中大夫公
> 孙卿、壶遂、太史令司马迁等，言："历纪坏废，宜
> 改正朔。"是时御史大夫儿宽明经术，上乃诏宽曰：
> "与博士共议。今宜何以为正朔？服色何上？"宽与

博士赐等议，皆曰："帝王必改正朔，易服色，所以明受命于天也。创业变改，制不相复。推传序文，则今夏时也。臣等闻学褊陋，不能明。陛下躬圣发愤，昭配天地。臣愚以为三统之制，后圣复前圣者，二代在前也。今二代之统，绝而不序矣。惟陛下发圣德，宣考天地四时之极。则顺阴阳，以定大明之制，为万世则。"于是制诏御史曰："乃者有司言历未定，广延宣问，以考星度，未能雠也。盖闻古者黄帝合而不死。然则尚矣。《书》缺《乐》弛，朕甚难之。依违以惟，未能修明。其以七年为元年。"遂诏卿、遂、迁与侍郎尊、大典星射姓等议造汉历。

其后姓等奏不能为算，愿募治历者。乃选治历邓平、方士唐都、巴郡落下闳等二十余人共治，而成所谓汉之"太初历"。然其议乃首发于公孙卿。公孙卿者，武帝信其说而封禅。每行，常持节先候名山，善得神人迹，即其人也。本以推得宝鼎，是年冬辛巳朔旦冬至，与黄帝时等，遂献札书受知。（详前。）则卿固以推历进。武帝问于兒宽。兒宽者，武帝问以封禅，宽对群臣莫能成，惟天子兼总条贯自裁之，遂合上旨。（见前。）今对改历，仍守旧贯，谓："臣等褊陋不能明，惟陛下定大明之制。"其所以结上之欢者，盖始终一节。而武帝制诏，曰"盖闻古者黄帝合而不死"，则仍是信公孙卿说也。壶遂见《史记·韩长孺传》，史迁盛称之，谓："余与壶遂定律历，遂深中隐厚，官至詹事。天子方倚以为汉相，会遂卒。"
然《律历志》载："诏迁用邓平所造八十一分律历，罢废尤疏
远者十七家。以平为太史丞。"则"太初历"实成于邓平。迁
为太史令，星历乃其专职，故始终总其事。然改历之动议，
史迁特为公孙卿之附和。则谓汉武一朝政治，其动机大体往
往自方士发之，固不虚矣。

今考中国历法之演进，太初改历实为一重要之关键。自
此以下，中国改历之事，尚不下五十次。然皆有较为详明之
记载。大抵沿用夏历建寅正，实自太初历奠其基。太初以前，
中国历法演进之详，则尚待治古天文历法者之探讨，未易为
肯定之叙述也。

古人以岁星纪年，或太岁纪年，其事似始于战国。当时
认为岁星（即木星。）十二年一周天，故分周天为十二次，曰：

寿星　大火　析木　星纪　玄枵　娵訾

降娄　大梁　实沈　鹑首　鹑火　鹑尾

每年从岁星之所在而名其年。是即岁星纪年法也。惟其先尚
有周天十二辰之分配，由东向西，以子、丑、寅、卯、辰、
巳、午、未、申、酉、戌、亥之十二支名之。而岁星运行，
则由西而东，由寅向丑、子逆转。乃又假定一与岁星相反进
行之"太岁"，（又称"太阴"，或称"岁阴"。若为岁星之反影也。）以
为调协。是为太岁纪年法。如下表：（一年十二月，每月初一，日月

交会于黄道之十二点。岁星则在黄道附近，年移一辰，而方向适反。下表寅年岁星在丑，卯年岁星在子，盖为战国晚年所见之天象也。）

岁星	寿星	大火	析木	星纪	玄枵	娵訾	降娄	大梁	实沈	鹑首	鹑火	鹑尾
十二辰	辰	卯	寅	丑	子	亥	戌	酉	申	未	午	巳
太岁	亥	子	丑	寅	卯	辰	巳	午	未	申	酉	戌

惟岁星周期实为一一点八六年，而非十二年，每历八十六年当差一次。故自创始用太岁纪年法顺推而下，与后来据天象实测者必生歧异。以太初元年言，据当时历法排列，当为丙子，而实测天象，则岁星在星纪，应为甲寅。此亦当时促起改历一要点也。此后刘歆造"三统历"，创为"超辰法"，以为弥缝。迄于东汉，遂脱离岁星之关联，而单以干支纪岁。刘歆超辰法亦并废不用。遂至于今。今自干支法上溯，则太初元年又为丁丑也。

古人定一年开始，若以太阳之自然现象为准，则必当为冬至无疑。何者？冬至乃日行最南之一日也。以此推古人定一月开始，则应在初三月始生之夕，而非初一。此后乃渐知就月而推溯其以前之位置，而得合朔之日，为月之初一；复以一年分配十二月，而有正月元旦之观念。则历法之最先，其自然演进之阶序，应属阳历，以冬至为岁首；继此则以十一月朔为岁首，（即建子殷历。）或以十月朔为岁首（即建亥秦历，当时称颛顼历。）也。冬至（古只称"日南至"或"短至"。）与夏至（古只称"日北至"或"长至"。）之间，乃有春分、秋分。（古只称二分，或二仲。）分、至之间乃有四立。（立春、立夏、立秋、立冬。）以立春之前后为一岁之首，（即建丑建寅、周正夏正之历。）其较为后起，当亦无疑矣。（自此点观之，古人夏、殷、周三正之传说，恐不可信。）

朔旦冬至者，乃理论上一年开始之基准状态也。（即一月之朔，同时为一年之首。日月两周期之会合也。）自此推之，朔旦冬至而遇甲寅，（即日月与岁星三周期会合之状态。）更为难得。更上推之，至于五星会合，（岁星外，荧惑即火星，约二年一周天。镇星即土星，二十八年一周天。实二十九年半。太白即金星，约五百五十五日一周天。辰星即水星，一年一周天。五星俱会星纪，为非常之瑞象。）又值朔旦冬至，则古人以为乃天地开辟之原始状态也。（《新唐书·历志》傅仁均曰："治历之本，必推上元。日月如合璧，五星如连珠，夜半甲子朔旦冬至。自此七曜散行，不复余分普尽，总会如初。"即谓此也。）太初元年之前年十一月朔，恰为冬至，时刻在午前之零时，即所谓朔旦冬至也。公孙卿因此而故神其辞，谓黄帝之登仙，亦逢朔旦冬至，引以为上帝之垂兆。故武帝因之而巡狩封禅，又因之而改制易历焉。

今略举颛顼历及太初历之算法如次：

$$1\ 年 = 365\frac{1}{4}\ 日$$

$$1\ 月 = 294\frac{99}{940}\ 日$$

$$19\ 年 = 235\ 月 = 6939.75\ 日 \qquad 日数相一致，为一章。$$

76 年（19×4）=940 月 =27759 日   内置七闰。

                                                    夜半朔旦冬至现象

                                                    之再生。为一蔀，

                                                    或称一纪。

1520 年（76×20）=（19×80） 朔旦冬至日干支之

                                                    复初。为大终。

4560 年（1520×3）   为朔旦冬至日岁干支

                                                  之复初，是为三终。

（参看《史记·历书》《汉书·律历志》，及《淮南子·天文训》。）

此所谓四分法也。颛顼历用之。邓平改为八十一分法，其算式如次：

$$1 \text{ 月} = 29\frac{43}{81} \text{ 日}（29.53086）$$

$$1 \text{ 年} = 365\frac{385}{1539} \text{ 日}$$

此为太初之历，刘歆"三统历"用之。至于十九年七闰之详确计法，与八十一分历及四分历之比较，应如次：

$$29.53059 \text{ 日} \times 235 \text{ 月} = 6939.688 \text{ 日}$$

$$365.2422 \text{ 年} \times 19 = 6939.622 \text{ 日}$$

$$365.25 \times 19 = 6939.75 \text{ 日}$$

$$29.53085 \times 235 = 6939.74975 \text{ 日} \qquad \text{此为四分历}$$
$$365.2502 \times 19 = 6939.7538 \text{ 日}$$
$$29.53086 \times 235 = 6939.742 \text{ 日} \qquad \text{此为八十一分历}$$

上述为太初改历之大概。惟考太初改历,其事亦难尽以五德终始、易姓改制之说为解者。考《史记·秦本纪》:昭襄王四十二年,先书"十月,宣太后薨",继书"九月,穰侯出之陶"。四十八年,先书"十月,韩献垣雍",继书"正月,兵罢"。则秦于其时,已以十月为岁首,始皇特沿而不革;并非采终始五德之传,而始改从十月为岁首也。《吕氏·应同篇》"土胜尚黄,木胜尚青,金胜尚白,火胜尚赤"云云,仅以五色相配,亦不及正朔。疑五德终始说,本非有五正朔依德相易。至汉人言历,仅有三统,与五德亦不相当。故武帝改制色尚黄,数以五,为土德。而改正朔则从夏正。若以五德推,夏乃木德,何以于土德之朝而从木德之正朔?知汉诸儒自贾谊以来,迄于司马迁,每以改正朔、易服色并言,实亦不能严格相绳矣。(刘向《新序》记商鞅之法曰:"步过六尺者有罚。"如其言,则秦以六尺为步旧法,非定水德后改。而《九章算术》《五曹算经》《孙子算经》诸书,均以六尺为一步,仍沿秦制。五尺为步,起于六朝之末,周、隋之间。则汉武改制,所谓"数以五"者,似亦具文虚说,非有真实改革也。)

"三统"之说,《春秋》公羊家言之,曰:

王者必受命而后王。王者必改正朔，易服色，制礼乐，一统于天下。所以明易姓，非继人，通以己受之于天也。（《春秋繁露·三代改制质文篇》。）

又曰：

王者改制作科奈何？曰：当十二色。历各法其正色。逆数三而复。绌三之前曰五帝，帝迭首一色，顺数五而相复。礼乐各以其法，象其宜。咸作国号，迁宫邑，易官名，制礼作乐。（同上。）

此所谓"逆数三而复"者，即正朔之三统，如夏以十三月孟春为正，殷以十二月季冬，周以十一月仲冬是也。"顺数五而相复"者，即用五德终始说而微变之，如神农为赤帝、轩辕为黄帝。赤帝火德，黄帝土德。土继火后，则为五行相生，火生土，土生金，金生水，水生木，木生火。故曰"顺而相复"，与五德终始以"相胜"为继者不同也。今即据公羊家说，亦可证秦以十月为岁首，并不与五德推移说相关。汉若依公羊家三统说改定正朔，从夏正，则应自列为黑统，何以又色尚黄而主土德？盖公羊家隐窃五德之说而附会之于《春秋》王正月、王二月、王三月之文，遂成三统之论。汉廷议改正朔、易服色者，又误混三统、五德之说于一而不能辨。故致彼此失据，无往而不缪也。

公羊家言三统，附会《春秋》而为说，故曰：绌夏、亲周、故宋。又曰：

> 《春秋》上绌夏，下存周，以《春秋》当新王。王者之法必正号，绌王谓之帝。封其后以小国，使奉祀之。下存二王之后以大国，使服其服，行其礼乐，称客而朝。故同时称帝者五，称王者三，所以昭五端，通三统也。（同上。）

以此比附于《春秋》，其说已牵强。若强求合之汉代之情实，则更感扞格。故兒宽谓"今二代之统，绝而不序"，而自谓"闻学褊陋，不能明也"。若诚依三统之说，汉亦应存二王之后，而以何者为二王乎？无怪兒宽自言其不能明也。且今太初改历，从夏正。而如公羊家言，则以《春秋》当新王。是又无异于以汉夺孔子《春秋》新王之统矣。故公羊经生又不得不再让步，谓孔子乃"为汉制法"。然诚若是，则汉者乃上承周统，又不得有秦预其间。而汉之推五德，又自居土瑞，土克水，则明以相胜承秦矣。故汉武改制，无论其所据为五德终始，抑为三统循环，此二说者，皆荒诞无情实；而武帝之改制，又并不能明白确据，使归条理也。惟定从夏历，此事则永为后世袭用。仅魏明景初历，以建丑之月为正，仅三年而废。其他则迄未有改建寅之正者。则不得谓非当时一真建设也。

史臣之赞武帝曰：

汉承百王之弊，高祖扰乱反正，文、景务在养民，至于稽古礼文之事，犹多阙焉。孝武初立，卓然罢黜百家，表章六经。遂畴咨海内，举其俊茂，与之立功。兴太学，修郊祀，改正朔，定历数，协音律，作诗乐，建封禅，礼百神，绍周后。号令文章，焕焉可述。后嗣得遵洪业，而有三代之风。如武帝之雄材大略，不改文、景之恭俭，以济斯民，虽《诗》《书》所称，何有加焉？（《汉书·武纪》赞。）

是可见武帝当时改制度，兴礼乐，固共许为传世之大业矣。然所为改制度、兴礼乐者，其事所以对天，而与民事则无关。此其意公羊家亦言之，曰：

《春秋》之于世事也，善复古，讥易常，欲其法先王也。然而介以一言曰："王者必改制。"自僻者得此以为辞，曰：古苟可循，先王之道，何莫相因？世迷是闻，以疑正道而信邪言。甚可患也。今所谓新王必改制者，非改其道，非变其理。受命于天，易姓更王，非继前王而王也。若一因前制，循故业，而无有所改，是与继前王而王者无以别。受命之君，天之所大显也。事父者承意，事君者仪志。

　　　　　　　　　　　　　　　　　　　　秦汉史

事天亦然。今天大显己物，袭所代而率与同，则不显不明，非天志。故必徙居处、更称号、改正朔、易服色者，无他焉，不敢不顺天志而明自显也。若夫大纲，人伦道理、政治教化、习俗文义尽如故，亦何改哉！故王者有改制之名，无易道之实。(《春秋繁露·楚庄王》。)

若是言之，王者改制，固无预于实政，无为乎民生。特以显天命，示得意，而表成功。此又与仲舒对策所主张"复古更化"之意大异矣。故汉武一朝之所谓改制，有儒生之言礼乐，而不免于拘。有方士之推阴阳，求神仙，而不免于诬。有辞赋文学之士之颂功德，而不免于夸。至于帝王之纵其私欲，群下之争于迎合，而为之主张取舍，则岂能有当！而史臣重以恭俭之说绳之，亦只见其不相入矣。

第三节　武帝之武功

一　对外之扩张

汉武事业，尤为后世称道者，实不在其对内之政治，而为对外之武功。若以与秦始皇相比，似其对内政治，尚未能超出秦制规模；而对外开拓，则确又驾秦而过之矣。今为分述其大要如次。

一　东方

朝鲜自汉初，燕人卫满王其地。传子至孙右渠。当武帝元封二年，发兵两道，楼船将军杨仆从齐浮海，左将军荀彘出辽东，攻之。明年，其国人杀右渠来降。以其地为乐浪（今东海、平安两道。）、临屯（汉江以北。）、玄菟（咸镜南道。）、真番（地跨鸭绿江。）四郡。此为"断匈奴之左臂"。（《汉书·韦玄成传》。）又涉貉（今辽、吉两省地。）酋长南闾，于元朔元年以二十八万口内属。置沧海郡。旋废。朝鲜灭后，涉人有一支迁半岛东部者为东涉，亦称不耐涉。留者为其后之夫余。

二　北方

北方匈奴为汉大敌。当秦始皇时，匈奴居河套，其单于曰头曼，以不胜秦北徙。汉初，匈奴复渡河据河套。其单于曰冒顿，东击破东胡，西走月氏，南并白羊、楼烦（在黄河南。），北服丁零（在贝加尔湖附近。湖，汉时称北海。）诸小国。有今内、外蒙古及西伯利亚南部地。史称：

> 诸左王将居东方，直上谷（今河北蔚县。）以东，接涉貉、朝鲜。右王将居西方，直上郡（今陕西肤施县。）以西，接月氏、氐、羌。而单于之庭直代（今山西代县。）、云中（今山西大同县。）。

武帝元光二年，用大行王恢策，使马邑人聂翁壹间阑出物与匈奴交易，阳为卖马邑城，以诱单于。伏兵三十余万马邑旁，

　　　　　　　　　　　　　　　　　秦汉史

欲得单于。单于觉而去。自是遂常相攻伐。至元朔二年，卫青出云中以西，至陇西，击胡之楼烦、白羊王于河南。遂取河南地，筑朔方郡。复缮故秦时蒙恬所为塞，因河为固。自是始无烽火通甘泉之患。后六年，元狩二年，匈奴西方昆邪王杀休屠王，并将其众降汉。陇西、北地、河西，益少胡寇。汉以其地为武威（今甘肃武威县。）、酒泉（今甘肃高台县。）郡。后分武威为张掖（今甘肃张掖县。），酒泉为敦煌（今甘肃敦煌县。），在元鼎六年。所谓"河西四郡"也。遂开汉通西域之路，而匈奴之右臂折。又后二年，元狩四年，匈奴用汉降人赵信计，益北绝漠。汉乃发十万骑，私负从马凡十四万匹，粮重不与，令卫青、霍去病中分军，击匈奴。卫青军出定襄（今和林格尔县。），遇单于，追北至寘颜山赵信城。霍去病出代二千里，封狼居胥山，禅姑衍，临瀚海而还。自后匈奴远循，而漠南无王庭。汉渡河，自朔方以西至令居，往往通渠，置田官，吏卒五六万人，稍蚕食，地接匈奴以北。是后匈奴遂衰。

汉与匈奴接壤辽阔，匈奴飘忽无定居，乘我秋冬农稼毕收，入塞侵略，中国敝于防御。大出击之，使其不振，则中国可以一劳而永逸。其利一也。单于庭偏在东，长安汉都偏在西，故匈奴入犯多在东边，而中国伐则利在西进。攻守之势既变，而匈奴以防汉故，不得不日移其力而西。主客倒转，其利二也。匈奴财源，近在河套，远则西域。汉先立朔方郡，再建河西四郡以通西域，绝匈奴之财源，为制胜之一因。改守为攻，遂练大队骑兵，绝幕穷追，使匈奴主力消失，为制胜之又一因也。

三　西方

秦西界初极临洮，汉武置河西四郡，始通西域。其先所谓"西域"者，地在匈奴西，乌孙（今伊犁地。）南，西羌（今青海、西藏。）之北，即今所谓新疆南路也。云"南北有大山"，北为天山，南为新疆、西藏间诸山。"中央有河"，即今塔里木河也。（语见《汉书·西域传》。）其后乃迤及于葱岭之西。汉初西北界河，河西祁连山北，为月氏。即后所开河西四郡地。月氏西为西域，有国三十六，后又稍分至五十余。月氏本游牧强国，匈奴冒顿、老上单于两破之，遂西徙至大夏境，击而臣之。大夏希腊种，国于今阿富汗之北，盐海之南。月氏既臣大夏，号大月氏。武帝欲击匈奴，遂募能使大月氏者。汉中人张骞以郎应募。出陇西，径匈奴，见留。卒得脱西走，自乌孙、大宛（今俄属浩罕。）至康居（今新疆北俄领地。），由康居而达大月氏。凡去十三岁而还。是为元朔三年。及元鼎元年，汉逐匈奴漠北，盐泽以东无匈奴。又置河西四郡，而西域道可通。骞乃建言，招乌孙，东徙实浑邪王故地，以断匈奴右臂。骞既至乌孙，因分遣其副使使大宛、康居、大月氏、大夏、安息（波斯。）、身毒（印度。）、于阗诸国。是为汉通西域之始。太初三年，贰师将军李广利击大宛，斩其王；于是汉之兵威，西逾葱岭焉。

四　南方及西南方

南粤

自赵佗并南海、桂林、象郡，自立为南越武王，至武帝元鼎五年，佗玄孙兴在位，汉遣路博德、杨仆等五将军伐粤，取其地为儋耳（今琼州岛南部。）、珠崖（今琼州。）、南海（今番禺。）、苍梧（今苍梧县。）、郁林（今广西贵州县。）、合浦（今雷州。）、交趾（今安南北宁道。）、九真（今安南清华道。）、日南（今安南河靖道。）九郡。是两广、安南之地也。

闽粤

闽粤王无诸及东海王摇，其先皆越勾践后。秦以其地为闽中郡。及诸侯叛秦，高祖复立无诸为闽粤王，王闽中。惠帝立摇为东海王，王东瓯。（今浙江西南境。）亦称东瓯王。武帝建元三年，闽粤发兵围东瓯，东瓯来告急。后遂悉众徙中国，处江、淮间。建元六年，闽粤击南粤，南粤以上闻。闽人亦自杀其王说于汉。汉为别立东粤王。至元鼎五年，汉击南粤，既破，六年，汉遣杨仆等四将伐东粤，仍徙其民江、淮间。东粤地遂虚，不复置郡。是浙江、福建之地也。

西南夷

战国时自楚庄蹻王滇池，秦尝通其道，颇置吏。汉兴，弃之。武帝建元六年，唐蒙使南粤，访知南粤通蜀道，其间有夜郎国。（今贵州桐梓县。）归，上言，请开夜郎以制粤。乃拜蒙为中郎将，使夜郎。夜郎听约，乃置犍为郡。（旧四川叙州、嘉定二府，及贵州西边。）司马相如亦言西夷邛（今四川西昌县。）、筰（今四川清溪县。）可置郡，使相如以中郎将往谕。皆如南夷，为置一都尉，十余县，属蜀。数岁，道不通，夷又数反，遂罢西夷，独置南夷两县一都尉。及元狩元年，张骞言从蜀走西南夷可通身毒、大夏。乃发使至滇，闭不得通。会平南越，遂移兵诛隔滇道者且兰。（今贵州平越县。）遂平南夷，置牂柯郡。（旧贵州贵阳、遵义二府。）夜郎入朝。西南夷皆振恐，纷纷请置吏。遂以邛都为粤巂郡（旧四川宁远府。），筰都为沈黎郡（旧四川嘉定、雅州之东南。）。冉駹为汶山郡（旧四川成都府西北。），白马为武都郡（旧甘肃阶州成县西。）。滇王举国降，以其地为益州郡。（旧云南云南府。）是四川、云、贵之地也。

二　汉武拓边之动机

武帝以雄主，承汉七十年之厚积，其拓边以耀威德之心，盖自初即位已有之。故建元元年制诏贤良，已有"何修何饬，而德泽洋溢，施乎方外，延及群生"之问。建元三年，闽越举兵围东瓯，东瓯告急于汉。时武帝年未二十，以问太尉田蚡；蚡以为越人相攻击，乃其常事。又数反覆，不足烦中国往救。自秦时弃不属。而严助诘之，曰："特患力不能救，德不能覆。诚能，何故弃之？且秦举咸阳而弃，何但越也！今小国以穷困来告急，天子不振，又何以子万国？"上曰："太尉不足与计。"是为武帝初事开边之第一声。元光元年，策诏贤良，又曰："德及鸟兽，教通四海。海外肃慎，北发渠搜，氐羌来服。何施而臻此？"盖武帝之侈心，欲广徕四夷，以昭太平之盛业者，自即位以来，固已甚著，初未一日忘乎怀也。其明年，元光二年，即起马邑之谋，与匈奴开衅。五年，发巴、蜀治南夷道。蜀人皆不欲，大臣亦不以为然。司马相如乃为文宣其使指，谓：

> 世必有非常之人，然后有非常之事。有非常之事，然后有非常之功。非常者，固常人之所异也。故曰：非常之元，黎民惧焉。及臻厥成，天下晏如也。夫贤君之践位也，岂特委琐握龊，拘文牵俗，循诵习传，当世取说云尔哉？创业垂统，为万世规。故驰骛乎兼容并包，而勤思乎参天贰地。是以六合之内，八方之外，怀生之物，有不浸润于泽者，贤君耻之。夫拯民于沉溺，奉至尊之休德，反衰世之陵夷，继周氏之绝业，天子之急务也。百姓虽劳，又恶可已！然则受命之符，合在于此。方将增太山之封，加梁父之事，鸣和鸾，扬乐颂，上咸五，下登三。（《汉书·本传》。）

其言云云，最足代表武帝一朝开边之理论。所谓"反衰世之陵夷，复周氏之绝业"者，盖当时鄙薄秦廷规模，远慕三代盛治。而务开边以徕四夷者，徕四夷，即太平之征。于是继之以封禅而告成功。当时内廷词臣见解率如此，亦惟此最足以深中武帝之所好。而外朝经生，重以《诗》《书》古代为之润色，遂成一朝政治理论之中心。元朔元年下诏，有云：

天地不变，不成施化。阴阳不变，物不畅茂。《易》曰："通其变，使民不倦。"《诗》云："九变复贯，知言之选。"朕嘉唐、虞而乐殷、周，据旧以鉴新。（《武纪》。）

其明年，元朔二年，卫青等大出击匈奴，使建筑朔方城。诏曰：

《诗》不云乎："薄伐猃狁，至于太原。""出车彭彭，城彼朔方。"（《卫青传》。）

是武帝拘牵《诗》《书》，以北伐匈奴，比附周宣王"薄伐猃狁"为中兴令主。以复秦故塞因河为界，而筑城锡以嘉名，号曰朔方，亦以比附宣王之"城彼朔方"也。是武帝之慕唐、虞而乐殷、周，亦与其开边之动机一本相通也。及元封元年，议曰："古者先振兵释旅，然后封禅。"乃遂北巡朔方，勒兵十八万骑，旌旗径千余里。还祭桥山黄冢，释兵凉如。自此遂封禅。则四夷既服，太平成功，故封禅告天也。元封三年，汉击破姑师，虏楼兰王。酒泉列亭障至玉门。大宛诸国皆发使随汉使来。而汉使穷河源，其山多玉石，采来。天子大悦，案古图书，名河所出山曰昆仑。时史臣司马迁讥之，曰：

《禹本纪》言河出昆仑。昆仑其高二千五百余里，

秦汉史

日月所相避隐为光明也。其上有醴泉、瑶池。今自
张骞使大夏之后，穷河源，恶睹《本纪》所谓昆仑
者乎？（《史记·大宛传》。）

然则汉武之案古图书而名河所出曰昆仑，正犹其引依宣王《小
雅》之诗，而名卫青所筑城曰朔方之例。其后汉相黄霸以鹖
雀为神雀，推其用意，亦何以异？

三　汉廷拓边之经济背景

汉武开边，其朝廷主动之意义，具如上述。而民间经济
之展扩，亦为促成汉廷开边一有力之因素。

《史记·货殖传》："燕北邻乌桓、夫馀，东绾秽貉、朝鲜、
真番之利。"是燕之边民，先已有经济向外之活力也。《平准
书》："彭吴贾灭朝鲜，置沧海之郡。"钱大昕曰：

《武纪》元朔元年为沧海郡，元封三年灭朝鲜，
相距二十年，不得并为一事。且灭朝鲜者为荀彘、
杨仆，亦无彭吴贾其人。《汉书·食货志》但云"彭
吴穿秽貉、朝鲜，置沧海郡"，较之《史记》为确。
疑"灭"（"滅"）当为"涉"（"濊"）字之讹。涉（濊）
与薉（蔵）、秽（穢）同，贾读为商贾之贾。谓彭吴
与涉、朝鲜贸易，因得通道置郡也。（《廿二史考异》卷
三。）

是沧海一郡，亦开自商贾矣。又《汉书·地理志》称："玄菟、乐浪，武帝时置。民初不相盗，无门户之闭。及建郡，多取吏于辽东。吏见民无闭藏，及贾人往者，夜则为盗，俗稍益薄。"是征燕地贾人多至朝鲜，及其不法侵盗之盛也。

史又称："天水、陇西、北地、上郡，西有羌中之利，北有戎翟之畜，畜牧为天下饶。而三河西贾秦翟，北贾种代。种代，石北也。"（亦见《史记·货殖传》。）是秦、赵之民，多与北胡为贾也。考汉制，与四夷交易皆有关禁。无符传出入，于律谓之"阑"。兵器、铁器皆禁出关。《汲黯传》注应劭引律："胡市吏民不得持兵器及铁出关"是也。《景帝纪》中元四年，御史大夫卫绾奏："禁马高五尺九寸以上、齿未平，不得出关。"（服虔曰："马十岁齿下平。"）又《昭帝纪》注孟康曰："弩十石以上，不得出关。"是凡武器利军事者皆有禁。其时边民既以出塞贸易为生财之大道，而朝廷则亦以通关市为羁縻强敌之一法。《史记·匈奴传》："景帝立，复与匈奴和亲通关市。""武帝即位，明和亲拘束，厚遇，通关市，饶给之。"盖和亲其名，而通关市其实。匈奴之南侵，其动机本在经济，不在政治征服。汉人与之和亲，其大人贵族既得馈赂，其下亦得款塞贸易，亦足以解淡其南侵之欲望。当时所谓和亲，其功效在此。非下嫁一宫女，以中国甥舅之名义，遂足以戢悍寇之凶焰也。其后马邑之谋，仍使聂翁壹阑出物与匈奴交易以诱单于。自此既失和，而匈奴尚乐关市，嗜汉财物，汉亦尚关市不绝以中之。

当时汉、匈奴和亲，汉所遗，匈奴所贪，大率以缯絮食物为大宗。故文帝时宦者中行说降匈奴，教之曰："匈奴人众，不能当汉之一郡。然所以强之者，以衣食异，无仰于汉。今单于变俗，好汉物，汉物不过什二，则匈奴尽归于汉矣。其得汉缯絮，以驰草棘中，衣裤皆裂弊，以视不如旃裘之坚善。得汉食物，皆去之，以视不如湩酪之便美。"然衣食美恶，人情所同，尝而自晓。中行说欲强返刍豢于毛血，虽言之辩，不可能也。匈奴居沙漠寒埆之区，其不忘牧马南下，为汉大患者，正在此。若信如中行说所言，汉土衣食，全不如匈奴之美善，即匈奴亦无意于窥边矣。惟匈奴以贪汉土财物，而时切窥边之念；亦以贪汉财物，而终不免以出于和亲为利。其后当武帝末年，卫律为匈奴谋，即常言和亲之利。匈奴初不信。及律死，兵数困，国益贫。乃思卫律言，欲求和亲。可见匈奴之侵掠与和亲，皆见歆于汉土衣食财物而然。汉廷之高压匈奴者，一方为卫、霍之军队，又一方乃为缯絮食物之美饶也。而其时边郡商贾，与胡交易，以我缯帛酒秫，易彼牛羊橐驼，自易致大利。前如班壹，居楼烦，以富称豪如王者。后如聂翁壹，亦得以贾人阑出财物上通单于，伪为私卖马邑城，而令单于信之。则其居平之称豪见知于边塞可知。其他类是者尚当多有。则汉边民与匈奴关市，实大利所在。故其时汉边虽常有匈奴侵扰之患，而人口之拓殖，则日益增兴。而中行说因此有"汉物不过什二，匈奴将尽归于汉"之忧也。

汉与西域之关系，尤以财货为主。史称："西域诸国，大率土著。有城郭臣畜。与匈奴、乌孙异俗。故皆役属匈奴。匈奴西边日逐王，置僮仆都尉，使领西域，常居焉耆（今新疆焉耆县。）、危须（今新疆尉黎县南。）、尉黎（今新疆尉黎县。）间，赋税诸国，取富给焉。"是匈奴之役属西域，亦重在其财富，不在其兵力。汉通西域以隔绝匈奴右臂者，亦在削其财赋之源。而汉之所以服役西域者，则亦以财力之雄厚为招致。张骞使西域，归而言其风土，谓：

> 大宛、大夏、安息之属皆大国，多奇物。土著颇与中国同俗。而兵弱，贵汉财物。其北有大月氏、康居之属，兵强，可以赂遗设利朝。且诚得而以义属之，则广地万里，重九译，致殊俗，威德遍于四海。（《骞传》。）

武帝欣然以骞言为然。汉之于西域，既自以厚币赂来之，而又以得其奇物夸远德。班氏《西域传》论其事，谓：

> 孝武之世，遭值文、景玄默，养民五世，天下殷富，财力有余，士马强盛。故能睹犀布、玳瑁，则建珠崖七郡。感枸酱、竹杖，则开牂柯、越巂。闻天马、蒲陶，则通大宛、安息。自是之后，明珠、

文甲、通犀、翠羽之珍盈于后宫。蒲梢、龙文、鱼
目、汗血之马充于黄门。巨象、师子、猛犬、大雀
之群食于外圃。殊方异物，四面而至。

汉廷以外国异物夸盛德，张大业，而彼亦乐得汉之厚币为大
利。故"匈奴使持单于一信，则国国传送食，不敢留苦。及
至汉使，非出币帛不得食，不市畜不得骑用。所以然者，远
汉，而汉多财物，故必市乃得所欲"。(《史记·大宛传》。) 而汉吏
民争欲使西域，亦以为利道。史称：

　　自博望侯张骞开外国道以尊贵，其后从吏卒皆
争上书言外国奇怪利害，求使。天子为其绝远，非
人所乐往，听其言，予节，募吏民，毋问所从来，
为具备人众遣之，以广其道。来还，不能毋侵盗币
物及失使指。天子为其习之，辄覆案致重罪，以激
怒令赎，复求使。使端无穷而轻犯法。其吏卒亦辄
复盛推外国所有。言大者予节，言小者为副。故妄
言无行之徒皆争效之。其使皆贫人子，私县官赍物，
欲贱市以私其利。(《史记·大宛传》。)

是当时汉人之争求使西域，其意义亦如行贾，大率抱经济的
动机而往也。
　　汉开西南夷，亦以边民贸易为导线。汉初兴，弃秦西南

国，而开蜀故徼。然巴蜀民或窃出商贾，取其筰马、僰僮、旄牛，以此巴蜀殷富。及唐蒙使南粤，南粤食蒙蜀枸酱。蒙问所从来，曰："道西北牂柯江。"（今北盘江。）蒙归，问蜀贾人，独蜀出枸酱，多持窃出市夜郎。遂知有夜郎。蒙既往使，夜郎旁小邑皆贪汉缯帛，乃且听蒙约束，而开犍为郡。后张骞又言，使大夏时，见蜀布、邛竹杖。问所从来，曰："从东南身毒国，可数千里，得蜀贾人市。"或闻邛西可二千里有身毒国。骞因盛言大夏在汉西南，慕中国，患匈奴隔其道。诚通蜀身毒，道便近。于是乃复治开南道。是其导线亦皆由于商贩也。

滇、粤本多中土徙民，与汉贸易尤盛。高后时，有司请禁粤关市铁器，而粤遂寇边。赵佗与文帝书，以此为言，云："高后信谗臣，别异蛮夷，出令毋予外粤金铁、田器、马牛羊。即予，予牡毋与牝。"盖汉廷一方以财帛役使外夷，一方亦常以禁关市困之。汉在经济上地位之超越，尤使当时诸蛮夷不得不俯首听命也。武帝元鼎四年，汉使终军等至粤，粤上书请比内诸侯，三岁壹朝，除边关。盖当时粤地仰汉器物供给，故首以除边关为请耳。《汉书·地理志》言："粤地处近海，多犀、象、毒冒、珠玑、银、铜、果、布之凑，中国往商贾者多取富。"当时内地文化既高，物产富溢，以吾精制货易远夷土产，自得奇赢也。

《汉志》又云：

自日南障塞徐闻（属合浦，今广东徐闻。）、合浦船
行可五月，有都元国。又船行可四月，有邑卢没国。
又船行可二十余日，有谌离国。步行可十余日，有
夫甘都卢国。自夫甘都卢国船行可二月余，有黄支
国。民俗略与珠崖相类。其州广大，户口多，多异
物。自武帝以来皆献见。有译长，属黄门，与应募
者俱入海，市明珠、璧流离、奇石异物，赍黄金、
杂缯而往。所至国皆禀食为耦。蛮夷贾船转送致之。
亦利交易，剽杀人。又苦逢风波溺死。不者数年来
还。大珠至围二寸以下。

是武帝时粤方贸易，并已远涉南洋也。

综观上述，当汉武时，四外蛮夷，其文化较中国远为落
后。故其生活上种种物质之制造与享用，皆远逊。汉人以过
剩之精制货与外夷贸易，得其远方土产，还为内郡高价。汉
武开边，特随商人之后，而仍以财物为主，兵力为副。其导
线由于商贾，其收功亦重在财赂也。

及孝昭时，廷臣论其事，犹曰：

汝汉之金，纤微之贡，所以诱外国而钓羌胡之
宝也。夫中国一端之缦，得匈奴累金之物，而损敌
国之用。是以骡驴驼衔尾入塞，驒騱騵马尽为我
畜，鼲貂狐貉、采旄文罽充于内府，而璧玉珊瑚琉

璃咸为国宝。是则外国之物内流，而利不外泄也。
异物内流则国用饶，利不外泄则民用给矣。(《盐铁
论·力耕篇》。)

此亦自经济观点，说明当时朝廷开边之利益也。故知汉之武功，其最大背景，实为文化及经济之超出。今再举人口一端言之，亦见汉之实力，远驾四外蛮夷之上。

汉武时，四方外族，以匈奴为最强，然《史记》(《匈奴传》。)称其"控弦之士三十余万"。又云："自左、右贤王以下至当户，大者万余骑，小者数千。凡二十四长，立号曰万骑。"又曰："士力能弯弓，尽为甲骑。"则匈奴骑士，其实不过二十四万左右。最多不出三十余万也。壮丁尽为甲骑，不出三十余万。若老弱倍壮丁，妇女之数略等男子，则匈奴全族人口，男女老弱，亦不出一百八十万，少或在百五十万下。以五口一甲骑计，至多亦仅有五十万。故贾谊云："匈奴之众，不过汉一大县。"(《谊传》。)而中行说则谓："匈奴人众，不能当汉之一郡。"(《匈奴传》。)今贾谊《新书·匈奴篇》，乃谓："窃料匈奴控弦，大率六万骑。五口而出介卒一人。五六三十，此即户口三十万耳。未及汉千石大县也。"此为言之过少。考《汉书·地理志》言汉郡人口，其密者，如颍川郡二百二十一万口。汝南郡二百五十九万口。南阳郡一百九十四万口。沛郡二百三万口。每一郡皆已远超匈奴全族人口之上。虽此乃平帝元始二年之数字，后人或疑有王莽

增饰；然虑武帝全盛时，相距此数盖不远。以大县言，长安二十四万口，茂陵二十七万口，僞陵二十六万口。号为殷盛矣，然皆不出三十万。则贾谊为文士低昂之说，其言不如中行说较近情。而匈奴以人口统计观之，其远不及汉可知。今再以匈奴所值诸边郡言，右北平三十二万口，渔阳二十六万口，上谷十一万口，代二十七万口，雁门二十九万口，定襄十六万口，云中十七万口，五原二十三万口，朔方十三万口，西河六十九万口，上郡六十万口，北地二十一万口。此诸边郡，已逾三百万口，匈奴乌足以为敌！惟以匈奴处塞北寒瘠之地，游牧飘忽，其来惟在劫掠，其去又不愿追踪，故若为大患；其实殊不足为汉之强敌也。

其次西域，大国如大月氏，口四十万，胜兵十万人。康居口六十万，胜兵十二万人。大宛口三十万，胜兵六万人。乌孙口六十三万，胜兵十八万人，已为西域最大国。以狭义之三十六国言，最大为龟兹，八万一千余口，胜兵二万一千七十六人。其次为焉耆，三万二千一百口，胜兵六千人。其次为难兜，（今葱岭西巴达克山西境。）三万一千口，胜兵八千人。其外口逾二万者仅两国。（扞弥、姑墨。）逾万口者四国。（楼兰、于阗、莎车、疏勒。）其他人口在一万以下者尚二十余国。最小为狐胡，（今辟展西鲁克泌地。）仅二百六十四口，胜兵四十五人。单桓，（今乌鲁木齐地。）口百九十四，胜兵四十五人。乌贪訾离，（今绥来县地。）口二百三十一，胜兵五十七人。此皆小部落，不成国也。

据此言之，当时四外蛮夷之文化，及其社会经济情况，种族人口，皆远出汉下。晁错言之"匈奴之长技三，中国之长技五"，则言武器，亦汉为优。汉武开边，其动机既已不正；以言功绩，则众寡、智愚、贫富种种皆占绝大之优势。其得相当之胜利，固无足奇。

四　汉初之兵制及民风

然自来一文化较高之民族，人口众，物产富，而为少数贫穷之蛮族所征服者，历史不乏其例。汉武功绩，不得纯以文化经济为量。盖汉初之兵制及民风，亦足为扬威边外一要因也。

汉之兵制，尚沿战国以来兵民不分之旧。《汉高帝纪》二年五月，"萧何发关中老弱未傅者悉诣军"，孟康曰：

> 古者二十而傅，三年耕有一年储，故二十三而后役之。

如淳曰：

> 律年二十三傅之畴官，名从其父畴学之。高不满六尺二寸以下为罢癃。《汉仪注》云："民年二十三为正，一岁为卫士，一岁为材官骑士，习射御骑驰战阵。"又曰："年五十六衰老，乃得免为庶民，就田里。"

又《王制》正义引许慎《五经异义》，亦云：

> 汉承百王，而制二十三而役，五十六而免。

其间以一年为卫士，一年为材官骑士。材官骑士者，《汉书·刑法志》云："汉兴，踵秦而置材官于郡国。"《后汉·光武纪》注引《汉官仪》云：

> 高祖命天下郡国选能引关蹶张、材力武猛者，以为轻车骑士、材官、楼船。常以立秋后讲肄，课试。各有员数，平地用车骑，山阻用材官，水泉用楼船。

盖三者之兵种，各随其地势所宜。考之汉史，大抵巴、蜀、三河、颍川诸郡止有材官，上郡、北地、陇西诸郡止有车骑，而庐江、浔阳、会稽诸郡止有楼船。材官即步兵，最为普通，故以材官统言车骑、楼船也。此为汉之地方军备。

又有卫士，为中央之卫军。《百官表》"卫尉，掌宫门卫屯兵"，即所谓"南军"也。复有"北军"，掌京城门内之兵。《百官表》"中尉，秦官，掌徼循京师"是也。南北军皆为中央军备，其人则皆由地方调发而来。南军调之于郡国，北军调之于三辅。（左扶风、右冯翊及京兆称三辅。）《冯唐传》：唐告文帝，魏尚为云中守，帅车骑击匈奴，谓："士卒尽家人子，起田中从军，安知尺籍伍符？"是边郡车骑来自田间也。《王尊传》："汉帝以正月行幸曲台，临飨罢卫士。"《盖宽饶传》："岁尽交代，上临飨罢卫卒。卫卒数千人请愿复留一年。"《汉旧仪》："正月五日，大置酒飨卫士。"《后汉·礼仪志》："毕飨，作乐，乐阕罢遣，劝以农桑。"是南军卫士亦来自田间也。《黄霸传》："霸为京兆尹，坐发骑士诣北军，马不适士，劾乏军兴。"则北军卫兵亦更番征发于民也。高帝十一年黥布反，发上郡、北地、陇西车骑，巴、蜀材官，及中尉卒三万人为皇太子卫，军霸上。孝惠七年，发车骑、材官诣荥阳，太尉灌婴将。高后五年，发河东、上党骑屯北地。孝文三年，匈奴入寇，发中尉、材官属卫将军，军长安。又发边吏车骑八万诣高奴。（上郡之县。）景帝后二年，匈奴入雁门，发车骑、材官屯。武帝时，王恢马邑之谋，伏兵车骑、材官三十余万，匿马邑旁谷中。又《严助传》：淮南王长发楼船卒击南海。（《严安传》："秦皇帝使尉屠睢将楼船之士攻越"，则楼船亦秦制。《刑法志》谓至武帝有楼船，不可据。）汉之有事，临时征兵郡国，以虎符调发。武帝建元三年，东瓯告急，上曰："吾新即位，不欲出虎符召兵郡国。"乃遣严助以节发兵会稽（《助传》。）是也。事已则复其初。高祖五年克项羽，五月兵皆罢归家（《高纪》。）是也。

汉之兵制，盖亦仍袭秦旧。史称韩信定兵法，此与萧何律令，张苍章程，大体皆袭秦制耳。秦于战国尤尚武力，故其制兵民不分。有事则人尽可兵，事已即兵尽还民。汉初，吴王濞作乱，下令国中，曰："寡人年六十二，身自将。少子年十四，亦为士卒先。诸年上与寡人同，下与少子等，皆发。"发二十余万人。知当时平民实人人有兵役之义务，亦人人有军事之素习。（西汉京师、郡国并有都试。都，大也。大会武士而试之，于每年之九月。京师都试掌于大将军，郎、羽林及诸校尉皆会。郡国都试掌于都尉，而试于太守之治。令、长、丞、尉毕会。光武中兴，省都尉，而都试事亦遂寝。）故吴王得尽发其民以为卒。即上至列侯封君，亦复有从军义务。故《货殖传》称吴、楚兵起，"长安中列侯封君行从军旅，赍贷子钱家"。又《盖宽饶传》言其"身为司隶，子常步行自戍北边"。如淳云："虽丞相子亦在戍边之调。"宽饶虽贫，不至不能为其子雇人取代。亦见当时尚武之风未衰，故虽以司隶之子，犹肯步行戍边也。又汉之郎官，皆上直，执戟宿卫，出充车骑。卫绾以戏车为郎。张释之以訾为骑郎。冯唐以孝著，为郎中署长。司马相如以訾为郎。东方朔为中郎，陛戟殿下。其后汉名臣从郎官出身者极多。郎官乃武士侍从，出则成军，而当时以二千石以上子弟及明经、孝廉、射策甲科、博士弟子高第及尚书奏赋军功良家子充之。又可见时人尚武习军事之风矣。

《汉·刑法志》又云："武帝平百粤，内增七校。"盖武帝用兵四夷，发中尉之卒（北军。）远击南粤。恐内无重兵，或致生变，于是创置七校尉。七校尉者：

中垒校尉，掌北军垒门外，又外掌西域。

屯骑校尉，掌骑士。

步兵校尉，掌上林苑内屯兵。

越骑校尉，掌越骑。（如淳曰："越人内附，以为骑也。"）

长水校尉，掌长水、宣曲胡骑。（长水，胡名。宣曲，观名，胡骑屯所。）

胡骑校尉，掌池阳胡骑。不常置。

射声校尉，掌待诏射声者。（服虔曰："工射者，冥冥中闻声则中之，故名。"）

虎贲校尉，掌轻车。

凡八校尉。中垒校尉掌北军垒门，又掌西域，不领兵，故但云七校。（沈钦韩说。）其间越骑、长水、胡骑三校，为由编制外籍夷蛮成军者。其事在先亦已有之。六国、楚汉之交，有编楼烦为军者。（《日知录》卷二十九。）晁错上疏言兵事，亦谓："今降胡义渠蛮夷之属来归谊者，其众数千。饮食长技，与匈奴同。可赐之坚甲絮衣，劲弓利矢，益以边郡之良骑。"（《错传》。）即主张编制外籍军也。武帝时又有属国骑。《张骞传》："武帝遣赵破奴将属国骑及郡兵数万击胡。"又《李广利传》："太初元年，发属国六千骑，期至贰师取善马。"属国骑盖亦与胡、越骑性质相近。惟此由临时征调，与七校之为募致者不同耳。又元鼎五年征越，发夜郎兵；此亦以属国兵为用也。

武帝于北军增设七校，又于南军增期门、羽林。期门者，

146　　　　　　　　　　　　　　　　　　　　　　　秦汉史

《东方朔传》云：

> 建元三年，微行始出。常用八、九月中，与侍
> 中、常侍、武骑及待诏陇西、北地良家子能骑射者，
> 期诸殿门。故有"期门"之号，自此始。

《地理志》又云：

> 天水、陇西及安定、北地、上郡、西河，皆迫
> 近戎狄，修习战备，高上气力，以射猎为先。汉兴，
> 六郡良家子选给羽林、期门，以材力为官，名将多
> 出焉。

良家子者，如淳云："医、商贾、百工不得豫也。"六郡良家
子，即晁错"益以边郡良骑"之意也。羽林者，武帝太初元
年初置，名曰"建章营骑"，后更名"羽林骑"。又取从军死
事之子孙养羽林，官教以五兵，号曰"羽林孤儿"。（《百官表》。）
少壮，令从军。（见《宣纪》注。）期门亦父死子代。盖七校乃募
兵之始，羽林、期门则长从之始。汉初军制，至武帝时而渐
变矣。

武帝于南北军，既增置七校及期门、羽林，以募兵、长
从渐易以前之更番代上。而于郡国经制之兵，亦患其不敷征
调，而常有发谪徒之制。其前惟高帝十一年征英布，赦天下

死罪令从军。及武帝时，元狩三年，发谪吏穿昆明池。元鼎五年，越王吕嘉反，遣伏波将军路博德等分兵三道，皆将罪人。又越人驰义侯遗别将巴蜀罪人，咸会番禺。元封二年，募天下死罪击朝鲜。元封六年，昆明反，赦京师亡命令从军。太初元年，发天下谪民西征大宛。（《李广利传》又云："发恶少年。"）天汉元年，发谪戍屯五原。四年，发天下七科谪及勇敢士出朔方。比皆在武帝元狩以后，盖皆出正兵之外。良以"兵革数动，民多买复，征发之士益鲜"，（语见《食货志下》。）于是乃发及谪徒。而至于七科谪，则俨然为亡秦之续矣。则郡国地方兵制，亦至武帝而乱也。

屯田之制，亦创自武帝。于朔方、西河、河西开田官，斥塞，卒六十万人戍田之。事在元鼎中。其议亦始起于晁错。及昭、宣以后而其效大著。亦汉武开边一极有关系之事也。

要之汉人去古未远，兵、农犹未分途。全国壮丁，皆有从军之义务。而其尚武进取之风，亦似远较后代为胜。故汉廷所发军队，即系谪徒、亡命、恶少年未经正式训练者，亦往往立奇功。而同时出使绝域立节不屈者，尤指不胜屈。即此一点，亦见当时民气豪健可用之一斑。赵瓯北氏《廿二史劄记》有一节论其事，云：

　　苏武使匈奴，守节不屈，十九年始得归，人皆知之。然是时守节绝域，或归或不得归，不止武一人也。先是长史任敞使匈奴，欲令单于为外臣。单于怒，留敞不遣。又郭吉讽单于，单于亦留吉，辱之于北海上。路充国为单于所留，且鞮侯单于立，始得归。是诸人皆在武之先。又《匈奴传》："匈奴欲和亲，先归苏武、马宏等以通善意。"马宏者，前副光禄任忠使西域，为匈奴所遮。忠战死，宏被擒，不肯降，至是得归。是武之外尚有马宏也。赵破奴以浚稽将军与匈奴战，为所得；在匈奴中十年，与其子定国逃归。是破奴亦守节不屈者也。张骞先使月氏，道半为匈奴所得。留十年，持汉节不失。后乃逃出，由大宛、康居至月氏、大夏。从羌中归，又为匈奴所得。岁余，乘其国内乱，乃脱归。是骞之崎岖险阻，更甚于武也。即与武同时出使者，有中郎将张胜及假吏常惠等。后胜为匈奴所杀。惠仍在匈奴，教汉使言天子在上林射，得雁足书，知武等所在。故武得归。是惠在匈奴亦十九年也。同时随武还者九人，见于《武传》者，常惠、徐圣、赵终根。然至今但称武而已。惠后以军功封长罗侯，尚在人耳目间。圣、终根虽附书于传，已莫有知之者。其余尚有六人，并名氏亦不载。则同一使也，而传不传亦有命。又况是时二十余年间，汉留匈奴使，匈奴亦留汉使以相当，前后凡十余辈。则其中守节不屈者，亦必有人；而皆不见于史籍。则有幸有不幸，岂不重可叹哉！（卷二"与苏武同出使者"条。）

今按：当时使节，实多危道。张骞初使西域，行者百余人，去十三岁，惟二人得还。然其后奋发求使绝远者益出。此等好奇冒险无畏之风，决不能全以妄言无行之徒目之。即贾谊在文帝时，已上疏自陈："陛下何不试以臣为属国之官，以主匈奴。行臣之计，请必系单于之颈而制其命。"终军在武帝朝，亦自请使匈奴。后使南越，自请"愿受长缨，必羁南越王致之阙下"。终、贾皆文人，其慷慨激发如此。可知汉之使节，跨穷漠，逾葱岭，崎岖万里外绝域之邦，往往得其所欲而归，非偶然也。

其时军人亦壮烈多可称道。著者如李广及子敢，孙陵，皆奇才。而李陵将勇敢五千人屯边，陵称其皆"荆楚勇士，奇材剑客"。（《史记》作丹阳楚人，当今安徽。）徒步出居延北千余里，独当单于八万骑。转战八日，杀伤过当。及陵降，而陇西之士居门下者皆用为耻。其时陵副韩延年战死，军人脱归塞者亦四百余人。李陵之才气，及其全军之勇决，令千载下读史者为之想慕不已。

武帝时大将最著者莫如霍去病。去病以皇后姊子，少贵，年十八为侍中。初从大将军卫青出塞，为票姚校尉。与轻勇骑八百，直弃大军数百里赴利，斩捕首虏过当，遂以封侯。时为元朔六年，去病年二十三。其后屡以敢深入建奇功。匈奴西方浑邪王与休屠王等谋欲降汉，武帝恐其以诈降袭边，去病将兵往迎之。去病渡河，与浑邪众相望。浑邪众见汉军而多欲不降者，颇遁去。去病乃驰入匈奴军，得与浑邪王相见。斩其欲亡者八千人，独遣浑邪王乘传先诣行在所，尽将其众渡河，降者四万余。时为元狩二年，去病年二十五。史称去病为人少言不泄，有气敢往。上尝欲教之孙、吴兵法，对曰："顾方略何如耳，不至学古兵法。"上为治第，令视之，曰："匈奴未灭，无以家为也。"其卒在武帝元狩六年，年二十九。后世谓汉武三大将，卫青、霍去病、李广利，皆由女宠。（详赵氏《廿二史劄记》。）然去病实亦当时一奇才，卫青已非其比，李广利更无论也。去病死，匈奴已衰，汉亦不复能大惩创之矣。去病能将善战之功，实不可没。即以女宠言，彼等既已进身，而重以建功绝域自显，亦见当时人意气，确乎有一种进取勇决无畏之风，与后世不同。惟当时军人中，豪杰与近宠判为两党。卫、霍、李广利之属，名位虽盛，豪杰从军者贱之如粪土。李广父子愈摈抑，而豪杰愈宗之。史公亲罹李氏之祸，故其为《史记》，于两党瑕瑜，抑扬甚显。今平心论之，则两党中亦各有奇材，惜乎武帝之未能以公心善用之耳。

第四章　西汉之中衰

第一节　武帝一朝之财政

武帝内兴礼乐，外勤征伐，费用浩繁。举高、惠、文、景七十余载之积畜，一朝尽罄，遂成汉室第一次之衰象。史家记之云：

> 武帝因文、景之畜，忿胡、粤之害，即位数年，严助、朱买臣等招徕东瓯，事两粤，江淮之间，萧然烦费矣。唐蒙、司马相如始开西南夷，凿山通道千余里，以广巴蜀，巴蜀之民罢焉。彭吴贾灭朝鲜，置沧海之郡，则燕齐之间靡然发动。及王恢谋马邑，匈奴绝和亲，侵扰北边，兵连而不解，天下苦其劳，干戈日滋。行者赍，居者送，中外骚扰相奉。百姓

抚敝以巧法，财赂衰耗而不赡，入物者补官，出货
者除罪，选举陵夷，廉耻相冒，武力进用，法严令
具。兴利之臣，自此而始。(《食货志》。)

今考汉室经费，宫庭私帑与国家财政有别。《史记·平准书》
言：高祖已平天下，

  量吏禄，度官用，以赋于民。而山川园池、市
井租税之入，自天子以至于封君汤沐邑，皆各为私
奉养焉，不领于天下之经费。

其制盖亦本于秦。《百官公卿表》：

  少府，秦官，掌山海池泽之税，以给共养。
  治粟内史，秦官，掌谷货。有两丞。景帝后元
年更名大农令。武帝太初元年更名大司农。

颜师古曰：

  大司农供军国之用，少府以养天子。

是也。高帝初政，漕转山东粟以给中都官，岁不过数十万
石。其后积恭俭，至武帝而汉之国富跻于极盛。然武帝在位

五十四年，而国力大屈，几不可支。当时以用度不足，多方罗掘，其事颇足记。

一　盐铁官卖

其最要者厥为盐铁之官卖。煮盐、冶铁，自战国以来，本为民间私业。史称："宛孔氏，先梁人，用铁冶为业。秦伐魏，迁孔氏南阳，大鼓铸。规陂池，连车骑，游诸侯。"(《史记·货殖传》。)南阳郡，秦昭襄王三十五年始置。孔氏鼓铸南阳，盖在其后。又蜀卓氏、程氏，皆以冶铸富。卓氏以赵破迁，程氏亦称山东迁虏。盖俱在始皇灭六国时。足证秦政纵民冶铁，不加禁也。其人在未迁前，亦早以铁冶为业，足证其时山东六国，亦无冶铁之禁。铁冶既然，煮盐亦可推。鲁人猗顿用盬盐起，在战国时。而齐刁间逐鱼盐，起富数千万，在汉。此皆以煮盐发迹。今《管子》书言管仲已有盐铁专卖之法，殆出后人伪造，不足信。然据《汉书·食货志》董仲舒言："秦时，田租、口赋、盐铁之利，二十倍于古。"如淳曰："秦卖盐铁贵，故下民受其困也。"颜师古曰："既收田租，又出口赋，而官更夺盐铁之利。率计今人一岁之中，失其资产，二十倍多于古也。"又《史记·太史公自序》谓："司马昌为秦主铁官，当始皇之时。"则似始皇时，固已有盐铁官卖之制矣。

汉初民间盐铁，仍得自由经营。《盐铁论·错币篇》：

大夫曰："文帝之时，纵民得铸钱、冶铁、煮盐。"

又《禁耕篇》：

> 异时盐铁未笼，布衣有朐邴，(《史记·货殖传》亦言："鲁有曹邴氏，以铁冶起富至巨万。")人君有吴王，皆专山泽之饶。

皆其证也。武帝盐铁专卖之制，始于元狩五年。先是，

> 山东被水菑，民多饥乏。遣使者虚郡国仓廥以振，犹不足。又募豪富人相贷假，尚不能相救。(《武纪》在元狩三年。)乃徙贫民于关以西，及充朔方以南新秦中，七十余万口。(《武纪》在元狩四年冬。时犹以十月为岁首，则实在四年之初。)衣食皆仰给县官。数岁，假予产业。使者分部护，冠盖相望。其费亿计，县官大空。而富商大贾，或蹛财役贫，转毂百数，废居居邑，(废，置也。废居即居积不去之意。)封君皆低首仰给。冶铁、煮盐，财或累万金，而不佐公家之急。于是以东郭咸阳、孔仅为大农丞，领盐铁事。(在四年。)咸阳，齐之大煮盐；孔仅，南阳大冶；皆致产累千金。故郑当时进言之。(《食货志》。)

二人因奏言：

> 山海，天地之藏，宜属少府。陛下弗私，以属
> 大农佐赋。愿募民自给费，因官器作煮盐，官与牢
> 盆。（如淳曰："牢，廪食也。盆，煮盐盆也。"按谓官给工价所费。
> 至出卖则由官主之，不听民擅。）浮食奇民，欲擅管山海之
> 货，以致富羡，役利细民。其沮事之议，不可胜听。
> 敢私铸铁器煮盐者，钛左趾，没入其器物。郡不出
> 铁者，置小铁官，使属在所县。

于是：

> 使孔仅、东郭咸阳乘传举行天下盐铁，作官府，
> （主煮铸及出纳之处。）除故盐铁家富者为吏。（盖在元狩五
> 年。孔仅奉使三年，还为大司农，则元鼎二年也。）

是为盐铁专卖制成立之经过。

《百官表》大司农属有斡官、铁市两长丞。初斡官属少
府，中属主爵，以后属大司农。如淳曰：

> 斡音筦。所谓斡盐铁而榷酒酤也。

盖其初盐铁纵民冶煮，少府特收其税以为宫庭之私入。卫宏《汉官旧仪》所谓：

> 民田积刍稿，以给经用，备凶年；山泽、鱼盐、市税，以给私用。

应劭《汉官》亦谓：

> 王者以租税为公用。山泽陂池之税，以供王之私用。（《续汉书·百官志》注引。）

是也。而铁为山税大宗，其先尽入少府；今以国用竭蹶，武帝遂移之大司农，又定专卖之制也。

二　算缗

与盐铁专卖同性质者，尚有榷酒酤。其事始于天汉三年，距盐铁专卖又二十一年。与盐铁专卖同时，为汉武理财大计者，有算缗。据《汉官仪》，少府有市税，亦给宫庭私用，所谓"市井租税之入"也。故主父偃言之，曰："临淄十万户，市租千金。"此亦入王国私奉养，不纳于天下之经费。自孔仅、东郭咸阳献议盐铁专卖之年，公卿又言曰：

> 郡国颇被菑害，贫民无产业者，募徙广饶之

地。陛下损膳省用，出禁钱以振元元，宽贷赋，而民不齐出于南亩。商贾滋众。贫者畜积无有，皆仰给县官。异时算轺车、贾人缗钱皆有差，请算如故。诸贾人末作贳贷卖买，居邑贮积诸物，及商以取利者，虽无市籍，各以其物自占，率缗钱二千而算一。诸作有租及铸，率缗钱四千算一。非吏比者，三老、北边骑士，轺车一算。商贾人轺车二算。船五丈以上一算。匿不自占，占不悉，戍边一岁，没入缗钱。有能告者，以其半畀之。贾人有市籍，及家属，皆无得名田以便农。敢犯令，没入田货。（《食货志》。）

是为算缗钱制之大概。

公卿言"异时算轺车、贾人缗钱皆有差"，沈钦韩曰："异时者，谓元光六年初算商车也。"钱大昕曰："高祖初平天下，令贾人不得衣丝乘车，重租税以困辱之。盖指此。"今按：《史》又称："孝惠、高后时，为天下初定，复弛商贾之律。"疑公卿所谓"异时"，当指高祖时言。其时盖有商贾之税。贾人不得乘车，亦指算轺车。孝惠、高后以后，特有市税。则诸贾人末作贳贷卖买，居邑贮积诸物，商以取利，而无市籍，即得免税也。盖市税以商场市廛为主，而算缗钱则以资产财物为主，此其异。

称"缗钱"者，苏舆曰：

《说文》"鍇"下云："业也。贾人占鍇。"即此鍇字义。《广雅·释诂》："赇，本也。鍇，算也。"《玉篇》"赇"本作"鍇"。案训业、训本，若今商贾"成本"之谓。算鍇钱者，占度货物成本，直钱若干，簿纳官税。有不实则绳以法。

"二千而算一"者，

> 李斐曰："缗，丝也，以贯钱也。一贯千钱，出算二十也。"

惟"缗"训资本，非谓贯丝。又其后"纵告缗，得民财物以亿计，奴婢以千万数，及田宅"；此皆非钱，特以钱为计耳。且史文明分二千一算、四千一算两种，不得以千钱一算为说。李说盖非也。《高帝纪》："汉四年，初为算赋。"如淳曰：

> 《汉仪注》，民年十五以上至五十六，出赋钱人百二十，为一算。

疑缗钱一算，即如口赋一算之例。（沈钦韩说，二千算一，取二十分之一；四千算一，取八十分之一。其说得之。）又《景纪》后二年有訾算，服虔曰："訾万钱，算百二十七也。"则訾算与口赋一算为数略等。知算缗一算，亦为百二十矣。

云"诸作有租及铸"者，如淳曰：

> 以手力所作而卖之者。

而于租铸无说。今按：《昭帝纪》始元六年秋，"罢榷酤官，令民得以律占租，卖酒升四钱。"如淳曰：

> 律，诸当占租者，家长身各以其物占。占不以
> 实，家长不身自书，皆罚金二斤，没入所不自占物
> 及贾钱县官也。

然则自榷酤未行前，汉律民间作酒本有税，当由民自呈报应所得利输租，即所谓"占租"也。又《盐铁论·水旱篇》："故民得占租鼓铸煮盐之时。"则当盐铁未专卖前，亦由民间占租为之。今盐铁虽归官营，而酒酤仍由民占租作之。其他如《货殖传》所举，"木器漆者千枚，铜器千钧，素木铁器若卮茜千石，筋角丹沙千斤，帛絮细布千钧，文采千匹，荅布皮革千石，漆千大斗，糵曲盐豉千合，鲐鮆千斤，鲰鲍千钧，枣栗千石者三之，狐貂裘千皮，羔羊裘千石，旃席千具，他果菜千钟，子贷金钱千贯，亦比千乘之家。"凡此均所谓"作"。以酒酤、盐铁之例推之，凡业此者，理须先占租。而子贷金与诸作并列，则当时子钱家亦与酒酤、盐铁同等，须先占租。

故《王子侯表》旁光侯殷坐"贷子钱不占租"免侯也。此外尚有郡国铸钱，亦须占租。文帝时，听民放铸。贾谊谏曰"法使天下公得顾租铸铜锡为钱"，是铸钱有租之证也。悉禁郡国铸钱，尚在后元鼎四年。则此时所谓"诸作有租及铸"者，必兼指有铸钱一项无疑。此等皆不登市籍，而又已占租，故算缗较轻，四千而算一也。

既下缗钱，百姓终莫分财佐县官，于是告缗钱纵矣。其事在元鼎三年。（见《武纪》。）盖算缗钱与市税不同。市税可以履市而稽，算缗钱则待人自呈报。（自占。）百姓不愿自呈报，皆争匿财，乃纵告发。史称：

> 杨可告缗遍天下，中家以上，大抵皆遇告。杜周治之，狱少反者。乃分遣御史、廷尉正监分曹往，即治郡国缗钱。得民财物以亿计，奴婢以千万数，田大县数百顷，小县百余顷，宅亦如之。于是商贾中家以上大抵破。民偷甘食好衣，不事蓄藏之业。而县官以盐铁缗钱之故，用少饶矣。
>
> （《食货志》。）

盖一经告发，县官即全部没收其产业，而告发者得其半；奸人乌得不乐为？而政府亦以此为罗掘之大道，故凡遇告发，稀得平反也。《义纵传》：

　　　　杨可方受告缗，义纵以为此乱民，部吏捕其
　　　为可使者。天子闻，使杜式治。以为废格沮事，弃
　　　纵市。

则当时告缗之扰天下可想矣。

三　均输

　　盐铁、告缗外，言财计之大者有均输。其事始于桑弘羊。
弘羊，洛阳贾人子，以心计，年十三侍中，与孔仅、东郭咸
阳为武帝朝言利三臣。孔仅使天下铸作器，三年中至大司农。
（《百官表》，大农令孔仅在元鼎二年。）桑弘羊为大司农丞，管诸会
计事，稍稍置均输以通货物。及元封元年，而桑弘羊为治粟
都尉，领大农，尽代仅筦天下盐铁。史言：

　　　　弘羊以诸官各自市，相与争，物故腾跃。而天
　　　下赋输，或不偿其僦费。乃请置大农部丞数十人，
　　　分部主郡国，各往往县置均输盐铁官，令远方各以
　　　其物贵时（《汉志》"贵时"作"异时"。）商贾所转贩者为
　　　赋，而相灌输。置平准于京师，都受天下委输。（吕
　　　东莱《大事记》："均输在郡国，各转输京师之官也。平准在京
　　　师，总受天下之转输者也。"）召工官治车诸器，皆仰给大
　　　农。大农诸官尽笼天下之货物，贵则卖之，贱则买
　　　之。如此，富商大贾无所牟大利，则反本，而万物

不得腾踊。故抑天下物，名曰平准。天子许之。(《平准书》。)

是为均输制度之大概。

弘羊称"诸官各自市，相与争，物故腾跃"者，方苞曰："先是水衡、少府、太仆、大农分受缗钱，弘羊欲并归大农也。"考汉制：

太官主膳食，汤官主饼饵，导官主择米。(《百官表》颜注。)

景帝后二年春，以岁不实，诏减太官。《平准书》亦载：

公卿言，郡国颇被菑害，陛下(武帝。)损膳省用。

是主膳食之官也。又《百官表》颜注：

御府主天子衣服。

少府属官又有东织室、西织室。(成帝河平元年省东织室，单称西织室为织室。)又齐有三服官。《贡禹传》：

故时齐三服官，输物不过十笥。今作工各数千人，一岁费数巨万。

《地理志》襄邑亦有服官。是主衣服之官也。贡禹又称有三工官，云：

蜀、广汉主金银器，岁各用五百万。三工官，官费五千万。东、西织室亦然。

又考少府有考工室、东园匠、尚方三官，考工主作器械，（臣瓒说。）东园匠主作陵内器物，（师古说。）尚方主作禁器物。（师古说。）殆即贡禹所谓"三工官"也。其在外郡者，《地理志》河内怀县、河南荣阳县、颍川阳翟县、南阳宛县、济南东平陵、泰山奉高县、广汉雒县、蜀郡成都县，凡八处，皆设工官。又《百官表》水衡属官有技巧、六厩，少府属官有若卢令丞，执金吾属官有武库令丞，皆主兵器车马之用，是主器物之官也。又《百官表》：

太仆，秦官，掌舆马。

少府属官有黄门，则掌乘舆。（太仆费出大司农，与黄门属少府别。）元帝初元三年"诏罢黄门乘舆"是也。又水衡属官有六厩令。此主舆马之官也。《百官表》少府属官又有太医令丞。

是主医药之官也。少府又有乐府令丞，则主音乐。凡此诸官，大率属少府，所谓"天子之私奉养，不领于天下之经费"者。

又后宫妃妾，贡禹言：

> 至高祖、孝文、孝景皇帝，循古节俭，宫女不过十余。武帝多取好女，至数千人，以填后宫。（《贡禹传》。）

其初惟有美人、良人、八子、七子、长使、少使，武帝时增倢伃、娙娥、傛华、充依，至元帝又加昭仪。（《外戚传》。）其级次待遇如下：

昭仪	位视丞相	爵比诸侯王
倢伃	视上卿	比列侯
娙娥	视中二千石	比关内侯
傛华	视真二千石	比大上造
美人	视二千石	比少上造
八子	视千石	比中更
充依	视千石	比左更
七子	视八百石	比右庶长
良人	视八百石	比左庶长
长使	视六百石	比五大夫

少使	视四百石	比公乘
五官	视三百石	
顺常	视二百石	
无涓，共和，娱灵		视百石
保林，良使，夜者。		

凡十九职十四等。其食饵主于太官，被服供自服官，建造器用制自考工。盖帝王私室之费，后宫亦其大者。而有掖庭令丞掌其杂务焉。凡此均属于少府者。此皆皇室宫廷之私费用也。

至于丞相、御史大夫以下，属于政府公用者，费出大农，自必更巨。而内廷外朝，凡有所需，皆各自市于郡国民间。诸官各自为市，物价以之腾跃。今设均输官，尽笼天下货物，则王室政府公私所需，皆取之均输，无烦各自市而相争，此一利也。

又汉制于常赋外，郡国、诸侯王对中央例有上献。高帝十一年二月，诏曰：

> 欲省赋甚。今献未有程，吏或多赋以为献，即诸侯王尤多，民疾之。令诸侯王、通侯常以十月朝献，及郡，各以其口数率，人岁六十三钱，以给献费。（《高纪》。）

盖常赋百二十,六十三钱约常赋之一半;乃在常赋之外,别以为帝室之私献也。惟所献则以其郡之土货为常。《盐铁论·本议篇》:

> 大夫曰:"往者郡国诸侯,各以其物贡输,往来烦杂,物多苦恶,或不偿其费。"

即谓是也。又曰:

> 故郡置输官,以相给运,而便远方之贡,故曰均输。开委府于京,以笼货物,贱即买,贵即卖,是以县官不失实,商贾无所贸利,故曰平准。平准则民不失职,均输则民齐劳逸。故平准、均输,所以平万物而便百姓,非开利孔为民罪梯者也。

盖所以谓之"平准",由天子自笼天下货物,卖贵买贱,以与商贾争利;商贾之力自不能敌天子,故曰"商贾无所贸利",而物价平。所以谓之"均输",由郡国输贡,道有远近,则费有烦省;今郡设输官,令民各就其郡输之,而郡之输官自为委输京师,无烦远郡之送输,故曰"齐劳逸"、"便百姓"也。当时在上者解释其制度之用意,大率如此。

然当时民间意见则不然。《盐铁论·本议篇》文学曰:

古者之赋税于民也，因其所工，不求所拙。农人纳其获，女工效其织。今释其所有，责其所无，百姓贱卖货物，以便上求。间者郡国或令民作布絮，吏恣留难，与之为市。吏之所入，非独齐陶之缣，蜀汉之布也，亦民间之所为耳。行奸卖平，农民重苦，女工再税，未见输之均也。县官猥发，阖门擅市，则万物并收。并收则物腾跃。腾跃则商贾侔利自市。吏容奸豪，而富商积货储物以待其急。轻贾奸吏，收贱以取贵，未见准之平也。

此则为民间代表对此制度之批评。盖桑弘羊立均输，本令远方各以其物贵时商贾所转贩者为赋，如此则输官可以贸利。若如文学之意，各就其地所产以为输，农纳其获，工效其织，而天子之输官自为委输；则往者诸郡赋输僦费，尽由大司农任之，大司农复何从而取利？今郡之输官，不就其郡之所有，而责其郡之所贵，于是益为奸豪所操，而民乃重困。省其运输之烦，责其贵价之贡，固未见其为利民也。

然史言：

于是天子北至朔方，东封太山，巡海上，旁北边以归。所过赏赐，用帛百余万匹，金钱以巨万计，皆取足大农。一岁之中，诸均输帛五百万匹。民不益赋，而天下用饶。(《食货志》。)

秦汉史

则弘羊虽未利民，固已富国矣。（按：郡国贡物，由郡国自主，均输则指物责贡，此其异一也。郡国贡物，须自输之京师，有均输则可省输送，此其异二也。利害两权而求其平，在乎行制者，非必其制度之必不可行也。）故是年小旱，上令求雨，卜式曰："县官当食租衣税，今弘羊令吏坐市列肆，贩物求利。烹弘羊，天乃雨。"亦一时之愤言也。

其事与均输相关者，尚有酎金。颜师古曰："酎，三重酿醇酒也。"服虔曰："八月献酎，祭宗庙，诸侯各献金来助祭也。"丁孚《汉仪》曰：

> 酎金律，文帝所加。以正月旦作酒，八月成，名酎酒。因令诸侯助祭贡金。汉律，金布令曰："皇帝斋宿，亲帅群臣承祠宗庙。群臣宜分奉请。诸侯、列侯各以民口数，率千口奉金四两。奇不满千口，至五百口，亦四两。皆会酎，少府受。又大鸿胪食邑九真、交阯、日南者，用犀角长九寸以上，若瑇瑁甲一；郁林用象牙长三尺以上，若翡翠各二十，准以当金。"（《续汉书·礼仪志》注引。）

是酎金亦为一种律定之上献。如淳引《汉仪注》：

> 诸侯王岁以户口酎黄金于汉庙。皇帝临受献金。

金少不如斤两，色恶，王削县，侯免国。(《武纪注》。)

其事见于武帝元鼎五年：

列侯坐献黄金酎祭宗庙不如法，夺爵者百六人。(《武纪》。)

盖是岁武帝怒列侯不助击南越，故捃摭其酎金之恶夺其国。亦以汉宗庙之法甚重，可假以为名也。(此吕东莱《大事记》说。)疑本非有定制。《汉仪注》亦据此事误谓汉定制耳。

四　铸钱币

汉武财计，自盐铁专卖、算缗、均输以外，其大者为铸钱币。秦兼天下，币为二等。黄金为上币，铜钱文曰"半两"，重如其文。汉兴，以秦钱重，更铸荚钱。民患太轻。高后二年，复行八铢钱。(即半两钱。)六年，又行五分钱。(应劭说即荚钱。)文帝五年，以五分钱太轻，更作四铢钱。(文亦曰"半两"。)除盗铸钱令，听放民铸。武帝建元元年，行三铢钱。五年，罢三铢，行半两钱。至元狩四年而又更。史称：

自孝文更造四铢钱，至是四十余年。从建元以来，用少，县官往往即多铜山而铸钱。民亦盗铸，不可胜数。钱益多而轻，物益少而贵。有司言曰：

"半两钱法重四铢，而奸或盗摩钱质而取镕。（铜屑也。）
钱益轻薄而物贵。则远方用币，烦费不省。"乃令县
官销半两钱，更铸三铢钱，重如其文。（《平准书》。）

其明年：

> 有司言三铢钱轻，轻钱易作奸诈，乃更请郡国
> 铸五铢钱。

自是钱制遂定。而元狩四年改造三铢钱，又造皮币。史称：

> 是时禁苑有白鹿，而少府多银锡。乃以白鹿皮
> 方尺，缘以缋，为皮币，直四十万。王侯、宗室，
> 朝觐聘享，必以皮币荐璧，然后得行。（时大农颜异言：
> "朝贺以苍璧，直数千，而其皮荐反四十万，本末不相称。"武帝
> 不悦。异竟以他事坐腹诽罪论死。）又造银锡白金，三品。
> （一重八两，圆形，龙文，直三千。其二较轻，方形，文马，直
> 五百。其三又小，椭形，文龟，直三百。然白金贱，民间弗用。
> 令禁无益。岁余，终废不行。）

是时以币屡变，商贾多积货逐利，而民间盗铸之风益甚。依
律，盗铸诸金钱，罪皆死，（律始景帝中六年。）而犯者不可胜数。
史称：

自造白金五铢钱后五岁而赦。（按：元狩五年后，元鼎元年五月赦天下。至五年四月又赦。此盖指五年言。）吏民之坐盗铸金钱死者数十万人。其不发觉相杀者，不可胜计。赦自出者百余万人。然不能半自出。天下大抵无虑皆铸金钱矣。（《平准书》。）

犯者既众，吏不能尽诛，遂悉禁郡国毋铸钱。（据《食货志》，在张汤死后二年，则元鼎四年也。）专令上林三官铸。（《百官表》，水衡都尉掌上林，其属有均输、钟官、辨铜三令丞。《盐铁论》曰"废天下诸钱，而专命水衡三官作"，即言此事。）钱既多，又令天下非三官钱不得行，诸郡国前所铸钱皆废销，输入其铜三官。民间铸钱遂渐少。计其费不能相当。惟真工大奸始盗为之矣。

五　增口赋

汉武一朝言财利，举其大者，如盐铁之专卖，及榷酒酤，如算缗钱车船，如均输，如改钱币。其他犹多。姑复列举，曰增口赋。口赋亦属少府，为帝王私奉养。《淮南·氾论》："秦之时，头会箕赋，输于少府。"头会者，随民口数，人责之税，即犹今称人头税。而汉则称算赋。高祖四年，初为算赋。如淳曰：

《汉仪注》，民年十五以上至五十六，出赋钱人百二十，为一算。为治库兵车马。

于算赋外有口赋。如淳曰：

> 《汉仪注》，民年七岁至十四，出口赋钱人
> 二十三。二十钱以食天子，其三钱者，武帝加口钱，
> 以补车骑马。（《昭纪》元凤四年注引。又《后书·光武纪》建
> 武二十二年章怀注引，略同。）

然考《贡禹传》言：

> 禹以为古民亡赋算、口钱，起武帝，征伐四夷，
> 重赋于民。民产子三岁，则出口钱，故民重困，至
> 于生子辄杀，甚可悲痛。宜令儿七岁去齿，乃出口
> 钱，年二十乃算。

然则《汉仪注》所记民年七岁出口赋，乃后制，其议原自贡
禹；而武帝初制，实三岁即赋也。至口赋之制，亦始于秦。
董仲舒谓：

> 至秦，田租、口赋、盐铁之利，二十倍于古。
> （《食货志》。）

可证。贡禹谓口、算皆起武帝时，亦误。今姑据《汉书·地理志》载平帝元始二年天下人口凡五千九百五十九万四千九百七十八。若七岁以上、十四岁以下者占其五分之一，即得千二百万。人纳二十钱，总二亿四千万。若自三岁以上、十四岁以下，占全数三分之一，即得钱四亿。口增三钱，亦六千万也。

六 鬻爵

增口赋外复有鬻爵。爵者，五等封爵，本为封建世袭制度下之专称。秦孝公用商鞅，变封邑，立二十级爵。沿而勿革，以至于汉。其爵之下者未得从政，然亦有种种优遇。高帝五年诏：

> 七大夫（第七爵。）以上皆令食邑。非七大夫以下，皆复其身及户，勿事。（《高纪》。）

师古曰：

> 复其身及一户之内皆不徭赋也。

又诏曰：

> 七大夫、公乘（第八爵。）以上，皆高爵也。吾数

诏吏先与田宅，及所当求于吏者，亟与。(《高纪》。)

则汉爵自七级以上称高爵，得赐田宅。七级以下，亦得免徭赋。(《卜式传》："赐爵左庶长，复田十顷。"知当时高爵不徒免役，其田租亦可邀一部分之豁免也。)故汉常有赐爵之举，其实亦无异于免役也。考汉赐爵，或以立社稷。(高帝二年。)或以即位。(孝惠。)或以立皇太子。(孝文元年。)或以王皇子。(孝景三年。)或以皇太子冠。(孝景后三年。)或以改元。(孝景中元年，又后元年。)或以郊祀。(孝武元鼎四年。)其他不胜举。民间得爵，实无异于在经济上得政府一种优待券。其时爵之性质，乃为对国家经济负担一部分之豁免。故有赐民爵一级者，(孝景三年，又中元年，后元年。)赐民爵户一级者。(孝惠五年。)赐天下民当为父后者爵一级者。(孝文元年，景后三年。)有赐民长子爵一级者。(元光元年。)高祖二年，

> 二月癸未，令民除秦社稷，立汉社稷。施恩德，赐民爵。蜀汉民给军事劳苦，复勿租税二岁。关中卒从军者，复家一岁。举民五十以上，有修行，能率众为善，置以为三老，乡一人。择乡三老一人为县三老，与县令、丞、尉以事相教，复勿繇戍。以十月赐酒肉。(《高纪》。)

臣瓒曰：

爵者，禄位。民赐爵，有罪得以减也。

今按：《商君书·竟内篇》："爵自二级以上，有刑罪则贬。爵自一级以下，有刑罪则已。"臣瓒说盖本此。然则赐爵既得免繇赋，又可减罪，诚亦无异于古者贵族之身分矣。

孝惠元年，令民有罪，得买爵三十级以免死罪。应劭曰：

> 一级直钱二千，凡为六万。若今赎罪，入三十
> 匹缣矣。

今按：应劭说未知何本。或应时一匹缣直钱二千，故竟以此为说。恐不可信。惟朝廷令民得买爵，则爵在当时，自有其经济的价值可知。

又按：《武纪》天汉四年、太始二年，皆著："募死罪，入赎钱五十万，减死一等。"（司马迁谓"家贫不足以自赎"，盖其时子长于吏议亦得死罪，不能自赎，而就募为宫刑者。）以彼例此，恐是爵三十级价略等于钱五十万。虽爵价时有增减，若以孝文时爵价稍贵论，则一级当价二万钱，或差近是。

孝惠六年夏，旱，令民得卖爵。盖旱荒有无力自存者，政府无以恤，许其卖爵，亦所以示恤也。文帝时，晁错上言：

> 今募天下入粟县官，得以拜爵，得以除罪。如

此，富人有爵，农民有钱，粟有所渫。夫能入粟以受爵，皆有余者也；取于有余以供上用，则贫民之赋可损。今令民有车骑马一匹者，复卒三人；令民入粟受爵至五大夫（第九等爵。）以上，乃复一人耳。此其与骑马之功，相去远矣。（《食货志》。）

文帝从其言，乃：

> 令民入粟边，六百石，爵上造。（第二等爵。）稍增至四千石，为五大夫。万二千石，为大庶长。（第十八等爵。）各以多少级数为差。

今按：汉代粟价无可详考，然约略推之，其常价之高者，一石当不过百钱。则六百石为钱六万，合六金。四千石为钱四十万，合四十金。万二千石为钱百二十万，合百二十金也。又按：出钱六万得第二级爵，出钱四十万得第九级爵，中距六级，相差钱三十四万；则大抵一级爵增价约五万也。又出钱四十万得第九级爵，出百二十万得第十八级爵，中距八级，相差钱八十万；则第九级以上，每一级爵增约十万也。又自第九级爵以上乃得复一人，盖指其家常得有一人之复；知第九级以下，其优复盖有年限。是所谓爵者，年过即灭。故汉廷常有遍赐民户爵之举。若一赐爵即得终身复，则无可遍赐，亦不得屡赐也。其后景帝时，上郡以西旱，复修卖爵令，而裁其价以招民。则文帝时入粟六百石为上造，已为高价矣。

至武帝时，而又有武功爵之增设。其事在元朔六年。先是：

> 卫青比岁十余万众击胡，斩捕首虏之士，受赐黄金二十余万斤。而汉军士马死者十余万，兵甲转漕之费不与。于是大司农陈藏钱经用，赋税既竭，犹不足以奉战士。有司请令民得买爵及赎禁锢免减罪。请置赏官，名曰武功爵。级十七万，凡直三十余万金。诸买武功爵官首（第五级。）者，试补吏，先除。千夫（第七等爵。）如五大夫（旧二十等之第九级。），其有罪又减二等。爵得至乐卿（第八等爵。），以显军功。（《食货志》。）

臣瓒引《茂陵中书》，有武功爵凡十一级，而买爵惟得至第八级乐卿。又云"级十七万，凡直三十余万金"者，朝廷卖爵有限，八级总十七万，则一级约可二万也。总计此十七万级，共直三十余万金。逐级价格，今难详考。姑以平均算之，则一级价亦略当钱二万也。文帝时，出钱六万，乃得第二级爵；知武帝武功爵价格，盖较文帝时为轻。而待遇则似较文帝时优。买武功第五级爵（官首。）即得试补吏先除。而武功第七级千夫，其待遇得如二十等爵之第九级五大夫。晁错谓"受爵至五大夫以上乃复一人"，而武功爵则千夫以上亦得复一人也。而其时以兵革数动，民多买复及五大夫、千夫，调发之士益鲜。于是除五大夫、千夫为吏，不欲者出马。

盖当时朝廷卖爵，其性质亦略如近世国家之发行公债。持国家公债券者，得向国家取其券价应得之本息。而汉时民户买爵，即取得对国家繇赋之优复。此谓买复即买爵。爵之性质，本重在优复也。然国家得民间买爵钱，特以济急，其后遂坐失多数之繇赋。此犹如发公债必偿其息也。又当时民间买爵，其意特在得免役，故辄买五大夫、千夫，以期得长期之优复。而朝廷以法严，吏多废免，乃强爵千夫、五大夫者为吏，其不欲则强出马。盖其先立法，令买爵官首即可补吏，且与先除，所以为诱。然因此"吏道杂而多端，官职耗废"。朝廷乃以严法为绳。至其后，则民但买复，不愿补吏，故复勒令为吏。至买爵官首者，尚不得复，故不勒为吏。而爵千夫、五大夫得复者，乃强除为吏耳。又其后，成帝鸿嘉三年，卖爵级千钱，则其价益贱矣。

与鬻爵卖复相似者，复有募民入奴婢得终身复，为郎者增秩，及入羊为郎；皆在置武功爵前。

七 汉武一朝各项财政制度之得失

以上为汉武一朝财计之大概。言其得失，则算缗一事，厉民最甚。史称："中家以上大抵皆遇告破产，民偷甘食好衣，不事畜藏"，其为害可想。然汉廷厉行告缗，亦自有故。盖汉之财政，朝廷、宫中公私判划，各不相涉，已如前举。汉武为县官用竭，常出内廷私奉养相济。所谓"损膳"、"解乘舆驷"、"出御府禁藏"，皆是也。而尤著者，则为盐铁之归大农。孔仅、东郭咸阳所谓：

> 山海天地之藏，宜属少府。陛下弗私，以属大
> 农佐赋。

盖捐私室之奉养，佐公府之开支，实为帝王之慷慨。而其时民间豪富，乃争匿财，不肯输助国。以与王室相比，岂不相差远甚。惟有一卜式，肯分财佐县官之急。武帝极奖以励天下，而天下卒少应者。故武帝之纵告缗，实无异于以朝廷之势强夺民财。然武帝及当时主计之人，厉行曾不少惭者，良以当时政制，帝王亦正如一巨室，别有其私产。王室、县官，别为二体。今帝家尚愿捐输助国，而诸王侯以下及于民间乃惟顾私室，曾不肯分财以佐官家，故武帝乃一愤而出此也。其以"酎金不如法"夺列侯爵百六人，亦出于与告缗同一之心理。

告缗以外，其祸民甚者当推铸钱。文帝时，除盗铸钱令，听民放铸。贾谊力谏其事，曰：

> 法使天下公得顾租铸铜锡为钱，敢杂以铅铁为

他巧者，其罪黥。然铸钱之情，非殽杂为巧，则不可得赢。而殽之甚微，为利甚厚。夫事有召祸，而法有起奸。今令细民人操造币之势，各隐屏而铸作，因欲禁其厚利微奸；虽黥罪日报，其势不止。乃者民人抵罪，多者一县百数，及吏之所疑，榜笞奔走者甚众。夫县法以诱民，使入陷阱，孰积于此！曩禁铸钱，死罪积下。今公铸钱，黥罪积下。为法若此，上何赖焉？（《食货志》。）

又曰：

> 今农事弃捐，而采铜者日蕃。释其耒耨，冶镕炊炭。奸钱日多，五谷不为多。善人怵而为奸邪，愿民陷而之刑戮。吏议必曰禁之。令禁铸钱，则钱必重，重则其利深，盗铸如云而起，弃市之罪又不足以禁矣。（同上。）

盖钱币之兴，其在历史上之演变尚浅；推寻其始，当盛于战国之晚世，至是不百年。时人之智慧，尚不知所以善为应付运使之方，而不幸又为大利所在。纵之则"钱文大乱，市肆异用"，（亦贾谊语。）为害綦大；禁之则不可胜禁，至于死罪相积。就当时之政术，对此殆尚不知一恰当之应付，是亦无足深怪。故听民放铸则黥罪积下，禁民铸钱则死罪积下。文帝固姑息，然亦鉴于前失而布新令，其用意亦未可厚非也。贾生之意，则欲"上收铜勿令布"，则民间自不能铸；然文帝不能用其说。及景帝重布盗铸律，而武帝数更币，盗铸盛起。五岁之间，至于死者数十万，赦者百余万。其数良可惊，其惨良可痛矣。然自武帝专令上林三官铸钱之后，汉之币制，始上轨道。历史之演变，往往于一事之兴，历尝苦痛，而始得驾驭应付之术者。则汉武一朝以钱币之纷乱，而社会生命、经济受其大劫，毋亦人类智力有限，必途穷而后思变，固不得专责一二在上言利之臣也。

汉武一朝财计，争执最大者，为盐铁之专卖。其后昭帝始元六年，诏举郡国贤良文学士，问以民所疾苦。贤良文学首请废盐铁，谓："县官鼓铸铁器，大抵多为大器，务应员程，不给民用。民用钝弊，割草不痛。是以农夫作剧，得获者少。"又曰："盐铁贾贵，百姓不便。贫民或木耕手耨，土耰啖食。"此或当时之实情。然其议论亦未全是。当时御史大夫桑弘羊力主盐铁不可废。其言曰：

> 山海之利，广泽之畜，天下之藏也，皆宜属少府。陛下不私，以属大司农，以佐助百姓。浮食豪民，好欲擅山海之货以致富业，役利细民，故沮事议者众。往者豪强大家，得管山海之利，采铁石鼓铸、煮盐，一家聚众或至千余人，大抵尽收放流人民也。远去乡里，弃坟墓，依倚大家，聚深山穷泽

之中，成奸伪之业，遂朋党之权；其轻为非亦大矣。

（《盐铁论·复古篇》。）

盖盐铁之业易启兼并，自兼并而生游侠，为朋党奸非，事皆相因。盐铁绾于上，则兼并之端塞，党徒无由聚，奸非无由作，游侠无由生。以政策言之，亦未为甚缪。盐铁既笼于官，铜亦一例。此即贾生"上收铜勿令布"之说。汉民盗铸金钱，其先极盛，汉武后而衰，亦由山海之利专于上，故民无得而觊耳。此事则毋宁谓之有利者。其后贡禹言：

> 汉家铸钱，及诸铁官皆置吏卒徒，攻山取铜铁，一岁功十万人以上。中农食七人，是七十万人常受其饥也。

因激而主张废钱。然钱固不可废，盐铁尤民间所日需。朝廷若不为设官，民间仍竞相采铸。此一岁十万人之功，终不可省。而徒以资兼并之豪，亦复何为！贤良文学议主废盐铁者，并主不禁刀币，听民放铸，是不明本末之变，不知利害之实也。

均输亦桑弘羊理财大计。史称"民不益赋而天下用足"，虽词含讥刺，亦是其时实况。据汉制，天子私业若是其大，工官、服官、饮膳、舆马若是其费，不论于政府之公用矣。设均输官以总其汇，亦不失为经济之道。郡国各就其物贡献，而官自为委输，未必遽虐民。平心论之，盐铁、均输，虽为时议及后世舆论所反对；其实施之手续，亦容多流弊；要其立法本意，则未尝全无可取也。

卖爵一事，波及吏治，流弊亦甚。其他关系较少，无足深论矣。

故综观汉武一朝之财政，论其立法定制之意，皆不必全可非。盖其可议者不在此，而在武帝之轻用其财，不甚知惜耳。

今考汉室国家财政，惟恃田租、算赋及更赋三大端。平时费用，言其大者，约有六项：

一、在京官吏之俸禄。（少府、水衡在外。）

二、天地、山川、宗庙之祭祀。（掌于太常。）

三、宫殿、苑囿、园陵及其他官用营造物之建筑。（掌于将作大匠。）

四、京师驻屯南北军之饷需。（南军统于卫尉，北军统于执金吾。）

五、军用车、马、兵器之费。（车马掌于太仆，兵器制自郡国工官。）

六、京师诸官厅之事务费。（少府、水衡在外。）

其间大者则为吏禄与军费。高、惠、文、景以来，恭俭相承，国用常裕。然遇国家有事，田租、算赋、更赋三者皆

秦汉史

有常额，难以骤增，其势固已不便。而市税、矿山、海盐、渔业诸收入皆归少府，别为天子之私奉养，不入国家之公库。方天下初定，民生未复，凡此诸端，所入甚微。及社会经济复苏，工商诸业发展欣欣向上，超越农耕之前，而天子之私入亦相因而激增。此其导奖奢风，有不期然而然者。其最先之现象，则为工商资产阶级之崛起，而开社会兼并之端。继之则为诸侯王之相竞于奢僭。盖诸侯王亦自有封邑，自有私奉养，同于天子。工商资产阶级发展，间接即为封君私奉之激增。至以侯王封君而自营矿山海盐之业，凭高藉贵，独专利孔，其势尤便。此事亦由汉制公私财政划分，故在上者每以不加田租或减收豁免博民间之美誉，而实际则亲为商人之兼并。及其无限度，遂成为政治上一难治之问题。此在文、景时已极显著。贾、晁、董生深识之士，皆能言之。故汉政之所急，尚不在边寇，尚不在列侯诸王之变乱，而在社会经济不均所造成种种之病态也。武帝即位，内则七国之乱已平，中央一统，而府库充溢，积财导变。实际不啻以汉天子而代往者淮南、梁、赵、吴、楚之地位。武帝席丰履厚，肆其雄志，凡所为兴礼乐、造太平者，其实皆步往者列侯诸王骄奢相纵之后尘，而益甚焉者。盖社会小民，以工商兼并置资产而骄纵。其风气渐染而上，初则中于列侯诸王，终则感及天子帝室也。其扬武威于四裔，实亦犹如诸王之叛变朝廷耳。盖财货之力内充，则必生心向外；事有相因，无足怪者。及其帑藏既竭，乃不得不多方张罗，至于榷盐铁，设均输，其实亦犹往者列侯诸王之即山海而鼓煮以自为兼并耳。其分少府收入以济大农、县官之急，为当时群臣所推誉者，以前诸侯王在其国内亦复如是。盖天子私入日巨，国家公费日绌，其势亦不得不相为挹注也。凡武帝之所以轻用其财，若不甚惜，又轻取之于民，若不甚惭者，盖彼视田租、算赋以外，本为帝室私产，自可惟我挥霍。又彼时视民间生业，自耕织力田外，皆为奸利。帝王尚破家以济国，小民为奸利，自当督其分财以佐公也。凡此皆当时财政制度之荦荦大者，皆与当时社会情况、时代心理有关，所不得轻以后人之见绳前人也。故汉武一朝之治，浅言之，若一变高、惠、文、景以来所相守恭俭无为之旧步，而奋然有所造作；深言之，则自秦政解纽，汉高以平民为天子，萧、曹以布衣为卿相，古昔贵族世袭之局面，既破坏无余遗；而社会下层别起一经济阶级之新流，其流逐步上涨，自工商兼并而及列侯诸王，再及于中央政府，无形中皆受其鼓荡，皆受其感染。武帝一朝之政治，苟引而与吴王濞、淮南厉王长、梁孝王武、淮南王安等一线视之，则转若脉络相承，不见有所谓大变也。而此诸王之就封邑而建国，其先实亦类似一大资产家室，余所谓兼"商人"与"游侠"而两有之者。其一切政治措施，固非尽本之于历史教训与经验积累，实乃一新兴资产阶级之特殊变相耳。故汉初高、惠、文、景之治，乃真所以代表社会下层一种俭约恭谨之平民，

秦汉史

诚有以易夫古者贵族世袭之传统。而武帝则代表平民社会中一种骄奢纵肆之资产阶级，遂以渐成此后之新统也。由此言之，汉武虽雄才大略，亦自飘转于时代潮流之鼓荡中，而有其所不自知。凡其措施之为功为罪，胥可本是而观也。

第五章　昭宣以后之儒术

第一节　汉之中兴

汉自武帝时而跻于极盛，其最著者厥为武功。其所辟疆土，视高、惠、文、景时几至一倍。（参读赵翼《廿二史劄记》"《武帝纪》赞不言武功"条。）然其间用力最大者，则为匈奴与西域。匈奴于武帝时虽屡败，然固未屈服。至宣帝甘露二年，匈奴内乱，五单于争立，呼韩邪始款五原塞，（今绥远五原县。）明年入朝。郅支单于远避康居，及元帝建昭三年，为西域都护甘延寿、副都护陈汤所杀，传首京师；而匈奴遂终不为西汉患。西域大定，其事亦在武帝后。自李广利破大宛，敦煌西至盐泽，（即罗布淖尔。）往往起亭；而轮台（今新疆轮台县。）、渠黎（轮台东。），皆有田卒数百人，置使者、校尉、领护，以给外国使者。然匈奴犹常与中国争西域，西域亦畏匈奴甚于中国。及宣帝地节三年，侍郎郑吉破车师，屯田其地，护南道。及神爵二年，匈奴内乱，日逐王降汉，郑吉遂并护车师以西北道，始置都护，立幕府，治乌垒城，（今库车东南。）而汉之号令遂班于西域。其间汉使之立功绝域，颇多足记。盖：

其时奉使者，亦皆有胆决策略，往往以单车使者斩名王、定属国于万里之外。如傅介子使大宛，还，知匈奴使者在龟兹，即率其从人诛匈奴使者，龟兹遂服。（按：事在昭帝元凤四年前。）霍光以楼兰王尝遮杀汉使，遣介子赍金币，扬言赏赐外国。楼兰不甚亲附，介子引去，谓译者曰："汉有重赐而王不来受，我去之西国矣。"王贪汉物，果来见。介子与饮酒，酣，引入账后，二壮士杀之。左右皆乱。介子谕以："王负汉罪，天子遣我诛之。汉兵方至，毋敢动，动则灭国矣。"遂持其首归。（按：事在元凤四年。）关都尉文忠送罽宾使还其国，国王欲害忠，忠与容屈王子阴末赴合谋攻杀王，立阴末赴而还。（按：其事在元帝前，何年不可考。）小昆弥末振将杀大昆弥雌栗靡，有翎侯杀末振将。汉恨不自诛之，使段会宗往。会宗以三十弩至其国，召其太子番丘至，手刃之。官属惊乱。会宗谕以来诛之意，乃散去。（按：其事在成帝元延二年。）此皆以单使立奇功者也。又有擅发属国兵而定乱者。汉公主嫁乌孙，为匈奴所攻，上书请救。汉使常惠往护其兵。入右谷蠡王地，获名王都尉以下四万级，马牛羊七十余万。（按：其事在宣帝本始二年。）杅弥太子赖丹为汉校尉，屯田轮台，龟兹贵人姑翼嗛其王杀赖丹。常惠自乌孙还，以便宜发诸国兵攻龟兹。龟兹出姑翼送惠斩之。（按：事在宣帝地节元年。）郅支单于杀汉使谷吉，夺康居地。汉使三辈求谷吉死状，皆被辱。都护甘延寿及副陈汤谋："夷狄畏服大种，今留郅支，必为西域患。"乃发屯田兵及乌孙诸国兵攻单于城，破之。郅支被创死。斩其头，并斩阏氏以下千五百级。（按：事在元帝建昭三年。）莎车杀汉所置莎车王万年，并杀汉使奚充国，以其属属匈奴。适冯奉世送大宛使者至伊修城，以为："不急击之，则莎车日强，必为西域患。"乃以节发诸国兵万五千人拔其城。莎车王自杀，传首长安。（按：事在宣帝地节三四年。）此又以一使者用便宜调发诸国兵以靖反侧者也。可见汉之威力行于绝域，奉使者亦皆非常之才，故万里折冲，无不如志。其后楚主侍者冯嫽，随公主嫁乌孙，常持汉节，为公主行赏，城郭诸国，咸敬信之，号曰冯夫人。都护郑吉遂使冯夫人说乌就屠来降。（按：此事在宣帝甘露元年。）则不惟朝臣出使者能立功，即女子在外，亦仗国威以辑夷情矣。（赵翼《廿二史劄记》"汉使立功绝域"条。）

是汉武武功，实至昭、宣以后始得遂成也。且汉武穷兵黩武，敝中国以事四夷，计其所得，若不偿于所失；至其晚节，衰象暴露，几于不可为继。故宣帝时议立庙乐，夏侯胜已有"武帝多杀士卒，竭民财力，天下虚耗"之语。今析而观之，其最著者，厥为人户之耗亡。史称：

> 孝昭承奢侈余敝，师旅之后，海内虚耗，户口减半。霍光知时务之要，轻繇薄赋，与民休息。至始元、元凤之间，匈奴和亲，百姓充实。(《昭帝纪》赞。)

其次则财计之竭蹶。史称：

> 武帝末，悔征伐之事，封丞相为富民侯。下诏曰："方今之务，在于力农。"至昭帝时，流民稍还，田野益辟，颇有畜积。宣帝即位，用吏多选贤良，百姓安土，岁数丰穰，谷至石五钱。(《食货志上》。)

盖民间生计之复苏，皆自昭、宣时得其转机。当武帝晚节，财用既竭，罗掘未已，铤而走险，盗贼弥山。而吏道既杂，酷刑滥施。史称武帝时：

> 杜周为廷尉，诏狱益多。二千石系者新故相因，

不减百余人。郡吏大府举之廷尉，（此言公府及郡国之狱，皆由廷尉鞫治也。）一岁至千余章。章大者连逮证案数百，小者数十人；远者数千里，近者数百里。会狱，吏因责如章告劾，不服，以掠笞定之。于是闻有逮证，皆亡匿。狱久者至更数赦十余岁而相告言，大抵尽诋以不道，以上廷尉及中都官，诏狱逮至六七万人，吏所增加十有余万。（《杜周传》。）

可见当日刑狱之滥矣。而

吏民益轻犯法，盗贼滋起。南阳有梅免、百政，楚有段中、杜少，齐有徐勃，燕赵之间有坚卢、范主之属。大群至数千人，擅自号，攻城邑，取库兵，释死罪，缚辱郡守、都尉，杀二千石，为檄告县，趣具食。小群以百数，掠卤乡里者，不可称数。于是上始使御史中丞、丞相长史使督之，犹弗能禁。乃使光禄大夫范昆、诸部都尉及故九卿张德等，衣绣衣，持节，虎符，发兵以兴击，斩首大部或至万余级；及以法诛通行饮食，坐相连郡，甚者数千人。数岁，乃颇得其渠率。散卒失亡，复聚党阻山川，往往而群。无可奈何，于是作沈命法，曰："群盗起不发觉，发觉而弗捕满品者，二千石以下至小吏，主者皆死。"其后小吏畏诛，虽有盗，弗敢发，恐不

能得，坐课累府；府亦使不言。故盗贼浸多，上下
相为匿，以避文法。(《酷吏传》。)

当时天下之骚扰有如此。故文帝时断狱四百，有刑措之风；
(《刑法志》。)而武帝时则天下断狱万数。(《贾捐之传》。又《食
货志》。)张汤、赵禹之属定律令，多至三百五十九章。大辟
四百九条，千八百八十二事。死罪决事比万三千四百七十二
事。典者不能遍睹，因缘为奸，所欲活则傅生议，所欲陷则
予死比。及宣帝时，路温舒上疏，谓："秦有十失，其一尚存，
治狱之吏是也。"(《刑法志》。)武帝务兴太平，建礼乐，而其果
则陷于衰乱而尚刑法如是。故汉武一朝，自其外面观之，确
为西汉一代之全盛；而就其内情论之，亦实可谓是汉室之中
衰也。

及至昭帝，始元、元凤之间，百姓益富。而宣帝兴于间
阎，知民事之艰难，常称曰："庶民所以安其田里，而无叹息
愁恨之心者，政平讼理也。与我共此者，其惟良二千石乎！"
以为太守吏民之本，数变易则民不安。故二千石有治理效，
辄玺书勉励，增秩赐金，或爵至关内侯。公卿缺，则选诸所
表，以次用之。故汉世良吏，于是为盛，称中兴焉。(《循吏
传》。)

其时如：

王成为胶东相，劳来不怠，流民自占八万余口。

赐爵关内侯，秩中二千石。

　　黄霸为颍川守，户口岁增，治为天下第一，征守京兆尹。

　　召信臣为南阳守，躬劝耕农，百姓归之，户口增倍。（均见《循吏传》。）

其所以息狱讼，繁生业，与民休养，盖不啻于文、景。而昭、宣、元、成之治，复有与文、景异者，则文、景惟尚无为，而昭、宣以下则儒术大兴，其意义亦与黄老"清静使民自化"之旨殊也。

　　史称：

　　　武帝罢黜百家，表章六经，兴太学，修郊祀，改正朔，定历数，协音律，作诗乐，建封禅，礼百神，绍周后，号令文章，焕焉可述。后嗣得遵洪业，有三代之风。（《武纪》赞。）

此言武帝之文事也。然其后如贡禹、韦玄成、匡衡、谷永诸儒，于武帝一朝礼乐措施，亦群致不满，屡建兴革之议。故即武帝一朝文治，实亦不为后嗣所遵。武帝特为辞赋文学浮夸所中，援儒术以为饰耳。昭、宣、元、成以后，则儒家稽古益密，乃始以儒术矫抑往者文学浮夸之病，而汉代之复古运动更进一步。推至于极，遂成王莽之改制。今略叙其风气迁转之大概如下。

第二节　儒术与吏治

汉廷用儒术，其先盖与吏治相援。如公孙弘习文法吏事，缘饰以儒术，为汉武丞相。兒宽为廷尉奏谳掾，以古法义决疑狱，遂见重。以议封禅贡谀，为汉武御史大夫。(《宽传》：梁相褚大通五经，为博士时，宽为弟子。及御史大夫缺，征褚大，大自以为得御史大夫。至洛阳，闻宽为之。褚大笑。及至与宽议封禅于上前，大不能及，退而服，曰：'上诚知人。'"大号为老儒，所见如此，亦可见当时一辈儒生之见解也。)张汤为廷尉，决大狱，欲傅古义，乃请博士弟子治《尚书》《春秋》补廷尉史，平亭疑法。武帝又使董仲舒弟子吕步舒治淮南狱，以《春秋》谊颛断于外，不报，天子皆以为是。(见《史记·儒林传》，及《汉书·五行志》。)汉武一朝之用儒术者率如此。即昭、宣以下，儒术所以见尊，亦自吏事。昭帝时，始元五年，有一男子自称卫太子。举朝莫敢发言，京兆尹隽不疑至，即令缚之。或以为是非未可知，不疑曰："昔蒯聩违命出奔，辄拒不纳，《春秋》是之。卫太子得罪先帝，已为罪人矣。"帝及霍光闻之，曰："公卿当用经术，明于大义。"由是不疑名声重于朝廷，在位者皆自以为不及。宣帝时，黄霸为京兆尹，视事数月，不称。张敞继之。敞治《春秋》，以经术自辅其政，颇杂儒雅；以此能自全，得久任。朝廷每有大议，引古今，处便宜，公卿皆服。五凤中，匈奴内乱，议者遂欲举兵灭之。萧望之为御史大夫，对，引《春秋》士匄侵齐，闻齐侯卒，引师还，君子大其不伐丧。谓："宜遣使者吊问，则四夷闻之，咸贵中国之仁义。"宣帝从之。呼韩邪卒内属。此等皆援引古义，卓然有以自见。其后汉廷议政论事，往往攀援经义以自坚，而经术遂益为朝廷所重。朴属不学者无以伸其意。而公卿彬彬，多向文学矣。

又考《儒林传》，武帝元朔五年，公孙弘请为博士官置弟子五十人，复其身。"太常择民年十八以上，仪状端正者，补博士弟子。郡国县官有好文学、敬长上、肃政教、顺乡里，出入不悖所闻，令相长丞上属所二千石。二千石谨察可者，常与计偕，诣太常，得受业如弟子。一岁皆辄课，能通一艺以上，补文学掌故缺。其高第，可以为郎中者，太常籍奏。即有秀才异等，辄以名闻。"又以"诏书律令下者，文章尔雅，训辞深厚，小吏浅闻，弗能究宣，无以明布谕下。"请迁文学掌故补卒史。又曰："武帝立五经博士，开弟子员，设科射策，劝以官禄，自是而传业者浸盛。"武帝又令天下郡国皆立学校官。（《文翁传》。）然当武帝时，朝廷儒者实犹未盛。丞相自公孙弘以后，如李蔡（李广从弟，击匈奴得侯。）、庄青翟（祖不识，从高祖为骑将得侯。）、赵周（父夷吾，以楚太傅，王戊反不听，死事。子侯。）、石庆（石奋子，奋亦从高祖起。）、公孙贺（以骑士立军功封侯。）、刘屈氂（汉宗室，不知始所以进。）、车千秋（为高寝郎，上变言卫太子冤，得邀上知。）；御史大夫自儿宽以下，如延广、王卿、杜周（为南阳太守义纵爪牙，治狱严酷见知。）、暴胜之（以光禄大夫出为直指使者。)、商丘成、桑弘羊（洛阳贾人子，以心计，年十三侍中，用言利进。)；其人或不详始末，就其可知者，则皆非儒生经术之士也。又入财粟得补郎吏，郎吏之选大杂。所谓："富者以财贾官，勇者以死射功。戏车鼎跃，咸出补吏。累功积日，或至卿相。"（见《盐铁论·除狭》。）盖汉武一朝，其先多用文学浮夸士，其后则言财利、峻刑酷法者当事。儒生惟公孙弘、兒宽，俯仰取容而已。

自昭、宣以下，而汉廷公卿，一异于昔。今仍举丞相、御史大夫两职以概其余。昭帝时，为相者有王䜣（以郡县吏积功。)、杨敞（给事大将军幕府，为军司马。)、蔡义（以明经给事大将军幕府，后为博士。)。宣帝时，有韦贤（以《诗》教授称大儒，征为博士。)、魏相（少学《易》，为郡卒史，举贤良，以对策高第为茂陵令。)、丙吉（治律令，为鲁狱吏。)、黄霸（少学律令，入财得官。)、于定国（少学法，为狱吏。)。元帝时，有韦玄成（以父任为郎，以明经擢为谏大夫。)、匡衡（射策甲科，以不应令除太常掌故，调补平原文学。)。成帝时，有王商（外戚。)、张禹（为郡文学。)、薛宣（少为廷尉书佐，都船狱史。)、翟方进（以射策甲科为郎。)孔光（以明经举议郎，又举博士。)。哀帝时，有朱博（少时给事县为亭长，稍迁功曹。)、平当（少为大行治礼丞，功次补大鸿胪文学。)、王嘉（以射策甲科为郎。)、孔光（见前。)、马宫（以射策甲科为郎。)。盖自宣帝以下，儒者渐当路。至于元、成、哀三朝，为相者皆一时大儒。其不通经术为相者，如薛宣，以经术浅见轻，卒策免。朱博以武吏得犯自杀。盖非经术士，即不得安其高位。至御史大夫，大率多升而为丞相。其未得为相者，宣帝时如萧望之（以令诣太常受业，射策甲科为郎，免归为郡史。）。元帝时如贡禹（以明经征为博士。）、薛广德（以《诗》教授，萧望之为御史大夫，除为属。）、郑弘（以明经为太守。）。成帝时如何武（以射策甲科为郎。）、师丹（治《诗》，事匡衡，举孝廉为郎，后为博士。）、彭宣（治《易》，事张禹，举为博士。）。亦皆名儒。

今反观汉初，自高帝时萧何为相，孝惠、高后时，曹参、王陵、陈平、审食其；孝文时，周勃、灌婴、张苍、申徒嘉；皆起军旅，与高祖共争天下者。孝景时，陶青（陶舍子。）、周亚夫（周勃子。）、刘舍（刘襄子。），皆以功臣子嗣侯。其先世，亦皆从高祖争天下有功者也。又卫绾以戏车为郎，事文帝。景帝时，以从击吴楚得侯，遂为相。孝武初政，相窦婴，以外戚击吴楚得侯。许昌，其祖许盎（《史记》作温。），从高祖封侯。田蚡以外戚。薛泽，其祖薛欧，从高祖封侯。以至于公孙弘。则自弘以前为相者，大率皆从高祖争天下之功臣，否则其子孙嗣侯。以外戚为相，惟田蚡一人，亦先封侯。其以儒术进，为相乃封侯，则自公孙弘始也。至于公孙弘以后为相者，汉武一朝，仍不出往者军功得侯或嗣封之例。即观汉廷大臣出身一途之变，已可见昭、宣以后，其为治远与前别。

且昭、宣以下，不仅丞相、御史大夫重职，乃为儒生也；即庶僚下位，亦多名儒。而其出身则往往从郎吏始。如：

隽不疑，治《春秋》，为郡文学，后位至京兆尹。

疏广，明《春秋》，家居教授，征为博士。后位至太子太傅。

王吉，少好学明经，以郡吏举孝廉为郎，后征为博士。

龚胜，少好学明经，为郡吏，后位至光禄大夫。

鲍宣，好学明经，为县乡啬夫，官至司隶。

眭弘，从嬴公受《春秋》，以明经为议郎，至符节令。

夏侯始昌，通五经，武帝选为昌邑王太傅。

夏侯胜，从始昌受《尚书》，征为博士。官至太子太傅。

京房，治《易》，以孝廉为郎，后出为太守。

翼奉，治《齐诗》，惇学不仕，征待诏宦者署。后为博士、谏大夫。

李寻，治《尚书》，丞相翟方进除为吏。后为黄门侍郎。

韩延寿，少为郡文学，官至左冯翊。

王尊，事师郡文学官，治《尚书》《论语》，为郡决曹史，后官京兆尹。

王章，少以文学为官，后为京兆尹。

盖宽饶、诸葛丰，均以明经为郡文学，后均官至司隶校尉。

孙宝，以明经为郡吏，官至大司农。

谷永，少为长安小吏，后博学经书，御史大夫繁延寿除补属，后官至大司农。

袭遂，以明经为官，至昌邑郎中令，后官至水衡都尉。

召信臣，以明经甲科为郎，官至少府。

梅福，为郡文学，补南昌尉。

凡此所举，皆汉名臣。论其出身，大率自经学历郎吏。较之汉初廷臣皆不学，又多以军功嗣侯跻高位者，迥乎不同。

又其时大官相率延致名流以为掾属。如：

御史大夫贡禹除诸葛丰为属，张忠辟孙宝，魏相除萧望之为属，大司马王商辟鲍宣，荐为议郎，大司空何武除宣西曹掾；此以德行志节举者也。御史大夫萧望之除薛广德为属，大司马史高辟匡衡为议曹史，丞相翟方进除李寻为史，大司马王根奏房凤补长史；王商位特进，得举吏，除杜邺主簿；此以经学举者也。张汤为宁成掾，以无害言大府，丞相武安侯召汤为史，荐补侍御史；中尉汤召兒宽为掾，廷尉光请路温舒为奏曹掾；此以文法举者也。大将军凤请王尊补军中司马，此以才略举者也。（王应麟《玉海·汉制篇》。）

秦汉史

今考大臣敬礼名贤之风，盖始自公孙弘为相，自以起家徒步，于是起客馆，开东阁，以延贤人，与参谋议。《西京杂记》谓弘有钦贤馆，以待大贤。次曰翘材馆，以待大才。次曰接士馆，以待国士。然其后李蔡、庄青翟、赵周、石庆、公孙贺、刘屈氂，继踵为相。自蔡至庆，丞相府客馆，丘虚而已。至贺、屈氂时，坏以为马厩、车库、奴婢室。(《弘传》。)是其时朝廷大臣礼贤之意，仍不能申，盖可想。则大臣辟举名贤之风，亦自昭、宣后始盛也。

往者董仲舒有言："长吏多出于郎中、中郎、吏二千石子弟，选郎吏又以富赀，未必贤。"汉自文、景以来，虽称郅治，然其郡县长吏，大率自郎出补；而郎选则以朝臣子弟及富赀二者为主，固不能得贤才。武帝时，吏道既杂，吏治益坏。史称杜周迁御史大夫，两子隔河为太守。始周为廷史，有一马；至是家赀累巨万。(《周传》。)丞相长史田仁上书，言："天下郡太守，多为奸利，三河尤甚。皆内倚中贵人，与三公有亲属，无所畏惮。宜先正三河以警天下奸吏。"是时河南、河内太守，杜周子弟；河东太守，石庆子孙。上使仁刺三河太守，皆下吏。(褚先生补《史记·田叔列传》。)举此一例，可概其余。及昭、宣以后，儒术既盛，吏治亦重，一时贤士多出吏道。诚如后儒所谓：

自曹掾书史，驭吏亭长，门干街卒，游徼啬夫，
尽儒生学士为之。才试于事，情见于物，则贤不肖
较然。故遭事不惑则知其智，犯难不避则知其节，
临财不私则知其廉，应对不疑则知其辩。如此则察
举易而贤公卿大夫自此出。（刘敞《送焦千之序》，见《文
献通考·选举八》引。）

而当时本儒术，厉治化，修教令，如韩延寿、龚遂、召信臣
之徒，其为郡太守，皆确有治绩，非文、景以来徒守恭俭无
为之故步矣。（《汉书·循吏传》凡六人，一文翁在景帝末，他五人皆宣
帝世。王成、朱邑不言通习何经，然《张山拊传》谷永疏朱邑、尹翁归并称，
则朱、王盖亦儒者。）凡此皆汉昭、宣以后儒术、吏治相引为长之
大概也。

第三节　博士之增立

一　石渠阁议奏

汉自宣、元以后，儒术日盛，其征又可见之于朝廷博士
之增设。《儒林传》赞云：

自武帝立五经博士，初《书》惟有欧阳、《礼》
后、《易》杨（沈钦韩云："《易》杨为《易》田之讹"。）、《春

秋》公羊而已。至孝宣世，复立大、小夏侯《尚书》，大、小戴《礼》，施、孟、梁丘《易》，《穀梁春秋》。至元帝世，复立京氏《易》。平帝时，又立《左氏春秋》《毛诗》《逸礼》《古文尚书》。所以网罗遗失，兼而存之，是在其中矣。

考孝宣增立博士，事在甘露三年。《宣纪》甘露三年：

> 诏诸儒讲五经同异。太子太傅萧望之等平奏其议，上亲称制临决焉。乃立梁丘《易》、大小夏侯《尚书》、《穀梁春秋》博士。

此所谓"石渠议奏"也。时与议者，据《儒林传》所载，有：

> 《易》家博士沛施雠（从田王孙受业。）、黄门郎东莱梁丘临（贺子，受业于施雠。）。
>
> 《书》家博士千乘欧阳地馀（高孙。）、博士济南林尊（欧阳高弟子。）、译官令齐周堪（事夏侯胜。）、博士扶风张山拊（事夏侯建。）、谒者陈留假仓（张山拊弟子。）。
>
> 《诗》家淮阳中尉鲁韦玄成（父贤，受《诗》于瑕丘江公及许生。）、博士山阳张长安（事博士王式。）、沛薛广德（亦事王式。）。
>
> 《礼》家梁戴圣（后苍弟子。）、太子舍人沛闻人通

汉（亦后苍弟子。）。

　　《公羊》家博士严彭祖（事眭孟。）、侍郎申輓、伊
推、宋显、许广。

　　《穀梁》家议郎汝南尹更始（事蔡千秋。）、待诏刘
向、梁周庆、丁姓，中郎王亥（《后汉·贾逵传》注作王
彦。）。

可考者凡二十二人。其议奏之见于《艺文志》者，有：

　　《书》四十二篇。
　　《礼》三十八篇。
　　《春秋》三十九篇。
　　《论语》十八篇。
　　《五经杂议》十八篇。

凡一百五十五篇。（《易》《诗》二经无议奏，疑因《易》家与议者惟施
氏，《诗》家惟《鲁诗》，并事王式，故无异同之对。又石渠议今并无存，惟
杜佑《通典》稍存其一二。）

　　今考汉廷立博士，虽分五经，而其先一经博士似不限于
一人。如欧阳地馀为欧阳高孙，林尊师事欧阳高，同为博士
议石渠，则欧阳《尚书》同时有两博士也。又如博士张山拊，
事小夏侯建。其与议石渠时，先已为博士。然汉廷增立大小
夏侯博士在石渠议后。则张山拊为博士时，犹未称小夏侯《尚

书》博士，仅为《尚书》博士耳。张山拊既不称小夏侯《尚书》博士，则欧阳地馀、林尊亦不称为欧阳《尚书》博士，亦仅称《尚书》博士可知。然则以《尚书》为博士者，实同时有三人也。又如张长安、薛广德皆事王式，皆为博士，议石渠。王式治《鲁诗》，是张、薛二人同以《鲁诗》同时为博士也。又王式征为博士，同时有江公，亦为博士，世为《鲁诗》宗，心嫉式；则江公、王式亦同时以《鲁诗》为博士。《史记·儒林传》："申公弟子为博士十余人，孔安国至临淮太守，周霸胶西内史，夏宽城阳内史，砀鲁赐东海太守，兰陵缪生长沙内史，徐偃胶西中尉，邹人阙门庆忌胶东内史。"所举凡七人，其他则缺。然此七人必有同时为博士者。史又言"其言《诗》虽殊，多本于申公"，则诸人治《诗》，虽同本申公，而亦自有殊也。又《儒林传》：石渠议后，"《穀梁》之学大盛，周庆、丁姓皆为博士"，似亦同时为博士者。则一经博士不限一人，似在石渠议后犹然也。

汉廷博士，初不限于一家立一博士，既如上说。而为博士者，亦不限于专治一经。如韦贤并通《礼》《尚书》，以《诗》教授，征为博士。（《本传》。）又韦贤治《诗》，事博士大江公及许生（《儒林传》）。而瑕丘江公受《穀梁春秋》及《诗》于鲁申公。韩婴为博士，传《诗》，然亦以《易》授人。后苍事夏侯始昌，始昌通五经，苍亦通《诗》《礼》，为博士。董仲舒以治《春秋》，孝景时为博士，然仲舒以通五经见称。又梁相褚大通五经，为博士时，兒宽为弟子。（见《兒宽传》。）此皆博士初不专治一经之证也。

汉初立博士，既不以一家一博士为限，而博士又不限于专治一经，则疑所谓"某家博士"之称，尽属后起。其先秦廷立博士，掌通古今，员多至数十人。（七十人。）汉初袭秦旧，决未尝以某家博士为号。及武帝初置五经博士，特罢黜以百家、传记为博士者，而博士之选始专以通五经为主，然亦非有某经博士之号也。如后苍通《诗》《礼》为博士，而于《诗》《礼》皆有著述，《艺文志》：

> 《诗》《齐后氏故》二十卷，《齐后氏传》
> 三十九卷。
>
> 《礼》《曲台后苍》九篇。（又《孝经·后氏说》一篇。）

是也。又其《诗》《礼》皆有传人，《萧望之传》："望之治《齐诗》，事同县（疑当作同郡。）后苍且十年，以令诣太常受业，复事同学博士白奇。"又《翼奉传》："奉治《齐诗》，与萧望之、匡衡同师。"此后苍《齐诗》之传也。又后苍礼学，授之沛闻人通汉子方，梁戴德、戴胜，沛庆普，此后苍《曲台礼》之传也。然则谓后苍通《诗》《礼》为博士者，其在当时，为《齐诗》博士欤？抑为《礼》博士欤？固难定矣。

又考《儒林传》：

> 汉兴，鲁高堂生传《士礼》十七篇，而鲁徐生

善为颂。（同容。）孝文时，徐生以颂为礼官大夫。（沈
钦韩云："博士、大夫，皆礼官也。"连徐生，故称礼官大夫，非真
有此官。）传子至孙延、襄。襄，其资性善为颂，不能
通经；延颇能，未善也。襄亦以颂为大夫，至广陵
内史。延及徐氏弟子公户满意、桓生（即刘歆所谓鲁国
桓公。）、单次，皆为礼官大夫。而瑕丘萧奋以《礼》
至淮阳太守。诸言《礼》为颂者由徐氏。孟卿，东
海人也，事萧奋，以授后苍、鲁间丘卿。仓说《礼》
数万言，号曰《后氏曲台记》。

则后苍以前，治礼者多善为礼容而不知经，其人率为礼官大
夫，不为博士。今考博士属奉常，景帝时更名太常，掌宗庙
礼仪。则大夫与博士同为礼官，同属太常也。又晁错、匡衡
皆为太常掌故，《索隐》：

　　《汉旧仪》云："太常博士弟子试射策，中甲科
　　补郎中，乙科补掌故。"

《儒林传》又谓：

　　治礼掌故，以文学礼义为官，迁留滞。

治礼亦礼官之类。是博士以下，尚有大夫、掌故诸目。而汉

廷自后苍以前，治礼者仅有礼官大夫，无博士。即以后苍言，其为博士，已在孝宣时。（《百官公卿表》，孝宣本始二年，博士后苍为少府。距武帝卒已十五年，距始立五经博士则六十四年也。）而《儒林传》详后苍事于《齐诗》之系。是则后苍虽通《礼经》，而以《齐诗》为博士；犹如江公虽通《穀梁》，而以《鲁诗》为博士也。则自后苍以前，无以《礼经》为博士者。孝武时虽云立五经博士，而《礼经》顾阙。故知其时所谓"五经博士"，乃一总名，以别于其前之博士。前之博士，掌通古今，不限五经，此则限以五经为博士也。而博士员数，亦不限于五员。有一经数博士者，如《鲁诗》，申公弟子为博士者十余人。有虽列五经而并无博士者，如《礼》。有一博士而兼通数经者，如上举申公、董仲舒、瑕丘江公、韩婴、褚大，皆是也。

又如：

《史记·儒林传》："丞相御史言：'谨与博士平等议。'"（武帝元朔五年。）

《史记·三王世家》："臣谨与谏大夫博士臣安等议。"又曰："臣谨与谏大夫博士臣庆等议。"又曰："博士臣将行等曰。"（元狩六年。）

《汉书·武帝纪》："元鼎三年夏，大水。秋九月，诏遣博士中等分巡行。"

《史记·酷吏传》："匈奴请和亲，群臣议上前，博士狄山曰：'和亲便。'"（山为博士，在张汤为御史大夫时。汤以元狩三年为御史大夫，元鼎二年自杀。）

《汉书·霍光传》："臣敞等谨与博士臣霸（孔霸。）、臣隽舍、臣德、臣虞舍、臣射、臣苍（后苍。）议。"（昭帝元平元年。）

以上所举诸博士，皆不详其业之授受，并不知其为何经博士。要之汉武以来，博士员数颇盛；虽或无往者七十之数，然并不分经各立，限五经立五博士，或总五经诸家各立一博士也。

又武帝元朔五年，公孙弘请为博士官置弟子五十人，谓：

一岁皆辄课，能通一艺以上，补文学掌故缺。

（文学掌故秩在百石下。兒宽以文学掌故补文学卒史，具秩百石，可证。）

然则即博士弟子亦不仅限通一艺矣。故知汉初以来，虽承秦人焚书之后，能通一经之士已不多觏，然初未有专经之限也。惟自博士官既置弟子，则博士教授亦自渐趋分经专门之途，此则断可知尔。

二　博士家法之兴起

今考汉博士经学，分经分家而言师法，其事皆起昭、宣之后。据《儒林传》：

"由是《易》有施、孟、梁丘之学。"

其事在田王孙后。田王孙为汉武时博士，其先《易》未分也。

"由是施家有张（禹）、彭（宣）之学。孟家有翟（牧）、白（光）之学。梁丘有士孙（张）、邓（彭祖）、衡（咸）之学。"

是《易》三家各有分派，其事更在后。

"由是《易》有京氏之学。"

京房师焦延寿，延寿尝从孟喜问《易》。房以延寿《易》即孟氏学，而翟牧、白生不肯认。而京氏《易》立博士，尚在京房后。

"由是《易》有高氏学。"

高、费皆未尝立学官。费直传王璜，高相传毋将永，费、高二人同时，皆当在成帝后。
是《易》学分家尽属后起之证也。

"由是《尚书》有欧阳氏学。"

欧阳氏世传《尚书》，其成家应在欧阳地馀时，即宣帝时也。又云："欧阳、大小夏侯氏学，皆出于兒宽。"是兒宽以前，《尚书》不分派之证也。

"由是欧阳有平（当）、陈（翁生）之学。"

平、陈皆林尊弟子，林尊与地馀同时。

"由是《尚书》有大小夏侯之学。"

大夏侯胜受《尚书》于夏侯始昌，又事蕳卿，蕳卿乃兒宽门人。胜传从兄子建。则《尚书》大小夏侯分家，亦在兒宽后。

"由是大夏侯有孔（霸）、许（商）之学。小夏侯有郑（宽中）、张（无故）、秦（恭）、假（仓）、李氏（寻）之学。"

此尤在后也。
是《尚书》分家亦属后起之证也。

"由是《鲁诗》有韦氏学。"

韦贤治《诗》，事瑕丘江公及许生，传子玄成。玄成及兄子赏，以《诗》授哀帝，乃称韦氏学。
此《诗》韦氏学晚起之证也。

"由是《鲁诗》有张（长安）、唐（长宾）、褚氏（少孙）之学。"

三人皆王式弟子。王式为博士在宣帝时。三人皆为博士，遂分派别。

"由是张家有许氏（晏）学。"

其起更在后。
此《鲁诗》分派尽晚起之证也。

"由是《齐诗》有翼（奉）、匡（衡）、师（丹）、伏（理）之学。"

翼、匡皆后苍弟子，师、伏则又匡之弟子矣。
此《齐诗》分派更晚起之证也。

"由是《韩诗》有王（吉）、食（子公）、长孙（顺）
之学。"

王吉、食子公为博士，在宣帝时。长孙顺受《诗》于王
吉。皆晚起。
此《韩诗》分派亦晚起之证也。
窃疑《诗》分齐、鲁、韩三家，其说亦后起，在初固无
此分别。故司马迁为《史记》，尚无《齐诗》《鲁诗》《韩诗》
之名。惟曰：

自是之后，齐言《诗》，皆本辕固生。诸齐人以
《诗》显贵，皆固之弟子。

又曰：

韩生其言颇与齐、鲁间殊，然其归一也。而燕、
赵间言《诗》者由韩生。

此尚不明分为《齐诗》《鲁诗》《韩诗》之证也。至班氏《汉
书》，乃始确谓之《鲁诗》《齐诗》《韩诗》焉。是三家《诗》
之派分，亦属后起。是汉初最先立博士，固不限于经生；逮
后改置五经博士，亦不限一经一博士。如申公、辕固生、韩
生，皆曾为博士，皆以《诗》教授，申公、辕固生皆在文帝

时。当时尚无申公为《鲁诗》、辕固生为《齐诗》、韩生为《韩诗》之别也。此《诗经》分派晚起之说也。石渠议奏不及《诗》，是《诗》分三家疑且在石渠后矣。

> "由是《礼》有大戴（德）、小戴（胜）、庆氏（普）之学。"

三人皆后苍弟子。则《礼》学分派，亦起宣帝时。

> "由是大戴有徐氏（良）、小戴有桥（仁）、杨氏（荣）之学。"

尤在后。

此《礼》学分派后起之证也。

> "由是《公羊春秋》有颜（安乐）、严（彭祖）之学。"

二人俱事眭孟，眭孟事嬴公，嬴公事董仲舒。《公羊》分派，亦起宣帝时。

> "由是颜家有泠（丰）、任（公）之学，复有筦（路）、冥（都）之学。"

泠、任已后起，筦、冥益晚出。

此《公羊》分派晚起之证也。

　　"由是《榖梁春秋》有尹（更始）、胡（常）、申章
（昌）、房氏（凤）之学。"

此亦在宣帝后。

此《榖梁》分派晚起之证也。

凡《儒林传》所载"由是某经有某家之学"者，其事皆
晚出，具如上举。可证其先诸家说经虽有异同，未分派别，
不立家名也。刘歆云："至孝武皇帝，然后邹、鲁、梁、赵颇
有《诗》《礼》《春秋》先师，皆起于建元之间。当此之时，
一人不能独尽其经，或为《雅》，或为《颂》，相合而成。《泰
誓》后得，博士集而读之。"则其时之不容有派别家数审矣。
然又云当时经师不必专治一经者，由其时说经犹疏略，故或
谓不能独尽一经，或谓兼通五经也。

　　自汉武置五经博士，说经为利禄之途，于是说经者日众。
说经者日众，而经说益详密，而经之异说亦益歧。经之异说
益歧，乃不得不谋整齐以归一是。于是有宣帝甘露三年石渠
会诸儒论五经异同之举。其不能归一是者，乃于一经分数家，
各立博士。其意实欲永为定制，使此后说经者限于此诸家，
勿再生歧也。故曰：

> 诏诸儒讲五经同异，太子太傅萧望之等平奏其
> 议，上亲称制临决焉。乃立梁丘《易》、大小夏侯
> 《尚书》、穀梁《春秋》博士。（《儒林传》。）

使大臣平奏其异同，而汉帝称制临决，此即整齐归于一是，永不欲再有异说之意也。"乃立梁丘《易》、大小夏侯《尚书》、《穀梁春秋》"者，凡此诸异说，虽与朝廷博士说经不同，而亦自可存，故许其与朝廷博士说并存，亦增立为博士。夫然后言经义者，有"汉帝称制特许"之异说。如施博士说《易》以外有梁丘说、欧阳博士说《书》以外有大小夏侯说、公羊家说《春秋》以外有穀梁《春秋》说是也。此所谓"兼而存之，是在其中"矣。盖谓异说并存，其中必有一是也。此汉廷增立博士之用意也。当《穀梁春秋》未兴以前，汉人言《春秋》即指公羊，因公羊以外无别家。例此为推，未有大小夏侯，欧阳《尚书》只称《尚书》，无须别号欧阳。施《易》只称《易》，不必别目施《易》也。然则汉博士经说分家，起于石渠议奏之后，其事至显矣。

三　齐学与鲁学

然诸经说虽有歧异，为差不甚悬绝。其间惟公羊、穀梁两家说《春秋》，则差别甚大。石渠之议，本自平公、穀是非而起。《儒林传》载其事甚详，谓：

瑕丘江公受《穀梁春秋》及《诗》于鲁申公，传子至孙，为博士。武帝时，江公与董仲舒并。仲舒通五经，能持论，善属文。江公呐于口，上使与仲舒议，不如仲舒。而丞相公孙弘本为《公羊》学，比辑其议，卒用董生。于是上因尊《公羊》家，诏太子受《公羊春秋》。由是《公羊》大兴。太子既通，复私问《穀梁》而善之，其后浸微。惟鲁荣广王孙、皓星公二人受焉。广尽能传其《诗》《春秋》，高材敏捷，与《公羊》大师眭孟等论，数困之。故好学者颇复受《穀梁》。沛蔡千秋少君、梁周庆幼君、丁姓子孙皆从广受。千秋又事皓星公，为学最笃。宣帝即位，闻卫太子好《穀梁春秋》，以问丞相韦贤、长信少府夏侯胜及侍中乐陵侯史高，皆鲁人也；言穀梁子本鲁学，公羊氏乃齐学也，宜兴《穀梁》。时千秋为郎，召见，与《公羊》家并说。上善《穀梁》说，擢千秋为谏大夫给事中。后有过，左迁平陵令。复求能为《穀梁》者，莫及千秋。上愍其学且绝，乃以千秋为郎中户将，选郎十人从受。汝南尹更始翁君本自事千秋，能说矣，会千秋病死，征江公孙为博士。刘向以故谏大夫通达，待诏，受《穀梁》，欲令助之。江博士复死，乃征周庆、丁姓待诏保宫，使卒授十人。自元康中始讲，至甘露元年，积十余岁，皆明习。乃召五经名儒，太子太傅萧望之等，大议殿中，平《公羊》《穀梁》同异，各以经处是非。时《公羊》博士严彭祖、侍郎申輓、伊推、宋显，《穀梁》议郎尹更始、待诏刘向、周庆、丁姓，并论。《公羊》家多不见从，愿请内侍郎许广；使者亦并内《穀梁》家中郎王亥；各五人，议三十余事。望之等十一人，各以经谊对，多从《穀梁》。由是《穀梁》之学大盛，庆、姓皆为博士。

据此而观，则石渠议奏，其动机全在平处公羊、穀梁之异同也。而当时廷臣论公、穀异同，颇涉于齐学、鲁学之辨。考《穀梁》始传自鲁申公，瑕丘江公受之，兼通《鲁诗》与《穀梁》。是《穀梁》本与《鲁诗》相通也。《儒林传》称申公：

> 独以《诗》经为训故以教，无传，疑者则阙不传。

《史记·儒林传》重一"疑"字，惟毛本不重，与《汉书》文同。盖申公只有训故，不别为传。"无传"，对上"为训"为文。"阙不传"，对上"以教"为文。汉儒注经各守义例，故训、传说体裁不同。故训者，疏通其字义。传说者，征引于事实。"申公独以《诗》经为训故，无传"，谓申公只作"诗故"，不别作"诗传"也。云"独"者，以别齐、韩

《诗》之有故复有传也。申公之治《诗》，盖鲁学谨严之风然也。武帝初即位，申公弟子王臧、赵绾言其师于帝，召申公。至，见天子，天子问治乱之事；对曰："为治者不在多言，顾力行何如耳。"武帝内实好文词浮夸，见申公对，默然不悦。后臧、绾自杀，申公亦疾免以归。则申公为人如其学，亦纯谨一流也。申公虽弟子受业者百余人，为博士者十余人，然于朝廷大政殊不得志。《史记·封禅书》：

> 上为封禅祠器示群儒，群儒或曰："不与古同。"徐偃又曰："太常诸生行礼，不如鲁善。"周霸属图封禅事。于是上绌偃、霸，而尽罢诸儒不用。

徐偃、周霸皆申公弟子，亦谨守旧闻，不事阿合，遂以见斥；盖仍是申公纯谨遗风矣。武帝以封禅事问儿宽，宽逆探上意为对，遂称旨得亲幸，拜御史大夫。宽千乘人，治《尚书》，事欧阳生，又受业孔安国。其人有政治才，盖齐学恢宏之风也。齐学言《尚书》自伏生，其传为晁错，亦擅权用事。伏生《尚书大传》，特重《洪范》五行，为后儒言五行灾异之祖。齐学言《诗》自辕固生。韩婴燕人，亦治《诗》，燕、齐学风较近似。故班氏论之曰：

> 汉兴，鲁申公为《诗》训故，而齐辕固、燕韩生皆为之传。或取《春秋》，采杂说，咸非其本义。

与不得已，鲁最为近之。(《艺文志》。)

是齐学恢奇驳杂，与鲁学纯谨不同之验也。夏侯胜族父始昌，通五经，以《齐诗》《尚书》教授。明于阴阳，先言柏梁台灾日，至期日，果然。胜从受《尚书》及《洪范五行传》，谏昌邑王天阴不雨，臣下有谋上者。其学亦擅阴阳灾异，不失恢奇齐风也。董仲舒对策引《尚书·太誓》白鱼赤乌之论，以灾异言《公羊》，盖亦与齐学相通。江公受《鲁诗》《穀梁》于申公，然呐于口，议不如仲舒。则大抵治鲁学者，皆纯谨笃守师说，不能驰骋见奇，趋时求合，故常见抑也。至于治《易》者，施、孟、梁丘皆出于田何。何，齐人也。故诸家亦好言阴阳灾变，以推之于人事。惟费氏《易》较不言阴阳，较为纯谨。故汉之经学，自申公《鲁诗》《穀梁》而外，惟高堂生传《礼》，亦鲁学。其他如伏生《尚书》、如齐、韩《诗》、如《公羊春秋》，及诸家言《易》，大抵皆出齐学，莫弗以阴阳灾异推论时事，所谓"通经致用"者是也。汉人通经本以致用，所谓"以儒术缘饰吏治"者；而其议论则率本于阴阳及《春秋》。阴阳据自天意，《春秋》本诸人事。一尊天以争，一引古以争。非此不足以折服人主而自伸其说，非此亦不足以居高位而自安。故夏侯胜言之，曰：

士病不明经术。经术苟明，其取青紫，如俯拾地芥耳。学经不明，不如归耕。

　　　　　　　　　　　　　　　　　秦汉史

汉制，丞相、太尉皆金印紫绶，御史大夫银印青绶，此三府官之极崇者。士通经术，为三公如"俯拾地芥"，此乃汉宣以后儒术日隆之象，其前固不尔。然亦以通经术而能推之吏治，斯上有以钳帝王之口，下有以折卿大夫之舌，而确乎有其所持守。则天意之阴阳，与人事之褒贬，率于经术得之也。《穀梁》自瑕丘江公以下，迄于甘露石渠之议，为时亦数十年。其所以勉自赴于致用之途，以上邀天子之欢心者，其事亦略可推。故至于石渠一会，而终亦得立博士，与《公羊》并峙焉。今观其书，于周天子特致尊崇。如隐七年冬，"天王使凡伯来聘，戎伐凡伯于楚丘以归"。《左氏》《公羊》皆以戎为戎狄，而《穀梁》独以戎为卫国，谓："卫讨天子之使，故贬称戎。"隐九年春，"天王使南季来聘"。《左氏》《公羊》皆无传，《穀梁》独谓："聘诸侯，非正也。"此《穀梁》创说特尊王室，盖亦所以媚汉而争显。然则《公》《穀》异同，仍不外汉儒通经致用风气。而《穀梁》之为学，亦复与其先《鲁诗》专谨于训诂者异矣。虑其所谓"自元康中始讲，至甘露，积十余岁"者，必有非尽于往日申公所传之旧说也。

宣帝时既增立博士，又增博士弟子员数。初武帝时，弟子员五十人。昭帝时，增满百人。宣帝末，增倍之。并增博士秩，本四百石，至是为六百石。元帝好儒，能通一经者皆复。数年，以用度不足，更为设员千人。郡国置五经百石卒史。成帝末，或言孔子布衣，养徒三千人，今天子太学弟子少；于是增弟子员三千人。岁余复如故。凡此均见汉廷儒教之逐进而逐隆也。

第四节　昭宣以下之学风

汉代学术，迄于武帝时而汇集于中朝。其时也，学术界有三分野：一为儒生，一为方士，又一为文学辞赋家言。汉武之殁，学术随世运而变，而儒术遂一枝独秀。辞赋家言，其在诸王国，则为纵横煽动；其转而至中央，则为浮夸颂扬。社会中衰，人心已倦，而辞赋铺张，乃不复为时好所趋。汉宣中兴，亦欲追模武帝旧范，重招文学辞赋之士，集之内廷，而风气终不再盛。后有蜀人扬子云，方其居僻处陋，慕其乡先达司马相如之所为；及其亲赴朝廷，意兴转落，晚年自悔，谓"雕虫小技，壮夫不为"，下帘寂寂，草其《太玄》。自此以往，辞赋退处文学之一隅，乃不为政治动力所在。而方士益荒唐，更不为时流所重。其说惟附会于儒家言者始获留存，而其持论中心亦复变，则为儒家之言灾异。此汉武以后学术运变一大趋也。

一　汉儒论灾异

汉廷自武帝以后，儒术日隆，而朝廷论灾异者亦日盛。因汉儒经术，本杂方士阴阳家言，其所立说，固靡弗及灾异也。最先乃本之董仲舒。史云：

汉兴，承秦灭学之后，景、武之世，董仲舒治《公羊春秋》，始推阴阳，为儒者宗。(《五行志》。)

是也。其言皆本天文以推人事，谓有占验，每一变必验一事。历指将来，有昭然不爽者。举其著者如：

昌邑王为帝无道，数出微行，夏侯胜谏曰："久阴不雨，臣下有谋上者。"时霍光方与张安世谋废立，疑安世漏言，安世实未言。乃召问胜。胜对《洪范五行传》云："皇之不极，厥罚常阴，时则有下人谋上者。"光、安世大惊，以此益重经术士。(《胜传》。)

宣帝将祠昭帝庙，旄头剑落泥中，刃向乘舆，帝令梁丘贺筮之。云："有兵谋，不吉。"上乃还。果有任宣子章匿庙间，欲俟上至为逆，事发伏诛。贺以筮有应，由是近幸，为太中大夫。(《贺传》。)

京房以《易》六十四卦更直日用事，以风雨寒温为候，各有占验。永光、建昭间，西羌反，日蚀，又久青无光，阴雾不晴。房数上疏，先言其将然。近者或数月，远或一岁，无不屡中。天子悦之，数召见问。(《房传》。)

翼奉以成帝独亲异姓之臣，舅后之家，为阴气太盛。极阴生阳，恐反有火灾。未几，孝武园白鹤馆灾。奉自以为中。(《奉传》。)

凡此皆汉儒言灾异应验之著者。然言灾异，起于董仲舒。仲舒以辽东高庙、长陵高园殿灾，居家推说其意。主父偃私见其稿，窃而奏之。武帝召视诸儒，仲舒弟子吕步舒不知其师书，以为大愚。于是下仲舒吏，当死，诏赦之。仲舒遂不敢复言灾异。继仲舒言灾异者，亦多致刑祸。史言：

> 汉兴，推阴阳言灾异者，孝武时有董仲舒、夏侯始昌。昭宣则眭孟、夏侯胜。元成则京房、翼奉、刘向、谷永。哀平则李寻、田终术。此其纳说时君著明者也。察其所言，仿佛一端，假经设谊，依托象类，或不免乎"亿则屡中"。仲舒下吏，夏侯(胜)因执，眭孟诛戮，李寻流放，此学者之大戒也。京房区区，不量浅深，危言刺讥，构怨强臣，罪辜不旋踵，亦不密以失身。悲夫！(《李寻传》赞。)

且不仅言灾异者多罹罪辜，汉制且多以灾异策免三公者。盖灾异既为上天之谴告，三公居要职，自当负责也。

> 丙吉问牛喘，以为"三公调和阴阳，今方春，少阳用事，未可大热，恐牛因暑而喘，则时气失节，有所伤害"。魏相亦奏："臣备位宰相，阴阳未和，

灾害未息，咎在臣等。"（《本传》。）

此皆汉时三公以调和阴阳引为己职之例也。（按：汉初，陈平已有"宰相上佐天子，理阴阳、顺四时"之说，或系《史记》追述，非当时真实口气；或汉初虽有此语，然尚未认真，不以灾异为三公谴咎。）因而遇有灾异，遂有策免三公之制：

> 《徐防传》："防为太尉，与张禹参录尚书事，后以灾异寇贼策免。"三公以灾异策免，自防始也。然薛宣为丞相，成帝册曰："灾异数见，比岁不登，百姓饥馑，盗贼并兴。君为丞相，无以帅示四方，其上丞相印绶罢归。"是防之先已有此制。如淳《汉书》注谓："天文大变，天下大祸，则使侍中以上尊养牛赐丞相，策告殃咎，丞相即日自杀。"则并有不止策免者矣。亦有不待免而自劾者，如元帝永光元年，春霜夏寒，日青无光，丞相于定国自劾归侯印乞骸骨，是也。（参读赵翼《廿二史劄记》"灾异策免三公"条。）

三公既可以灾异策免，故朝廷用人，亦往往因灾异而变。如：

> 成帝以灾异，用翟方进言，遂出宠臣张放于外，赐萧望之爵，登用周堪为谏大夫。又因何武言，擢用辛庆忌。哀帝亦因灾异，用鲍宣言，召用彭宣、

孔光、何武，而罢孙宠、息夫躬等。（参读《廿二史劄记》"汉儒言灾异"条。）

是也。

然朝之正臣，得以灾异警其君，使黜邪佞；而朝之邪臣，亦得以灾异动其君，使戮忠正。如：

> 初元二年冬，地震，刘向上变事，遂见劾，萧望之亦因自杀。
>
> 永光元年夏寒，日青无光，弘恭、石显之徒皆言周堪、张猛用事之咎。堪、猛皆左迁。

是也。而绥和二年荧惑守心，成帝竟藉口命丞相翟方进自杀。而方进议曹李寻，亦并以自杀讽方进。则其时邪佞者固以灾异肆其诬，而所谓经学通明之士，则转以灾异陷于愚矣。

然汉儒所以言灾异，亦自有故。方汉初兴，一切务于无为，斯无足言者。及其后，学术稍茁，一时奋笔挢舌之士，靡弗引秦为说。秦为胜国，二世而亡。所以警动其主而自张吾说者，主要惟在此。自武帝后，朝廷既一反秦之卑近，远规隆古；立言之士，亦遂不得不弃其讥秦嘲亡之故调，而转据经术。其大者则曰《春秋》与阴阳。盖一本人事，一藉天意。藉天意则尊，本人事则切。故汉之大儒，通经达用，必致力于斯二者。班氏云：

秦汉史

汉兴，承秦灭学之后，景、武之世，董仲舒治
《公羊春秋》，始推阴阳，为儒者宗。宣、元之后，
刘向治《穀梁春秋》，数其祸福，传以《洪范》，与
仲舒错。至向子歆，治《左氏传》，其《春秋》意亦
已乖矣；言《五行传》，又颇不同。(《五行志》。)

仲舒、向、歆三人，最为汉大儒，而其为学，无弗以阴阳比
附于《春秋》，斯即汉儒通经达用之大术也。然《春秋》褒贬
虽严，孔子圣德虽尊，以之绳下则有余，以之裁上犹不足。
故汉儒经术，探其致用之渊，必穷极深微于阴阳灾异之变也。
仲舒谓：

国家将有失道之败，天乃先出灾害以谴告之，
以此见天心之仁爱人君，欲止其乱也。

谷永亦谓：

灾异，皇天所以谴告人君过失，犹严父之明诫。
畏惧敬改，则祸消福降。忽然简易，则咎罚不除。

斯二言者，最足以表明汉儒好言灾异之本旨。盖灾异本所以
谴戒人君之失德，而经术之士则不啻司天舌以扬声。汉武一

朝，群臣争颂符瑞。既有符瑞，即有灾异。武帝末年，民穷财竭，四海困怨；雄主既殂，人心丕变，于是言符瑞者终不敌于言灾异，而仲舒要为开先路之大儒矣。

二　汉儒论禅让

夫灾异所以谴告，遇灾异，则三公可以策免，以至于诏令使自杀，此固也。然灾异之所谴，固非特于三公也；尚有在三公之上，居一国元首之高位者，其对上天之谴告，容得转无所当乎！故汉儒言灾异，其精神实不属三公，而属天子。于是有天子失德，上天谴告，灾异迭见，当逊位让贤之论。此则汉儒说灾异至愚至诬之见，一转而为至精至卓之义矣。今考其论，亦源于符瑞受命之说，而旁通于《春秋》。五德、三统，细节虽不同，要之与帝王一姓万世之思想不相容也。刘向曾言之，曰：

> 王者必通三统，明天命所授者博，非独一姓也。是以富贵无常。不如是，则王公其何以戒慎，民萌其何以劝勉？自古及今，未有不亡之国也。

此其言最为明白剀切矣。以此上较秦始皇帝之欲传二世、三世以至于万世而无穷弗辍者，其意态识趣之相去为何如耶？专就此一节言之，固不得不谓是汉儒一种明通高豁之见矣。故知后人之讥汉儒，谓其无甚深义趣，亦复非也。

今考汉儒首唱汉家应传国之说者，盖为眭弘。孝昭元凤三年，泰山有大石自立，又上林大柳树亦断枯卧地复立。弘推《春秋》意，以石、柳皆阴类，下民之象，而泰山者岱宗，王者易姓告代之处，即说曰：

> 先师董仲舒有言，虽有继体守文之君，不害圣人之受命。汉家尧后，有传国之运。汉帝宜谁差天下，求索贤人，禅以帝位；而退自封百里，如殷、周二王后，以承顺天命。

弘上其书，遂以祅言惑众，大逆不道，伏诛。弘受《春秋》于嬴公，为仲舒再传弟子。其言"退封百里，如二王后"，即《公羊》家"存三统"新周、故宋之说也。

宣帝神爵二年，司隶校尉盖宽饶奏封事，谓：

> 韩氏《易传》言："五帝官天下，三王家天下。家以传子，官以传贤。若四时之运，功成者去。不得其人，则不居其位。"

书奏，廷议以宽饶指意欲求禅，大逆不道，遂下吏。宽饶自刭北阙下。韩氏《易》乃韩婴所传，韩婴与董仲舒同时。所谓"四时之运，功成者去"，即五德推移之说也。

然自眭、盖直言见诛，而汉儒好言灾异之风曾不少衰。

既言灾异，则终当推引及于禅让。此又言思之轨辙，有其自然必遵之道也。成帝初即位，委政元舅大将军王凤。是时日食地震，论者多归咎。谷永阴欲自托于凤，乃言日食地震不可归咎诸舅。谓：

> 此欲以政事过差丞相父子，皆瞽说欺天者也。元年正月，白气起东方；四月，黄浊四塞，覆冒京师。白气起东方，贱人将兴之表。黄浊冒京师，王道微绝之应。夫贱人当起，而京师道微，二者已丑（斗比而见也。）；推法言之，陛下得继嗣于微贱之间，乃反为福。

夫谓"贱人当起，京师道微"，此与眭、盖二人大逆不道之说何异。至劝成帝"广纳宜子妇人，求得继嗣于微贱之间"，则其为说之巧于避罪也。故言灾异而委过于三公大臣，其说终不圆。若灾异之过归之君上，则警戒修省之外，终不能不及于择贤而让之说。无论眭、盖之直，谷永之佞，其为学运思之径，盖有不期而同趋者。成帝元延元年，灾异尤数，上又问谷永。永对曰：

> 臣闻天生蒸民，不能相治，为立王者，以统理之。方制海内，非为天子，列土封疆，非为诸侯，皆以为民也。垂三统，列三正，去无道，开有德，

不私一姓，明天下乃天下人之天下，非一人之天下也。陛下承八世之功业，当阳数之标季，涉三七之节纪，遭《无妄》之卦运，直百六之灾厄；三难异科，杂焉同会。建始元年以来，二十载间，群灾大异，交错锋起，多于《春秋》所书，八世著纪。彗星极异也，土精所生；流陨之应，出于饥变之后。兵乱作矣，厥期不久。隆德积善，惧不克济。

按：此则竟是汉运已衰、不可复续之一篇命书判决也。三七谓二百十岁。自汉开国，至成帝已近其数。《无妄》，京房六日七分图为九月卦，亦所谓"阳数之标季"也。故京氏《易》以为"大旱之卦，万物皆死，无所复望"。（见《周易集解》。）百六者，《律历志》初入元，百六阳九。盖亦阳数已极，例有灾厄之岁。今自武帝太初改历，至是已逾九十年，适近百六之灾岁也。然则九世当阳数之标季，一难也。自汉开国以来二百一十岁，适合三七，七亦阳数，其运三终，二难也。又自汉武改历纪元以来百六岁，又值阳九之厄，三难也。三难异科而同会，虽隆德积善，犹惧不克济；则明见汉之历数已终，天意莫挽矣。《永传》称其于天官、京氏《易》最密，故善言灾异。以善言灾异者而言之如此，则汉运之不复续，宜其为当时经生之所共信矣。

同时（成帝时，不详何年。）齐人有甘忠可，诈造《天官历》《包元太平经》十二卷，言："汉家逢天地之大终，当更受命

第五章　昭宣以后之儒术　　　　231

于天。天帝使真人赤精子下教我此道。"以教夏贺良等。为刘向所奏，下狱病死。贺良等复私以相教。哀帝立，司隶校尉解光亦以明经通灾异得幸，白上忠可书。李寻治《尚书》，好《洪范》灾异，亦见汉家有中衰厄会之象，遂助解光白贺良等待诏黄门。数召见，陈说："汉历中衰，当更受命，宜急改元易号。"遂以建平二年为太初元将元年，号曰"陈圣刘太平皇帝"。后以贺良等言无验，下诏穷竟，皆下狱，伏诛。李寻、解光徙敦煌。

上举皆汉儒言禅让之较著者。其说亦起昭、宣之后。盖既言符瑞，则自及灾异；既言受命，则自及禅让。此乃一体先后转移之间，为趋势所必达也。

三 汉儒论礼制

言符瑞受命，则意在颂扬，乃兴礼乐以答天眷，而实则礼乐之兴，意在铺张；此武帝一朝之礼乐也。言灾异禅让，则意在警惕，乃考礼乐以恤民瘼，而礼乐之旨，在于裁抑；此昭、宣以下所言之礼乐也。昭、宣以下言礼乐，本之民事，其风自王吉、贡禹开之。史言宣帝时，颇修武帝故事，宫室车服盛于昭帝时。外戚许、史、王氏贵宠，而上躬亲政事，任用能吏。吉上疏言得失，谓帝求兴太平而不知本务。"安上治民，莫善于礼"。愿与公卿大臣，延及儒生，述旧礼，明王制。而条奏当世趋务不合于道者，以为：

世俗嫁娶太早，未知为人父母之道而有子，是以教化不明而民多夭。聘妻送女无节，则贫人不及，故不举子。

汉家列侯尚公主，诸侯则国人承翁主，使男事女，夫诎于妇，故多女乱。

古者衣服车马，贵贱有章。今上下僭差，人人自制，是以贪财趋利。

舜汤不用三公九卿之士，而举皋陶、伊尹。今使俗吏得任子弟，率多骄骜，不通古今，无益于民。

吉因谓："宜明选求贤，除任子之令。外家故人可厚以财，不宜居位。去角抵，减乐府，省尚方，明视天下以俭。"上以其言迂阔，不甚宠异。及元帝即位，遣使征吉，以老病道卒。而贡禹为谏大夫，奏言：

高祖、孝文、孝景皇帝，循古节俭，后世争为奢侈。承衰救乱，矫复古化，在于陛下。方今宫室已定，无可奈何矣，其余尽可减损。天生圣人，盖为万民，非独使自娱乐而已也。

元帝纳而善之。王、贡议论大率如此，几于以前之贾、董。知注意于礼俗民生，而欲一返武帝以来汉君臣奢淫之习，以复汉初恭俭之守。而又能文之以《诗》《书》，泽之以旧训，较之贾、董，若尤见为醇儒，而与并世尚言灾异者不同道。此又昭、宣以下汉学一分派也。宣帝不能用王吉，而元帝知重贡禹，遂开晚汉儒生考礼复古之风。一时大儒若韦玄成、匡衡，皆汲王、贡之流以建言。元帝永光四年，韦玄成等奏罢祖宗庙在郡国者，遂定宗庙迭毁之礼。成帝即位，匡衡等奏罢甘泉泰畤、河东后土祠，徙置长安，遂定南北郊之制。盖武帝时所谓礼乐，犹多率循秦旧，间杂以辞客方士之浮说，迎合于在上者之奢心。而元、成以后，礼乐改制，则由儒生稽古遵经、讲贯道义而立。故王、贡以来言礼乐，乃特重于民生俗化，与武帝时之专为对扬上天之休命而言礼乐者，其意义绝不同也。此当于下章再详之。

四　汉儒治章句

汉儒传经有章句，其事亦晚起，盖在昭、宣以下。以《易》言，汉之言《易》者本田何。何授王同、周王孙、丁宽、服生四人，皆著《易传》。史称丁宽"作《易说》三万言，训故举大谊而已"。其他三家，盖亦类是。丁宽再传为施雠、孟喜、梁丘贺。《儒林传》云：

> 由是《易》有施、孟、梁丘之学。

《艺文志·易》家：

章句，施、孟、梁丘氏各二篇。

考以前说《易》无章句，则章句即所谓"家学"也。《易》有施、孟、梁丘三家章句，故云有三家之学。费、高两家治《易》，皆无章句，而两家皆未尝立于学官。然则立学官为博士、成家学者，乃著章句以授弟子。其学不立博士，未置学官，虽时人亦以博士学官之例称之为某经某氏之学，而实则无章句也。五经博士置自武帝，而博士分家起于宣帝。则章句之完成，亦当在宣帝之后耳。

再以《书》言，有欧阳章句三十一卷，大小夏侯章句各二十九卷。盖朝廷有欧阳、大小夏侯博士，故有三家章句也。然考《夏侯建传》：

> 建师事胜及欧阳高，左右采获。又从五经诸儒问与《尚书》相出入者，牵引以次章句，具文饰说。胜非之，曰："建所谓章句小儒，破碎大道。"建亦非胜："为学疏略，难以应敌。"建卒自颛门名经，为议郎、博士。

据此则小夏侯建次《尚书》章句，而大夏侯胜非之，是其时大夏侯《尚书》尚无章句也。大夏侯《尚书》无章句，则欧阳《尚书》宜亦无章句也。《尚书》三家之有章句，首起于小夏侯建。当时大夏侯虽非之，而其后则三家《尚书》各有章句，则均追随小夏侯一家而然耳。建之次章句，其意欲求说经之密，俾以应敌。应敌者，如石渠议奏，讲五经异同，若不分章逐句为说，但训故举大谊，则易为论敌所乘也。故章句必具文。具文者，备具原文而一一说之。则遇有不可说处，终不免于饰说矣。如蜀人赵宾，好小数书，后为《易》，饰《易》文，以为"箕子明夷"，阴阳气无箕子，箕子者，"万物方荄兹"也。此即"具文饰说"之例。箕子与阴阳气无关，说之不能通，又不能略去不说，必欲具文，则陷于饰说也。求为具文饰说，乃不得不"左右采获"，备问五经，取其相出入者，牵引以为说矣。小夏侯传张山拊，山拊传李寻、郑宽中、张无故、秦恭、假仓诸人。无故善修章句，守小夏侯说文。恭增师法至百万言。桓谭《新论》云：

秦延君说"曰若稽古"至二万言。（《御览》学部引。）

《文心雕龙》云：

秦延君注《尧典》十余万字。

此又小夏侯章句之末流矣。《古文尚书》未立于学官，因无章句。

其次如《诗》。《儒林传》称：

申公独以《诗》经为训故以教，无传，疑者则
阙不传。(《史记·儒林传》重一"疑"字。)

申公传《诗》，仅为训故。训故者，训通其故字故言，遇不可
通者则阙之；此犹丁宽说《易》，训故举大谊也。故知"训
故"为汉儒传经初兴之学，仅举大谊，不免疏略。"章句"则
汉儒传经晚起之学，具文为说，而成支离。此二者之大较
也。王式亦治《鲁诗》，来师事者，问经数篇，式谢曰："闻
之于师，具是矣。自润色之。"不肯复授。是王式仍守申公以
来"疑则阙弗传"之旨，故所言简略，不肯具文饰说也。其
弟子：

　　唐生(长宾)、褚生(少孙)应博士弟子选，诣博
士。试诵说，有法。疑者丘盖不言。诸博士惊问何
师？对曰：师式。

是唐、褚亦能守王式师法，遇疑不能明者则阙而不说。而诸
博士乃惊问何师。是当时博士学风，已渐以具文饰说相尚，
故得唐、褚之对而皆惊矣。班氏谓："汉兴，鲁申公为《诗》
训故。而齐辕固、燕韩生皆为之传。或取《春秋》，采杂说，
咸非其本义。与不得已，鲁最为近之。"盖训故仅求通其文
义，传则比傅事实。申公说《诗》家法最纯谨，班氏所祖，

不为无故。然韩婴作《诗内外传》数万言，今《外传》犹在。
（或疑《内传》即在《外传》中。）其书亦略举大谊，并不循章逐句
为说。则传之与训故，其体相去犹不远，同犹是汉初经师家
法也。今考洪适《隶释·汉武荣碑》云：

> 荣字含和，治《鲁诗》韦君章句。

是《鲁诗》韦氏有章句矣。《儒林传》云：

> 由是《鲁诗》有韦氏学。

是也。今韦氏章句虽不著于史，而犹见于后汉之《武荣碑》，
则韦氏有章句可信也。又《儒林传》：

> 由是张家有许氏（晏）学。

《陈留风俗传》（《御览》四百九十六引。）：

> 许晏受《鲁诗》于琅琊王扶，改学曰许氏章句。

则《鲁诗》许氏学亦有章句也。然许氏章句亦不著于史。则
知当时诸家章句，为今《汉书·儒林传》《艺文志》所佚而不
载者多矣。此证《鲁诗》末流亦有章句也。

《鲁诗》且有章句，齐、韩《诗》可推。《后汉书·马援传》：

> 援少有大志，尝受《齐诗》，意不能守章句。

此《齐诗》在西汉时已有章句之证。又《儒林传》：

> （伏）湛弟黯，明《齐诗》，改定章句。湛兄子恭传黯学，减省黯章句为二十万言。

今按：伏理以《诗》授成帝，在西汉。《儒林传》谓"由是《齐诗》有翼、匡、师、伏之学"是也。伏湛为理子。即伏氏一家，可推《齐诗》章句之繁矣。又《儒林传》：

> 薛汉世习《韩诗》，父子以章句著名。汉少传父业，建武初为博士。

则薛氏章句传自西汉。此又西汉《韩诗》有章句之证矣。
其次如《春秋》，《艺文志》有云：

> 《公羊》章句三十八篇，《穀梁》章句三十三篇。

是《公》《穀》两家均有章句也。范宁《穀梁传叙》云："《穀梁》传者近十家。"疏引尹更始、唐固、糜信诸人。沈钦韩曰：

> 尹更始则汉时始为章句者也。《释文叙录》：尹更始《穀梁》章句十五卷。

今按《儒林传》，"由是《穀梁春秋》有尹、胡、申、章、房氏之学"，亦尹更始有章句之证也。《穀梁》章句始于尹更始，则亦起宣帝石渠议奏时。《公羊》章句亦可例推。贾谊为《左氏传》训故，则亦举大谊，不具文为说。《刘歆传》：

> 初《左氏传》多古字古言，学者传训故而已。及歆治《左氏》，引传文以解经，转相发明，由是章句义理备焉。

是歆因欲争立《左氏》博士，而《左氏》亦有章句也。

"《礼》以明体，明者著见，故无训也。"（《艺文志》语。）是汉初治《礼》，并无训故。其后既立《礼经》博士，则《礼》亦宜有章句矣。

王充《论衡·效力篇》云：

> 王莽之时，省五经章句，皆为二十万。博士弟子郭路，夜定旧说，死于烛下。

秦汉史

知其时五经皆有章句，章句之繁，一经尽在二十万言上矣。
班氏慨论之曰：

> 古之学者耕且养，三年而通一艺，存其大体，
> 玩经文而已。是故用日少而畜德多，三十而五经立
> 也。后世经传既已乖离，博学者又不思多闻阙疑之
> 义，而务碎义逃难，便辞巧说，破坏形体；说五字
> 之文至于二三万言。后进弥以驰逐。故幼童而守一
> 艺，白首而后能言。安其所习，毁所不见，终以自
> 蔽。此学者之大患也。（《艺文志》。）

"多闻阙疑"，此即申公传《鲁诗》之家法也。"碎义逃难"
者，逃难即如夏侯建所谓"应敌"矣。"破坏形体"，如赵宾
说《易》"箕子"为"荄兹"也。"便辞巧说"，则所谓因求其
文而饰说也。其事皆说经重章句之弊也。其源则由于博士弟
子之制。班氏又言之曰：

> 自武帝立五经博士，开弟子员，设科射策，劝
> 以官禄，讫于元始，百有余年，传业者浸盛，支叶
> 蕃滋，一经说至百余万言，大师众至千余人；盖禄
> 利之路然也。（《儒林传》赞。）

此语尽之矣。盖治经而言灾异，虽与言礼制者不同，要尚不失于通经致用之义。惟自治经而为章句，则文字蚀其神智，精神专骛饰说，而通经益不足以致用。于是汉儒之说经，遂仅限于为一儒生，而亦不复为政治动力所在，与夫社会民生治乱盛衰所系。此亦汉儒学风一大转变也。

今要而言之，汉儒经学，乃自宣帝后而始跻于全盛之象，而亦自宣帝后而已陷于中衰之境。此则与武帝国运，实具同一轨迹。此亦治史学者所当深识而微窥焉者也。

第六章　西汉一代之政制

第一节　西汉之封建

一　诸王封国之演变

汉高初兴，异姓诸侯王者凡九国：曰韩（韩王信，都晋阳，又徙马邑，自立至亡凡五年。）、曰赵（张耳，都襄国，再传，凡六年。）、曰淮南（英布，都寿春，自立至亡八年。）、曰齐（韩信，都临淄，自立至亡凡二年。）、曰梁（彭越，都定陶，自立至亡凡六年。）、曰燕（卢绾，都蓟，自立至亡凡七年。）、曰长沙（吴芮，都临湘，五传至文帝时亡，凡五十年。）、曰闽越（无诸，四传至武帝时亡，凡九十二年。）、曰南粤（赵佗，五传至武帝时亡，凡八十五年。）。此等皆与高祖素等夷，各据其手定之地，外托君臣，内实为敌国。及汉高十一年而皆诛灭，惟长沙、闽越、南粤得存。是为汉初第一期之封建。

继是乃大封同姓。班氏谓:

> 汉兴之初,海内新定,同姓寡少。惩戒亡秦孤立之败,于是剖裂疆土,立二等之爵。(大者王,小者侯。)功臣侯者百有余邑。尊王子弟,大启九国。自雁门以东尽辽阳,为燕、代。(有云中、雁门、代郡,都代。后并太原,除云中,都晋阳。)常山以南,太行左转,度河济,渐于海,为齐(有胶东、胶西、临淄、济北、博阳、城阳。)、赵。(都邯郸。)榖泗以往,奄有龟蒙,为梁、楚。(梁都睢阳。楚有薛、东海、彭城,都彭城。)东带江湖,薄会稽,为荆吴。(高帝六年为荆,十年更名吴,乃一国。有东阳、鄣、吴地,都吴。后都广陵。)北界淮濒,略庐衡,为淮南。波汉之阳,亘九嶷,为长沙。(长沙吴王芮为异姓,当依《史记》入淮阳,分彭城地,都陈。)诸侯比境,周匝三垂,外接胡越。天子自有三河、东郡、颍川、南阳,自江陵以西至巴蜀,北自云中至陇西,与京师内史,凡十五郡。公主、列侯,颇邑其中。而藩国大者,跨州兼郡,连城数十。宫室百官,同制京师。可谓矫枉过其正矣。虽然,高祖创业,日不暇给,孝惠享国又浅,高后女主摄位,而海内晏如,亡狂狡之忧,卒折诸吕之难,成太平之业者,亦赖之于诸侯也。(《汉书·诸侯王表序》。)

秦汉史

是为第二期之封建。及文帝立，而山东之国，齐（悼惠王肥始封，高帝子。）七十二城，楚（元王交始封，高祖同父少弟。）四十城，吴（王濞始封，高祖兄子。）五十城，晁错所谓"封三庶孽，分天下半"，是也。时诸侯得治其国。有太傅，辅王。内史，治国民。中尉，掌武职。丞相，统众官。（《百官表》。）有御史大夫及诸卿，皆秩二千石，百官皆如朝廷。汉独为置丞相，其御史大夫以下，皆自置之。（《后志》。）势成尾大不掉。故贾谊痛切言之，曰：

> 夫树国固必相疑之势，下数被其殃，上数爽其忧，非所以安上而全下也。其异姓负强而动者，汉已幸而胜之矣，又不易其所以然。同姓袭是迹而动，既有征矣，其势尽又复然。殃祸之变，未知所移。
>
> （《治安策》。）

晁错亦力劝景帝削诸侯地。遂有吴楚七国之变。于是禁诸侯王不得复治国，天子为置吏。改丞相曰相，省御史大夫、廷尉、少府、宗正、博士官。大夫、谒者、郎、诸官长丞，皆损其员。事在孝景中五年。（见《百官表》。）自是王国之势大削。然文帝子孙为王者七国，景帝子孙为王者十七国，徒以亲戚相制，势犹无已：

> 武帝初即位，大臣惩吴楚七国行事，议者多冤

晁错之策。皆以诸侯连城数十，泰强，欲稍侵削，
数奏暴其过恶。(《中山靖王传》。)

是时诸王封国者，乃颇为汉吏所侵矣。嗣武帝用主父偃谋，
令诸侯以私恩自裂地，分其子弟；而汉为定制封号，辄别属
汉郡；而诸侯地乃自分析弱小。其事在元朔二年。主父偃说
上曰：

> 古者诸侯，地不过百里，强弱之形易制。今诸
> 侯或连城数十，地方千里。缓则骄奢，易为淫乱；
> 急则阻其强而合从，以逆京师。今以法割削，则逆
> 节萌起，前日晁错是也。今诸侯子弟或十数，而嫡
> 嗣代立；余虽骨肉，无尺地之封。则仁孝之道不宣。
> 愿陛下令诸侯得推恩分子弟，以地侯之。彼人人喜
> 得所愿，上以德施，实分其国，必稍自销弱矣。(《偃
> 传》。)

此其说，即贾谊"众建诸侯"之遗意。而从此汉之诸侯，遂
永不为患。此诚分解封建势力一至微妙之方法也。钱大昕曰：

> 按《地理志》，诸侯王国二十，如赵、真定、河
> 间、广阳、城阳、广陵，皆止四县。菑川、泗水，
> 止三县。高密、六安，皆五县。鲁，六县。东平、

楚，皆七县。（按：《地理志》侯国名，据成帝元延末为断。）窃疑汉初大封同姓，几据天下之半。文、景以后，稍有裁制。然诸侯王始封，往往兼二三郡之地。其以罪削地者，史亦不多见。何至封域若此之小。及读胜（中山靖王。）传，始悟诸侯王国所以日削者，由王子侯国之多。以《表》征之，城阳五十四人，赵三十五人，河间二十三人，菑川二十一人，鲁二十人。王国之食邑，皆入于汉郡，无怪封圻之日蹙矣。（《廿二史考异》卷八。）

武帝又改汉内史为京兆尹，中尉为执金吾，郎中令为光禄勋，而王国如故；（《百官表》。）所以尊异朝廷，别于诸王国，使天下观听集于中央。又王国员职，皆朝廷为署，不得自置。（《后志》。）然后中央集权之基础乃大定。班氏又言之，曰：

> 诸侯原本已大，末流滥以致溢。小者荒淫越法，大者睽孤横逆，以害身丧国。故文帝采贾生之议分齐、赵，景帝用晁错之计削吴、楚。武帝施主父之策，下推恩之令，使诸侯王得分户邑以封子弟，不行黜陟而藩国自析。自此以来，齐分为七，（城阳都莒，济北都卢，今长清。菑川都剧，今寿光。胶东都即墨，胶西都高苑，济南都东平陵，今济南。并齐为七。）赵分为六，（河间都乐成，今献县。中山都卢奴，今定县。清河都清阳，今清河。常

山都镇定，广川都信都，今冀县。并赵为六。）梁分为五，（济川都济阳，今兰阳。齐东都无盐，今东平。山阳都昌邑，今金乡。济阴都定陶。并梁为五。）淮南分为三。（衡山都六，庐江都江南。并淮南为三。）皇子始立者，大国不过十余城。长沙、燕、代，虽有旧名，皆无南北边矣。景遭七国之难，抑损诸侯，减黜其官。武有淮南、衡山之谋，作左官之律，（仕于诸侯为左官，绝不使仕于朝廷也。如龚舍不愿为楚王常侍。而龚胜为郡吏，三举孝廉，以王国人，不得宿卫。其一例。）设附益之法。（取孔子"求也为之聚敛而附益之"之义。）诸侯惟得衣食租税，不与政事。（《诸侯王表序》。）

此可谓汉廷封建之第三期。

至于哀、平之际，皆继体苗裔，亲属疏远，（非始封之君，于天子益疏远也。）生于帷墙之中，不为士民所尊，势与富室无异。而本朝短世，国统三绝。（成、哀、平。）是故王莽知汉中外殚微，本末俱弱，亡所忌惮，生其奸心。颛作威福庙堂之上，不降阶序而运天下。汉诸侯王，厥角稽首，奉上玺韨，惟恐在后。或乃称美颂德，以求容媚。（《诸侯王表序》。）

则为汉诸王之末路矣。

尝考汉室同姓众王，高祖昆弟子孙为王者凡二十国。（吕后立异姓吕氏王，及所名孝惠子王，凡八国。）文帝子孙为王者凡七国。景帝子孙为王者凡十七国。武帝子孙为王者凡六国。宣帝子为王者凡四国。元帝子为王者凡二国。诸帝既各私其子，必一一封王；则前世所封，纵能恪遵朝廷之政令，而封建之制，仍不可久，以历帝逾多，封王逾增，其势终于难继也。况一帝即位，其封王诸子，犹挟私心，必以大城名都畀之，则前帝所封，势非削夺不可；则前世之所封，纵能恪遵朝廷之政令，其势亦难自全也。汉文以藩国入承大统，元年，有司请立太子，诏曰："楚王，季父也。吴王，兄也。淮南王，弟也。"其中外相猜之情已甚显著。十一年，贾谊上疏，谓：

> 陛下所以为藩扞，及皇太子之所恃者，唯淮阳（文帝子，武。）、代（亦文帝子，参。）二国耳。代北边匈奴，与强敌为邻，能自完则足矣。而淮阳之比大诸侯，廑如黑子之著面，适足以饵大国耳。

文帝从其言，徙淮阳王武为梁王，北界泰山，西至高阳，得大县四十余城。是高祖所封，至文帝廑一传，而已相视为敌体。文帝以齐分王悼惠王肥之六子，使其势分而弱。此即贾谊所谓"各受其祖之分地，地尽而止，天子无所利焉"者也。而一方则特畀其亲子以大国，用为牵制。然及景帝时，而梁乃拟于天子，其势又已不可久。太后爱少子，心欲以梁王为嗣，议不果行，而梁王几于获罪。幸而得死。景帝乃分梁为五国，尽立梁孝王男五人为王，以为悦太后，实亦师文帝分齐六王之故智也。然则汉之封建，自高祖一传至文帝，其势已变。齐分为七，淮南分为三，皆文帝（十五年。）事。赵分为六（全于景帝中四年。），梁分为五（景帝中五年。），皆在景帝时。固不俟武帝用主父偃谋，而汉之诸侯封地屡自分析，早已于文、景二世继续见之。夫一帝临朝，必封其诸子为王；而所封诸子，又必各自于其封内分封其诸子。即此一端，已足使封建之制决不可久。盖西周封建，其事等于武装之移殖，而汉则特为国土之分配。周人向外移殖以宗族为体，故宗子即为大君，支庶则为臣宰，非相依无以自全。汉则天下一统，郡县相属，封建非以对外，其势转成自裂。又当时宗法之观念既衰，嫡庶之尊卑已微，故嫡长为天子，支庶为诸侯，而支庶即有觊觎帝位之心。诸侯之嫡长继为诸侯，而其支庶亦各有觊觎侯位之心。有父母者同爱其子，不愿专传重于嫡子，而亲视其支庶为庶人。而诸庶亦平视其嫡，不自甘于天泽之判。则子孙之繁衍无极，而土地之分割有尽；不至于地尽而各为庶人，不止也。故贾谊、主父偃之为汉谋者，固为至巧；然即无谊、偃之谋，汉之封建，亦终必分崩离析，极于不可持而止。此乃后世政理、心理之变，终不得重返于古昔旧局之一端也。

二　诸侯封邑之演变

汉制，同姓封王，功臣封侯。高祖得天下，论功定封，讫十二年，侯者百四十有三人。

> 时大城名都，民人散亡。户口可得而数，裁什二三。是以大侯不过万家，小者五六百户。（《高惠高后文功臣表序》。）

较之六国以来，孟尝君封薛，招致天下任侠奸人六万家；吕不韦封长信侯，十万户；迥不侔矣。是为汉初功臣封侯之前期。

> 逮文、景四五世间，流民既归，户口亦息。列侯大者至三四万户，小国自倍，富厚如之。子孙骄逸，忘其先祖之艰难，多陷法禁，陨命亡国，或无子孙。讫于孝武后元之年，靡有孑遗，耗矣。网亦少密焉。

此汉室功臣侯者之后期也。孝宣愍录功臣后裔：

> 诏令有司求其子孙，咸出庸保之中。并受复除，或加以金帛，用章中兴之德。降及孝成，复加恤问。稍益衰微，不绝如线。

盖均无足道矣。

今考汉初封侯：

> 封君食租税，岁率户二百。千户之君，则
> 二十万。（《货殖传》。）

而所封则不必尽一县：

> 如萧何始封酂，食八千户。后又益封二千户。
> 元狩中，以酂户二千四百封其曾孙庆。宣帝时，以酂
> 户二千封其玄孙建世。封号虽同，而租入迥别。盖
> 一县之户不止此数。除侯所食外，其余归之有司也。
> （《廿二史考异》卷八。）

又如：

> 樊哙初封舞阳侯，其后益食邑者再，后乃定食
> 舞阳五千四百户。则樊哙初封，未能尽食舞阳一县
> 也。夏侯婴初封汝阴侯，其后益食邑者三，乃定食
> 汝阴六千九百户。则滕公初封，未能尽食汝阴一县
> 也。灌婴初食颍阴二千五百户，已号颍阴侯，其后
> 乃定食颍阴五千户。则灌婴初封，未能尽食颍阴一
> 县也。曹参封平阳，本万六百户，及其后裔绍封，
> 仅二千户，亦号平阳侯。然则列侯但以封户定其疆

界而食之，其外尚有余地，仍属有司，理可信矣。

（《潜研堂文集》卷三十四。）

考高祖功臣尽食一县者，惟陈平一人。汉县本有大小之分，其大小以户口而定，所谓"万户以上为令，减万户为长"也。陈平封五千户，与曲逆见户数适相等，故得尽食其县。然汉之封国，虽计户口，仍以疆域为断。史言汉初大侯不过万家，小者不过五六百户；后数世，民咸归乡里，户益息，萧、曹、绛、灌之属或至四万，小侯自倍。是则后滋户口在列侯封内者，例得兼食矣。陆贾说陈平云："足下食三万户侯"，乃据秦时版籍言之。平既全食此县，故举其县全盛之数以夸其富。以此知汉廷封侯，先以户数制疆界，继则以疆界为准，凡疆界内户尽食之，不复以户数为定。故匡衡初封僮之乐安乡，为乐安侯，食邑六百四十七户。所封南以闽陌为界。郡图误以闽陌为平陵陌，多四百顷。积三岁，多得田租谷千余石。是列侯封户虽有定数，要以封界之广狭定收入之多寡，不专以户数为定之证也。

又富平侯张安世，国在陈留，别邑在魏郡，租入岁千余万。子延寿嗣侯，上书让减户口。徙封平原，并一国，户口如故，而租税减半。考《外戚恩泽侯表》，安世封凡万三千六百四十户。若以户率二百、千户二十万计之，万三千户亦不过二百六七十万耳，何得有千余万？即徙封平原减半，亦有五百万，与户率二百之说仍不沟合。疑其时所谓户，容多兼并，与汉初异。故户数虽同，而所占田亩广狭县绝，故租税亦多寡大殊也。此如匡衡封乐安乡，食六百四十七户，而称乡本田提封三千一百顷。其收租谷自以亩顷计，不以户数计也。

又检高祖《功臣侯表》，其户数率以千计百计，以十数者极少。如昌武侯九百八十户、宣曲侯六百七十户、终陵侯七百四十户、宋子侯五百四十户，其他则少见。而孝文以下，极多封户以十下零数计者。如弓高侯千二百一十七户、襄成侯千四百三十二户、故安侯千七百一十二户、章武侯万一千八百六十九户之类。则汉之封侯，盖亦以疆界为主而计其户数。汉初户籍大耗，壤地多旷，故所封户数多整。文帝后，民户渐密，壤地渐实，故所封户数亦多碎。此其大较也。

列侯封户，既不必尽一县；而县之政令，则仍统于中央，列侯不得预也。惟得臣其所食吏民。而汉廷于侯国置相一人，其秩各如本县。主治民如令长，而不臣。但纳租于侯，以户数为限。（据《后志》。）故列侯之在其国，其势甚微，远不比诸王也。

文帝二年诏列侯就国，诏曰：

> 古者诸侯，各守其地，以时入贡，民不劳苦。今列侯多居长安，邑远，吏卒给输费苦，而列侯亦无由教训其民。其令列侯之国。

　　　　　　　　　　　　　　　　　　秦汉史

明年诏曰：

> 前日诏遣列侯之国，辞未行。丞相朕之所重，
> 其为朕率列侯之国。

遂免丞相周勃，遣就国。是列侯皆不愿就国，不啻强之使去
也。然景帝后二年，即省列侯就国。盖其事既列侯所不喜，
终难行，故卒罢耳。又考《货殖传》："七国兵起，长安中列
侯封君行从军旅，赍贷子钱家。子钱家以为侯邑国在关东，
关东成败未决，莫肯与。"吴楚事在景帝三年，则汉廷虽未省
列侯就国之令，列侯封君仍多滞留长安，不就封土之证也。
及武帝时，窦婴为相，又令列侯就国。时诸外家为列侯，列
侯多尚公主，皆不欲就国，群毁窦婴，竟不安其位。盖诸列
侯衣租食税，居京师，交通显贵，服用奢靡，就国则胥不可
得耳。汉初侯国百四十余人，国除之后，子孙即占本籍者亦
无多。以《汉表》所载成、哀间复除之家数之，惟淮南安侯
宣虎等十家，盖为封侯而就国之证。其余则占籍三辅者殆十
之八九。文景之世，盖已如此。此等皆无补于政教，特分食
中央之租税已耳。

　且列侯不愿就国，不仅长安富贵，不忍舍弃。一至封邑，
则不得不就州郡守尉之法令。此亦列侯所不欲也。史称：

绛侯既就国，每河东守尉行县至，绛侯自畏恐
诛，常被甲，令家人持兵以见。人遂言其欲反。绛
侯竟入狱。(《本传》。)

则其时以大功臣封侯就国，已不免忧谗畏讥，见陵于守尉，
不得不视守尉如官长。封爵之宠，近乎黜徙，迫之乃行，与
古者建侯之意远异。而列侯不愿就国之意，亦从可见矣。

及武帝时，连年用兵，财用不继，卜式上书愿输财助边。
下诏褒美以讽天下，而莫有应者。于是列侯坐酎金失侯者
百六人。而富人多赀者，则设为告缗以取之。列侯本与富人
同等，宜不得坐享封君之供也。又有一事，足见武帝存心夺
列侯之国者。洪迈云：

汉自武帝以后，丞相无爵者乃封侯，其次虽御
史大夫亦不以爵、封为间。唯太常一卿，必以见侯
居之。而职典宗庙园陵，动辄得咎。由元狩以降，
以罪废斥者二十人。意武帝阴欲损侯国，故使居是
官以困之尔。《表》中所载，酂侯萧寿成坐牺牲瘦。
蓼侯孔臧坐衣冠道桥坏。郸侯周仲居坐不收赤侧钱。
绳侯周平坐不缮园屋。睢陵侯张昌坐乏祠。阳平侯
杜相坐擅役郑舞人。广阿侯任越人坐庙酒酸。江邹
侯靳石坐离宫道桥苦恶。戚侯李信成坐纵丞相侵神
道。俞侯栾贲坐雍牺牲不如令。山阳侯张当居坐择

秦汉史

博士弟子不以实。成安侯韩延年坐留外国文书。新
畤侯赵弟坐鞫狱不实。牧邱侯石德坐庙牲瘦。当涂
侯魏不害坐孝文庙风发瓦。辕侯江德坐庙郎夜饮失
火。蒲侯苏昌坐泄官书。弋阳侯任宫坐人盗茂陵园
物。建平侯杜缓坐盗贼多。自鄲侯至牧邱十四侯皆
夺国，武帝时也。自当涂至建平五侯但免官，昭、
宣时也。（《容斋随笔》。）

马端临亦曰：

汉之所谓封建，本非有公天下之心。故其予之
甚艰，而夺之每亟。至孝武之时，侯者虽众，率是
不旋踵而禠爵夺地。以有功侯者七十五人，然终帝
之世，失侯者已六十八人，其能保者七人而已。以
王子侯者一百七十五人，然终帝之世，失侯者已
一百一十三人，其能保者五十七人而已。外戚恩泽
侯者九人，然终帝之世，失侯者已六人，其能保者
三人而已。（《文献通考》卷二六七。）

盖汉至武帝时，不仅诸王国皆衰，即封侯者亦几尽。故曰"讫
于孝武后元之年，靡有孑遗"也。然则封建余波，盖至是始
平；汉廷之集权中央，亦至是始定也。
　　汉封侯国，其地有不尽在中央直辖之郡，而错在王国者。

汉初，中央直辖凡十五郡，而公主、列侯颇邑其中，则明多不邑其中矣。《淮南厉王传》，薄昭予王书，谏曰：

> 皇帝（文。）初即位，易侯邑在淮南者，大王不肯。皇帝卒易之，使大王得三县之实，甚厚。

《新书·淮难篇》云：

> 侯邑之在其国者，毕徙之他所。陛下于淮南王，不可谓薄。

盖侯邑所在，租税即归之；易其侯邑，无异于与之地，故曰"甚厚"。而汉之为此，则自欲使政令一统，易于为治，故不欲侯封错在王国也。汉初列侯封，其错在王国之可考者，如彭城，楚王封地也，而张良封彭城之留。琅邪，齐王封地也，而周定封琅邪之魏其。巨鹿，赵王封地也，而任敖封巨鹿之广阿。曲逆县亦在燕、赵之间，而陈平封曲逆。皆其证。及于景帝以后，王国日益削，而王子封侯者皆割属汉郡。自是列侯食邑无有在王国者矣。（《廿二史考异》。）此亦汉廷努力中央集权之进步也。

第二节　西汉之郡县

一　秦分三十六郡及以后之增置

秦废封建而行郡县,《史记·秦始皇本纪》载:始皇二十六年,从廷尉李斯议,分天下以为三十六郡。按之班氏《汉书·地理志》,列举秦郡,适得三十六。

一、河东。按《秦始皇本纪》,始皇即位时,秦地已并巴、蜀、汉中,越宛有郢,置南郡。北收上郡以东,有河东、太原、上党郡。此秦郡有河东之证。据《秦本纪》,秦置河东郡,应在昭襄王二十一年。

二、太原。《秦本纪》,庄襄王四年,初置太原郡。

三、上党。说见河东下。据《秦本纪》,置郡应在昭襄王四十八年后。

四、三川。(汉河南。)《秦本纪》,庄襄王元年,初置三川郡。

五、东郡。《秦始皇本纪》,五年初置东郡。

六、颍川。《秦始皇本纪》,十七年攻韩,以其地为郡,名曰颍川。

七、南阳。《秦本纪》，昭襄王三十五年，初置南阳郡。

八、南郡。《秦本纪》，昭襄王二十九年，白起攻楚取郢，为南郡。

九、九江。《水经·淮水注》，秦始皇立九江郡。据《秦始皇本纪》，秦置九江郡，应在始皇之二十四年。

一〇、泗水（汉沛郡。）《水经·睢水注》，始皇二十三年置。

一一、巨鹿。《水经·浊漳水注》，始皇二十五年灭赵，以为巨鹿郡。

一二、齐郡。当为二十六年灭齐后置。

一三、琅邪。亦当为二十六年灭齐后置。

一四、会稽。《秦始皇本纪》，二十五年王翦定荆江南地，降越君，置会稽郡。

一五、汉中。《秦本纪》，惠文王后十三年，攻楚汉中，取地六百里，置汉中郡。《水经·沔水注》，周赧王二年，秦惠王置汉中郡。按赧王二年乃秦惠王后十二年，则二年当作三为是。

一六、蜀郡。《水经·江水注》，秦惠王二十七年，遣张仪、司马错等灭蜀，遂置蜀郡。《秦本纪》惠王后元十四年，蜀相壮杀蜀侯来降，即惠王二十七年也。

一七、巴郡。《水经·江水注》，秦惠王遣张仪等救苴侯于巴。仪贪巴、苴之富，因执其王以归，置巴郡。又见河东下。

一八、陇西。《匈奴传》，昭襄王时有陇西、北地、上郡。《水经·河水注》，秦昭王二十八年置。

一九、北地。见《匈奴传》，秦昭王伐残义渠，于是有北地郡。

二〇、上郡。《秦本纪》，惠文王十年，魏纳上郡十五县。《水经·河水注》，昭王三年置上郡。

二一、九原（汉五原）。《赵世家》，武灵王二十六年复攻中山，攘地北至燕、代，西至云中、九原。（《通典》，赵置九原郡，秦因之。盖误。说详下。）

二二、云中。《匈奴传》，赵武灵王北破林胡、楼烦，而置云中、雁门、代郡。《水经·河水注》，始皇十三年，因之置云中郡。

二三、雁门。见云中下。

二四、代郡。见云中下。《秦始皇本纪》，二十五年王贲攻燕，还攻代，虏代王嘉。置郡应在是年。

二五、上谷。《匈奴传》，燕置上谷、渔阳、右北平、辽西、辽东郡以拒胡。《水经·圣水注》，秦始皇二十三年置上谷郡。

二六、渔阳。《水经·鲍丘水注》，始皇二十二年置。

二七、右北平。《水经·鲍丘水注》，始皇二十二年灭燕置。

二八、辽西。《水经·濡水注》，始皇二十二年，分燕置辽西郡。

二九、辽东。《水经·大辽水注》，始皇二十二年灭燕置。

三〇、南海。《秦始皇本纪》，三十三年，略取陆梁地，为桂林、象郡、南海，以适遣戍。

三一、桂林（汉郁林。）。见南海下。

三二、象郡（汉日南。）。见南海下。

三三、邯郸（汉赵国。）。《秦始皇本纪》，十九年尽定取赵地。置郡当在此年。

三四、砀郡（汉梁国。）。《水经·睢水注》，始皇二十二年为砀郡。

三五、薛郡（汉鲁国。）。《水经·济水注》，始皇二十四年置。《泗水注》云二十三年。

三六、长沙（汉长沙国。）。当为始皇二十三、四年灭楚后置。

上举三十六郡，南海、桂林、象郡，置于始皇三十三年。九原郡据《匈奴传》，赵有雁门、代郡、云中三郡以备胡，九原特云中北界，未置郡也。始皇二十五年以前，边郡多仍前旧，不闻增设。三十三年蒙恬辟河南地四十余县，（《本纪》作三十四县。）盖以此置九原。则九原郡亦不当在三十六郡内。（全祖望说。）又《秦始皇本纪》，三十五年除道，道九原，抵云阳。自是九原之名始见。故三十二年始皇之碣石归，巡北边，自上郡入。至三十七年，始皇崩于沙丘，其丧乃从井陉抵九原，从直道至咸阳。明始皇三十二年前，未有九原郡也。（王国维说。）然则《汉志》所列三十六郡，南方之南海、桂林、象郡，北方之九原，皆在始皇二十六年后。始皇二十六年所分天下三十六郡者，《汉志》实尚缺其四也。历来考史者于此颇多争议。或主三十六郡乃秦一代郡数，以班说为信。（钱大昕《潜研堂集》。）或以三十六郡乃始皇二十六年所分，后此所置者不与。（裴骃《史记集解》。）今从后说，再为补列。

一、广阳。《水经·漯水注》，秦始皇二十三年灭燕，以为广阳郡。全祖望曰："渔阳、上谷、右北平、辽东、辽西五郡，皆燕所旧置，以防边也。渔阳四郡在东，上谷在西，而其国都不与焉。自蓟至涿三十余城，始皇无不置郡之理，亦无反并内地于边郡之理。且始皇并六国，其国都如赵之邯郸、魏之砀、楚之江陵、陈、九江、齐之临淄，无不置郡，何以燕独无之？"（《汉书地理志稽疑》。）故知《水经注》说实可信。

二、楚郡。《楚世家》，王负刍五年，秦将王翦、蒙武破楚国，虏楚王负刍，灭楚，名为楚郡云。其事在始皇二十三、四年。全祖望曰："秦灭楚，置楚、九江、泗水、薛、东海（东海后置，说详后。）五郡。及定江南，又置会稽。楚郡盖自淮阳以至彭城，泗水则沛也，薛则鲁也，东海则郯以至江都也。皆江北地。会稽则江南地。惟九江兼跨江介。又《陈涉世家》有陈守。全祖望曰："楚郡即陈郡也。楚郡治陈，故亦称陈郡。"

三、黔中。《秦本纪》，昭襄王三十年，伐取巫郡及江南，为黔中郡。《汉志》亦失载。

四、闽中。《东越列传》，秦并天下，废闽越王无诸，及越东海王摇，以其地为闽中郡。据《秦始皇本纪》，二十五年，王翦遂定荆江南地，降越君，置会稽郡。则闽中置郡，亦当在是年，而史失载。或闽中之置稍后，故史不与会稽并及。然至迟亦在二十六年定天下为三十六郡时也。

增此四郡，则适符三十六郡之数。其他尚有秦时郡名可考者，为：

五、东海。《陈涉世家》，秦嘉等围东海守庆于郯。守乃郡官名。及《绛侯世家》，因东定楚地泗水、东海郡。皆秦时已有东海郡之证。班《志》，东海郡

秦汉史

高帝置，盖误。

然东海郡固为何时所置乎？若谓置在始皇二十六年前，则上列三十六郡之数又未可定。若谓置在二十六年后，则史无明文可考。惟《始皇本纪》三十五年有云："于是立石东海上朐界中，以为秦东门。"窃疑秦廷分置东海郡，殆即其时。始皇三十二年，蒙恬发兵三十万人略取河南地。三十三年，又略取陆梁地，为桂林、象郡、南海三郡。又北逐匈奴，开初县三十四。即以后之九原郡也。三十四年，谪治狱吏不直者筑长城及南越地。三十五年，除道，道九原，抵云阳，堑山堙谷直通之。九原之名始见。然则蒙恬虽于三十二年取河南，三十三年斥逐匈奴，而九原置郡，盖有待于三十四年，或迟至三十五年，可知。九原之置郡既然，桂林、象郡、南海亦无不然。史言三十三年略取陆梁地为桂林、象郡、南海三郡者，特终言其事，未必其事之即在是年也。三十四年谪戍南越，即继略地而来。然则此桂林、象郡、南海三郡者，亦或络续置在三十四年，乃竟迟至于三十五年也。是时秦之疆土，南北大扩，乃遂立石东海中，标为秦东门，以夸其盛德广业焉。惜乎其文不传于后世，而其事由于南北扩地而起，其辞亦或及之，未可知也。因其立石海中，标称秦之东门，而遂划置东海一郡，其名与南海相映照，其事亦一时之隆典。虽史文疏略，未为大书"于是乃置东海之郡"，而东海郡或即置于此年，固不妨为此推论。又是岁，始皇以咸阳宫廷小，乃大营作，建阿房宫，又造丽山，遂徙三万家丽邑，五万家云阳；于其时而立石海中，以为秦之东门，则其增制东海一郡，固宜尔也。故知桂林、象郡、南海、九原四郡之立，当在始皇二十六年定天下为三十六郡之后；而东海郡之立，则犹在桂林、九原四郡之后。至是凡得五郡。合之以前三十六郡，秦郡之确可考信者，凡四十一郡也。

二　汉郡及十三部刺史之设置

汉高初兴，惩秦孤立，铲除功臣，大封同姓，而汉廷所有仅得十五郡：

> 太史公之言曰："汉初内地自山以东，尽诸侯地，汉独有三河、东郡、颍川、南阳，自江陵以西至蜀，北自云中至陇西，与内史凡十五郡。"此十五郡者，河东一，河内二，河南三，所谓三河也。东郡四，颍川五，南阳六。自江陵以西至蜀则南郡七，巴郡八，蜀郡九。北自云中至陇西，则云中十，上郡十一，北地十二，陇西十三。而自山以西，尚有上党；巴蜀之北，尚有汉中。共十五郡。加内史为十六。此高帝五年初定天下时之郡数也。六年以云中属代，则并内史得十五郡。至十一年，复置云中，而罢东郡以益梁，罢颍川郡以益淮阳，则并内史得十四郡。由是言之，则高帝末年之郡，除王国支郡

外，并内史唯得十四而已。（王国维《汉郡考》上。）

而汉初诸国土地，则大者七八郡，小者二三郡。总计高祖时
诸侯之郡，可得三十九。（王氏《汉郡考》下。）则汉初中央政制
之不及于全国，未臻于巩固，即此可见矣。汉郡之增，当在
孝景之世：

> 元年，削赵之常山郡。二年，削楚之东海郡。
> 三年，削吴之会稽、鄣郡。是岁，七国反。既平其
> 地，又以其余威削诸侯。于是始得平原、千乘、济
> 南、北海、东莱之地于齐。得涿郡、渤海、上谷、
> 渔阳、右北平、辽西、辽东之地于燕。得巨鹿、清
> 河于赵。得太原、雁门于代。得沛郡于楚。得庐江、
> 豫章于淮南。得武陵、桂阳于长沙。而诸侯之地以
> 新封皇子者，尚不与焉。故《史记·诸侯王表序》言
> 之曰："吴楚时前后，诸侯或以谪削地。是以燕、代
> 无北边郡，淮南、长沙无南边郡，齐、赵、梁、楚
> 支郡，名山陂海，咸纳于汉，诸侯稍微。"此实善道
> 当时之大势者也。（《汉郡考》上。）

故汉自高帝时，中央辖地，不过什二。而王国各自领郡。其
时则国大而郡小。及景帝后，裁抑宗室，虽皇子受封，亦不
过一郡之地。武帝用主父偃策，使诸王分地封子弟为侯，侯

国皆别属汉郡，不领于王国，而王国日益削。故其时遂郡大而国小。郡国之消长，封建、郡县比率之升降，亦汉廷政治隆衰一大关键也。

及武帝开广三边，（增郡见第三章。）而又有十三部刺史之制。其事在元封五年。今略举其分部之大略如次（据全祖望《汉书地理志稽疑》考定。）：

一、豫州刺史部。颍川、汝南、沛、梁、淮阳，（《前志》属兖州，此据《续志》。）凡二郡三国。

二、冀州刺史部。魏、巨鹿、常山、清河、赵、广平、真定、中山、信都、河间，凡四郡六国。

三、兖州刺史部。陈留、山阳、济阴、泰山、东郡、城阳、东平，凡五郡二国。

四、徐州刺史部。琅邪、东海、临淮、广陵、鲁、（《前志》属豫，此据《续志》。光武始改属豫。）泗水、楚，凡三郡四国。

五、青州刺史部。平原、千乘、济南、北海、东莱、齐、菑川、胶东、高密，凡六郡三国。

六、荆州刺史部。南阳、江夏、桂阳、武陵、零陵、南郡、长沙，凡六郡一国。

七、扬州刺史部。庐江、九江、会稽、丹阳、豫章、六安，凡五郡一国。

八、益州刺史部。汉中、广汉、犍为、越嶲、

秦汉史

益州、牂柯、蜀、巴，凡八郡。

九、凉州刺史部。武都、陇西、天水、安定、北地，凡五郡。

一○、并州刺史部。太原、上党、上郡、西河、云中、定襄、雁门，凡七郡。

一一、幽州刺史部。勃海、上谷、渔阳、右北平、辽西、辽东、玄菟、乐浪、涿、代、广阳，凡十郡一国。

一二、交阯刺史部。南海、郁林、苍梧、交阯、合浦、九真、日南，凡七郡。

一三、朔方刺史部。朔方、五原、金城、武威、张掖、酒泉、敦煌，凡七郡。

其后又置司隶校尉，不在十三部之列。其所察为京兆、冯翊、扶风、弘农、河东、河内、河南，又七郡。总凡郡国百有三。〔内惟昭帝增置金城一郡。县邑千三百十四，道（县有蛮夷者）三十二，侯国二百四十。疆东西九千三百二里，南北一万三千三百六十八里。〕遂以讫于孝平。洵汉之极盛矣。

第三节　西汉之中央官制

汉官大率沿秦旧。中央官最高者为三公。曰丞相。（秦有左右丞相。高帝置丞相一人，后更名相国。高后置二丞相，文帝时复置一丞相。）掌丞天子助理万机。（丞者，承也。相者，助也。）曰太尉，为武官长。曰御史大夫，掌副丞相。其次为九卿：

一、太常（秦官称奉常。景帝改太常。） 掌宗庙礼仪。属官有太乐、太祝、太宰（主宰牲牢也。）、太史、太卜、太医六令丞。又博士官亦属太常，员多至数十人。〔今按：太常列九卿之首，按实则特帝皇宗庙之守官耳。古代政治自鬼神宗教渐次分离之情，于此尚可见。又太史与乐、宰、祝、卜、医诸官并列，故司马迁谓"文史星历，近乎卜祝之间，固主上所戏弄，倡优畜之"（《报任少卿书》。）也。博士掌通古今，为学官，亦隶太常，是古者学术起于庙祝，掌于宗庙；刘歆所谓王官之学散而为百家，亦信有其征也。〕

二、光禄勋（秦官称郎中令，武帝时更名光禄勋。） 掌宫殿掖门户。属官有大夫、郎、谒者。大夫掌论议，有太中大夫、中大夫、谏大夫，皆无员，多至数十人。郎掌守门户，出充车骑。有议郎、中郎、侍郎，郎中，皆无员，多至千人。谒者掌宾赞受事，员七十人。〔今按：光禄勋者，如淳曰："勋之言阍也。阍者，古主门官也。"光禄，犹《尚书》云"纳于大麓"；古者王公居险，登高邱，则大麓犹后世之主门矣。伊尹为阿衡，（《商颂》。）又称保衡，（《书·君奭》。）《左传》："山林之木，衡鹿守之。"鹿即麓，衡、光、横古字通，故汉时为天子主门官又有黄门。然则光禄即衡麓，即阍也。（参看章炳麟《神权时代天子居山说》，又《专制时代宰相用奴说》。）太常为帝皇守宗庙之官，而光禄则为天子守宫殿之官耳。至汉之郎选，则其途颇杂。有以父任者。汉制："吏二千石以上，视事满三岁，得任同产若子一人为郎。"（如苏武、韦玄成皆是。此即战国赵老臣触詟见赵太后，愿其少子"得补黑衣之数"之类也。）有以訾选者。汉制："訾五百万，得为常侍郎。"（如张释之、司马相如皆是。盖高訾者得上书自请宿卫，禄不丰而所费大。张释之为郎，十年不得调，谓其兄曰"久宦减仲产"，欲免归，是也。）有以才技进者。（如卫绾以戏车为郎。荀彘以御见侍中。此如战国冯煖为孟尝君客，孟尝君问"客何能"。天子之郎，亦犹门客，亦应以一技进耳。）有经大臣之荐举者。（如王吉以郡吏举孝廉为郎。）有上书自炫鬻者。（如东方朔上书，得为常侍郎是也。）有射策为郎者。（此最后起，如萧望之、何武皆是。）郎之得名，盖犹《周官》郁人、鬯人、鸡人之人。郎之体制，盖犹战国以来贵族之有食客门人。大夫则郎之高选也。〕

三、卫尉（秦官，景帝改名中大夫令。后复称卫尉。）掌宫门卫屯兵。属官有公车司马、卫士、旅贲（旅，众也。贲与奔同，任奔走。）三令丞。〔今按：卫尉掌卫宫门。与光禄勋别者，以其为武职耳。〕

四、太仆（秦官。）掌舆马。〔今按：此其初，盖尤近臣之微末者。（秦时谒者掌宾赞受事，尚书属少府，博士通古今，与侍中皆帝皇近臣，而皆有仆射以领之。《檀弓》有仆人、射人，秦始合为一名。此可见朝廷公卿大僚，其先乃以帝皇私养仆从之人为之也。）〕

五、廷尉（秦官。） 掌刑辟。〔今按：廷尉司法，宜非帝皇之私臣。然以九卿全体论之，则廷尉所司，亦帝皇之私法，非国家之公宪矣。〕

六、大鸿胪（秦官，为典客，景帝改名大行令。武帝更名大鸿胪。） 掌诸归义蛮夷。〔今按：应劭曰："郊庙行礼赞，九宾鸿声胪传之。"此则古之所谓介，又为行人，为典客，皆帝王之私臣，非国家之公职也。〕

七、宗正（秦官。） 掌亲属。〔今按：九卿始太常，奉侍皇室之祖先者也。次光禄勋、卫尉、太仆，则均侍卫皇室。廷尉纠其违犯，大鸿胪交其宾从，亦皆侍卫皇室之官也。宗正则为皇室掌亲属，与太常之为皇室掌宗庙者，亦同为帝皇一家之私臣也。〕

八、大司农（秦官，名治粟内史，景帝改名大农令。武帝更名大司农。） 掌谷货。

九、少府（秦官。） 掌山海池泽之税，以给共养。属官有尚书（为内廷主书。）、符节（为内廷主符节也。）、太医（太常有太医，此复有之，此征医学自鬼神迷信渐进而为药物卫养矣。）、太官（主膳食。）、汤官（主饼饵。）、导官（主择米。）、乐府（太常有太乐，此有乐府，亦征音乐自鬼神宗教转为

娱乐奉养也。）、若卢（主治库兵。）、考工（主作器械。）、左
弋居室、甘泉居室、左右司空（左弋、甘泉皆地名，居室、
司空皆系罪人。既有廷尉，复有少府之居室、司空者，见刑法之
未为朝廷公器也。）、东织、西织（主织造。）、东园匠（主
作陵内器物。）十二官令丞。〔今按：少府者，小库也。
盖皇室私蓄所藏。故其属官，尤见为皇室之打杂差
遣矣。大司农与少府之分别，见上第三章，兹不再
详。大司农所掌，虽供国用，然以九卿全体言，大
司农亦不能如后代为国家之财政部，特为皇室大藏，
与少府同为帝皇掌产业。盖九卿官制，固俨然一富
室巨家规模也。〕

且不仅九卿为皇室之私臣，即丞相、御史大夫，就实言之，
亦皇室私臣耳。汉制："御史大夫有两丞，一曰中丞，在殿中
兰台，掌图籍秘书，外督部刺史，内领侍御史，员十五人。
受公卿奏事，举劾按章。"是御史大夫虽列职在外，而其属官
有在内廷也。御史大夫为丞相之副，御史大夫得治王室内廷
事，则丞相职权自及王室内廷可知。故文帝时，太中大夫邓
通爱幸，丞相申屠嘉得为檄召通诣丞相府责之，是丞相得治
及王室内廷之证也。汉之九卿，其性质既自王室私臣蜕化而
来，故王室不需复有私臣。孝惠时，郎、侍中皆冠鵕鸃，贝
带，傅珠粉，而其人皆士人也。汉初尚以士人侍中，不尽宦
竖，所以内外之势不甚隔阂；而丞相、御史，其权亦得及王

室之内廷。后之治制度者，谓为"汉制近古"，是已。实则乃当时历史演化未深，犹留往昔封建贵族时代之遗型耳。故《周官》太宰，其属乃有宫正、宫伯、膳夫、庖人，乃至于内宰、内小臣、阍人、寺人、世妇、女御之属。说者谓"周公之设官，使内外相维，乃圣人之用心"。实则宰本膳庖之职，为王室之私臣。及封建之制渐变而为郡县，往者贵族既就渐灭，或则膨大，化家为国，遂以主庖膳之宰夫，一跃而为天子之丞相。若以汉制说之，则丞相犹《周官》之太宰也，御史大夫犹小宰也，御史中丞则犹宰夫也。其先乃系贵族家庭之私仆，渐变而为国家朝廷之大僚焉。然则汉之初年，以政治疆域言，仍不免古者封建割裂之状态；以政治组织言，亦仍不脱古者贵族私家之模型。此征历史演化，以渐不以骤。时代虽变，固不能划然成为一新物也。

汉之丞相、御史大夫，仍不失古者家宰仆御之遗意，故其职权乃得及于王室之内廷，其义既如上述。而汉自高祖创业，文、景守成，外则封建诸王之波澜常作，内则列侯、功臣之基盘方广，王室之权，多见侵逼，固无如何也。及于武帝，雄材大略，席三世之余荫，又值削平封建，王朝一统；其意时欲大有所作为，而颇不便于外廷宰相之权重。乃始贵幸常侍，使得与闻朝政。如严助、朱买臣等，皆以文学入内朝，往往奉天子意旨，与外廷丞相大臣相诘难。公孙弘为丞相，谏筑朔方，朱买臣等难之，发十策，弘不得一。当时内朝文学侍从之臣，其气焰如此。及弘后，诸丞相皆鹿鹿备位，内朝置尚书，列属分曹，都受外事，而政权重心乃始全移于中朝。卫青、霍去病皆由侍中进，权势远出宰相右。及武帝临崩，幼主嗣重，而霍光、金日磾皆以侍中受顾命。霍光为大司马大将军，领尚书事，为中朝之长。其次有侍中、中常侍之属，皆加官，始得入禁中。而所加或列侯、卿大夫、将、都尉、尚书之属，皆得加官，而丞相、御史大夫独否。于是外廷、中朝划然判别，而权重则在中朝。故霍光废昌邑王，丞相杨敞不得预议。自是以来，列朝遗诏，皆以大司马大将军辅政，而其人选则皆外戚也。是汉之政制，其权重所归，乃由家宰转移而至于戚党。其仍为不脱古者封建贵族私家临御之体制，则一也。

第四节　西汉之地方官制

一　郡太守及都尉

汉之地方官，最要者为太守。《百官表》："郡守，秦官，掌治其郡，秩二千石。有丞，秩皆六百石。"常得召见，或赐玺书。朝廷于太守极尊礼，太守禄位略当九卿。汉廷宰相，亦往往历试郡事。如宣帝察萧望之材任为相，欲详试其政事，复以为冯翊，自少府左迁；王骏为少府，成帝欲大用之，复出为京兆尹；是也。郡守之于朝廷，堂陛之间不甚阔绝。而太守在郡，亦得自申其意为治。得自辟掾属，一也。得专莅政事，二也。得主理财政，三也。得缩军权，四也。上二者其例不胜举。即如：

> 文翁为蜀郡守，见蜀地僻陋，有蛮夷风，乃选郡县小吏开敏有材者十余人，遣诣京师，受业博士，或学律令。减省少府用度，买刀布蜀物，赍计吏以遗博士。数岁，蜀生皆成就，还归。文翁以为右职。用次察举，有至郡守、刺史者。(《循吏传》。)

则当时郡太守得专行其意，教化一方也。汉中央财政，有大司农、少府之别。疑郡邑财计，亦仿中央。文翁减省少府用度，师古曰：

> 少府，郡掌财物之府以供太守者也。

是郡太守亦自有少府，其用度固宜得专主矣。(盖宽饶劾奏长信少府檀长卿，以列卿而沐猴舞，则太后亦得别置少府。) 冯唐告孝文帝，魏尚为云中守：

> 军市租尽以给士卒。出私养钱，五日壹杀牛，以飨宾客、军吏、舍人。是以匈奴远避，不近云中之塞。(《冯唐传》。)

秦汉史

汉制："山川园池、市井租税之入，自天子以至于封君汤沐邑，皆各为私奉养，不领于天下之经费。"疑郡邑财计，亦分公私。故魏尚得尽以军市租给士卒，犹之文翁之得减少府用度供诸生也。韩延寿在东郡，放散官钱千余万，萧望之问其事，延寿即案校望之在冯翊时廪牺官钱放散百余万；此等官钱，郡守为兴利便民，固得主用也。

《百官表》：

> 郡尉，秦官，掌佐守典武职甲卒，秩比二千石。有丞，秩皆六百石。（景帝更名都尉。郡太守缺，都尉行事。光武建武六年，省诸郡都尉，并职太守。）

而太守实总绾之。

> 韩延寿为颍川太守，传中述其都试讲武甚备。翟义为东郡太守，以九月都试日，勒车骑、材官士起事。《淮南王安传》，安欲发兵反，先令人作旁近郡太守、都尉印。可见守、尉互掌兵权也。……又尹翁归为东海太守，于定国称曰："此贤将。"孙宝为京兆尹，吏侯文亦称宝为将。严延年为涿郡太守，掾蠡吾赵绣称延年为新将。注："新为郡将也。"谓守为将，以其兼领武事。（《十七史商榷》卷十四、十五。）
> 又西汉太守、都尉各有治所，不同一地。如东

郡太守治，大率在首县濮阳，而都尉治在东阿。（见
《地理志》。）兵权掌于都尉，都试之事亦都尉掌之。故
翟义起兵，必待九月都试日。（《傲季杂著·汉都试考》。）
是汉郡兵民分治，而都尉又上受郡守节制也。

故汉之郡守，实兼得辟官、莅政、理财、治军之四权。于其
所守，可以自建白。大抵汉之太守，犹有古者诸侯封国自专
之遗意，惟不得世袭耳。

二　县之令与长

太守下为县令、长。县令、长之于太守，虽称属吏，亦
往往得自行其意，不为上官所夺。如：

> 萧育为茂陵令，会课育第六。（中下。）而漆令郭
> 舜殿。见责问。育为之请，扶风怒曰："君课第六，
> 裁自脱，何暇为左右言。"及罢出，传召茂陵令诣后
> 曹，以职事对。育径出，曹书佐随牵育。育案佩刀
> 曰："萧育，杜陵男子，何诣曹也。"遂趋出，欲去
> 官。明旦，诏召入，拜为司隶校尉。此在后世，即
> 同列所难堪，而当时以行之上官。汉时长吏之能自
> 树立，可见于此矣。（《日知录》卷九。）

又汉时县令，多取郡吏尤异者选补，故于吏事皆通晓。而其

他郡县吏，亦颇极人才之选。良以在上之守令，既留意于辟进掾属，而朝廷大臣亦多由吏道进身，故贤者不以为卑耻也。（参看上章所举。）

三　少吏

《百官表》：

> 县令、长皆秦官，掌治其县。万户以上为令，秩千石至六百石。减万户为长，秩五百石至三百石。皆有丞、尉，秩四百石至二百石，是为长吏。百石以下，有斗食、佐史之秩，是为少吏。大率十里一亭，亭有长。十亭一乡，乡有三老、有秩、啬夫、游徼。三老掌教化。啬夫职听讼，收赋税。游徼徼循禁贼盗。县大率方百里，其民稠则减，稀则旷。皆秦制也。

所谓亭者，有居舍，如今之公署。霸陵尉止李广宿亭下，张禹奏请平陵肥牛亭部处地，上以赐禹，徙亭他所。而《汉书注》云"亭有两卒，一为亭父，掌开闭扫除。一为求盗，掌逐捕盗贼"，是也。又有城池，如今之村堡。《韩非子》："吴起为西河守，秦有小亭临境，起攻亭，一朝而拔之"，《匈奴传》"见畜布野而无人牧者，怪之，乃攻亭"，是也。又有人民，如今之镇集。汉封功臣有亭侯，是也。（《日知录》卷二十二。）

汉少吏亦以次迁。《汉官仪》云："就田里民应令选为亭长。"《史记·田叔列传》，褚先生云："任安为求盗、亭父，后为亭长，后为三老，举为亲民，出为三百石长治民。"《汉书·朱博传》："以亭长为功曹。"《朱邑传》："以啬夫为太守卒史。"《张敞传》："以乡有秩补太守卒史。"其阶由里魁、亭父而亭长。亭长或为功曹，或为游徼。由游徼而啬夫、乡三老。由啬夫、乡三老而县三老。或为县门下游徼，或为郡太守卒史。郡太守卒史百石。乡三老惟郡署者百石。《赵广汉传》"奏请长安游徼秩百石"，他游徼不百石也。（俞正燮《癸巳类稿·少吏考》。又按《庄子·达生篇》，孙休宾于乡里，逐于州部。《楚策》：汗明见春申君，曰：仆之不肖，厄于州部。《管子·小匡》，乡长进德修贤，名之曰三选，罢士无伍。《韩非·问田》，关乎州部。是乡选之制，亦由战国来。）

少吏之职，举其要者，约有四。其一用以征调军旅，其一用以知户口赋税，其一以察奸弭盗，其一用为官役。（均详俞氏《少吏考》。）而少吏之间，亦多贤才。如新城三老董公，遮说汉王为义帝发丧；壶关三老茂，上书明戾太子冤；皆见称史册。（《高纪》及《仓颉碑》阴有县三老，《袁良碑》及《后书·王景传》尚有郡三老、国三老。董公与茂皆县三老也。）文帝诏三老，各率其意以道民。则朝廷之于乡少吏，礼意亦甚优异矣。三老、啬夫，治行尤著者，可累擢至大官。而朱邑自舒桐乡啬夫官至大司农，病且死，属其子曰："我故为桐乡吏，其民爱我，必葬我桐乡。后世子孙奉尝（蒸尝之尝也。）我，不如桐乡民。"及死，其子葬之桐乡西郭外，民共为起冢立祠，岁时祠祭不绝。即此可见汉时地方风俗之醇，吏治之美。盖由其时政制，犹未全脱古人封建时代之遗意，转使地方有自由自治之权，不必一一关其上。故在上者得以无为为治，与民休息；而民间亦以少受在上者政治之侵扰，而得自力于其切身利弊之兴革。而贤才长者，亦往往杂出于其间。不如后世中央之政权日大，地方政权日削。一国之俊杰人才，相率趋于朝廷，而地方之吏治日坏。亦以地方自由自治之权既小，虽有长才，亦无所施；而地方长官，遂亦惟可徒劳于文书簿籍之间，循至于舍征租督役之外，乃无地方政务可言也。

四 西汉之刺史

汉代地方行政之权，全在一郡之太守，无异于往古封建之诸侯。而中央朝廷，则特设官以监察之。其制亦始于秦。《百官表》：

> 监御史，秦官，掌监郡。汉省。丞相遣史分刺州，不常置。武帝元封五年，初置部刺史，掌奉诏条察州。

师古引《汉官典职仪》云：

> 刺史班宣，周行郡国，省察治状，黜陟能

否，断治冤狱，以六条问事，非条所问即不省。一条，强宗豪右田宅逾制，以强凌弱，以众暴寡。二条，二千石不奉诏书，遵承典制，倍公向私，旁诏守利，侵渔百姓，聚敛为奸。三条，二千石不恤疑狱，风厉杀人，怒则任刑，喜则淫赏，烦扰刻暴，剥截黎元，为百姓所疾，山崩石裂，妖祥讹言。四条，二千石选署不平，苟阿所爱，蔽贤宠顽。五条，二千石子弟恃怙荣势，请托所监。六条，二千石违公下比，阿附豪强，通行货赂，割损正令。

其间第一条，察豪宗强右；下五条，皆察二千石。鲍宣为豫州牧，以听讼所察过诏条，被劾。（见《本传》。）翟方进为朔方刺史，居官不烦苛，所察应条，辄举。（见《本传》。）是刺史惟以六条察郡国，其他守令事，刺史不当与也。

然考当时居此官者，颇以督察藩国为事。如：

《高五王传》，青州刺史奏淄川王终古罪。《文三王传》，冀州刺史林奏代王年罪。《武五子传》，青州刺史隽不疑知齐孝王孙刘泽等反谋，收捕以闻。（亦见《不疑传》。）又昌邑王贺封海昏侯，扬州刺史柯奏其罪。《张敞传》，拜冀州刺史，既到部，而广川王国群辈不道，贼发不得，敞围王宫搜得之。捕格断头，悬王宫门外。因劾奏广川王，削其户。盖自贾谊在文帝时，已虑诸国难制。吴楚反后，防禁益严。部刺史总率一州，故以此为要务。（王鸣盛《十七史商榷》卷十四。）

从知武帝分部设刺史之初旨，亦欲裁抑封建余势，以谋中央政权之广大。《汉仪》云云，自据后事言之。部刺史之初设，用意或不尽在此也。

刺史统辖一州，其所辖州中郡国守相，皆为属官，得弹劾。如：

《魏相传》，相为扬州刺史，考案郡国守相，多所贬退。《何武传》，武为刺史，所举奏二千石长吏，必先露章。服罪者，亏除免之。不服，极法奏之，抵罪或至死。《王嘉传》云，司隶、部刺史察过悉劾，二千石益轻。或持其微过，言于刺史、司隶。众庶知其易危，小失意则离畔，以守相威权素夺也。《京房传》，房奏考功课吏法，元帝以房为魏郡太守，得以考功法治郡。房自请愿无属刺史。可见守相畏刺史如此。《朱博传》，为冀州刺史，行部，吏民数百人遮道自言。博使从事敕告吏民，欲言县丞尉者，刺史不察黄绶，（丞尉职卑，皆黄绶。）各自诣郡。欲言二千石墨绶长吏者，使者行部还，诣治所。（刺史所止理事处。）其所弹劾如是。而所举荐，则如《王褒传》，王襄为益州刺史，使褒作《中和》《乐职》《宣布》诗，奏褒有轶才。《王莽传》，莽风公卿奏言州郡所举茂才异等吏率多不称。是刺史有举扬人才之任。亦可见其权重矣。（王鸣盛《十七史商榷》卷十四。）

然刺史秩仅六百石。（《百官表》。）每岁以秋分行部，（师古引《汉官旧仪》。）岁尽，诣京都奏事。（《翟方进传》师古注。）依故事，居部九岁，乃得迁相。（《朱博传》。）

　　黄霸、陈咸、张敞、王尊、马宫，皆由刺史为太守。《冯奉世传》，子参，由渭陵寝中郎超迁代郡太守。中郎出为太守云超迁，而刺史则多有以卑秩得之者。故京房请以中郎补是职。《孔光传》云，博士选高第为尚书，次乃为刺史。而满宣由谒者为冀州刺史。（见《贾捐之传》。）张敞由太仆丞出为豫州刺史。（见《本传》。）皆以朝臣卑者充之。其内迁，则如翟方进、何武，仅得为丞相司直，特丞相之门下属官耳。王尊为郿令，迁益州刺史。（见《本传》。）令可以径迁刺史，亦由秩卑故也。（《十七史商榷》卷十四。翟方进为丞相，更置州牧，秩真二千石，位次九卿。九卿缺，以高第补。哀帝时朱博奏罢之，置刺史如故。）

盖秩卑则其人激昂，权重则能行志。（刘元城《语录》。）然刺史虽权重，又内隶于御史中丞。《百官志》：

> 御史中丞在殿中兰台，掌图籍秘书，外督部
> 刺史，内领侍御史，员十五人。受公卿奏事，举劾
> 按章。

是也。此其内外相维、小大相制之意，可谓甚美。凡此皆汉
代官制之大略可论者也。

第五节　西汉之封爵

汉之官制率本于秦，而汉复有封爵，其制亦自秦沿袭而
来。《百官表》：

> 爵一级，曰公士。二，上造。三，簪袅。四，
> 不更。五，大夫。六，官大夫。七，公大夫。八，
> 公乘。九，五大夫。十，左庶长。十一，右庶长。
> 十二，左更。十三，中更。十四，右更。十五，少
> 上造。十六，大上造。十七，驷车庶长。十八，大
> 庶长。十九，关内侯。二十，彻侯。皆秦制。

《续志》刘昭注引刘劭《爵制》曰：

古者天子寄军政于六卿，居则以田，警则以战。秦依古制，其在军赐爵为等级，其帅人皆更卒也。有功赐爵，则在军吏之例。自一爵以上，至不更四等，皆士也。大夫以上至五大夫五等，比大夫也。一爵曰公士者，步卒之有爵为公士者。二爵曰上造，造，成也；古者成士升于司徒曰造士。虽依此名，皆步卒也。三爵曰簪袅，御驷马者。要袅，古之名马也。驾驷马者，其形似簪，故曰簪袅也。四爵曰不更，不更者，为车右，不复与凡更卒同也。五爵曰大夫，大夫者，在车左者也。六爵官大夫以上至九爵为五大夫，皆军吏也。吏民爵不得过公乘者，得赏与子若同产。公乘者，军吏之爵最高者也。虽非临战，得公卒车，故曰公乘也。（按：民爵所以不得过公乘者，因五大夫以上当复除也。）十爵左庶长以上至大庶长，皆卿大夫，皆军将也。所将皆庶人、更卒也，故以庶更为名。大庶长，即大将军也。左右庶长，即左右偏裨将军也。

盖商鞅变贵族世袭之封建为军国，即观其二十等爵而可知矣。《韩非子》：

　　斩一首者爵一级，欲为官者，为五十石之官。
　　斩二首者爵二级，欲为官者，为百石之官。

据此，则里魁、亭长，所谓"少吏"，殆多由爵士任之，而爵则由军功来。此与朝廷以军功封侯，非封侯不得为丞相，皆可见其时一切政制，乃初由封建贵族进而为军国组织之一种遗影也。高祖诏县三老勿复繇戍，是乡三老以下仍不免戍役。又文帝时，晁错言五大夫乃得复一人；岂第九级爵略当于县三老乎？要之汉初封侯，率由军功，其地方吏亦与军爵相通，未脱秦人以军制国之遗意。自武帝后而此风亦变。因并附于此，见汉政先后不同之一端焉。

第七章　王莽之新政

第一节　王莽之篡汉

秦并六国，创统一之新局。不二十年而汉兴，开后世以征诛得天下之始。汉室传世二百载，而王莽篡位，开后世以禅让得天下之始。然汉高君臣，遵循秦法，勿能有所兴革。王莽锐意复古，欲举秦汉以来二百余年相沿之成法，一变而返之于《诗》《书》六艺所称述之上世。然亦不二十年而覆亡。惟秦祚虽移，而秦之政制仍行于汉。新室既败，而新廷所欲建树者均灭。然其当时措施之意，则亦治史者所不可不考而知也。

一　外戚地位之凭藉

汉之初兴，一时握权柄者，尽属军伍同起之功臣；在外则为封王，在朝则为卿宰。及高祖夷灭异姓诸王而代以刘氏，于是内朝为功臣，而外封为宗室。其时诸吕颇为刘助，实以外戚而兼功臣也。高后之崩，功臣、宗室相依而铲诸吕，外戚一系遂断。文、景两朝，内则诸老功臣及其嗣侯相继秉政，外则宗室同姓互为觊觎。以文、景两帝因应之宜，宗室诸王分析败亡，俯首听命；而功臣卿宰亦敛手退让，归其权重。故自武帝时而汉之为汉者乃定，而中央帝室之尊严始确立。武帝以雄才大略，拔公孙弘起徒步，为相封侯。公孙弘前后，虽仍不脱以前功臣嗣侯为卿宰之旧例，然昭、宣以下为相者，则多由书生平地拔起。大率拜相始侯，不限于侯者而始得为相矣。惟相臣之权重威望，亦因此颇见轻减。而且政治既上轨道，民生乐业，四裔无事，兵革不起，即功臣一系亦渐灭。天下之重，帝皇孤立于上，则必有与共者。于是昭、宣以来，朝廷大权遂无意中仍流入外戚一系之手。霍光自武帝时受遗诏辅政。昭帝不寿，在位十三年（年二十三。）而崩。昌邑王贺入嗣大位，百日见废，并杀其群臣二百余。出死，号呼市中，曰："当断不断，反受其乱。"则霍氏在当时，权势之重，不啻诸吕，而犹过之也。霍光死，宣帝尽诛霍氏，乃用许（妻党。）、史（母党。）。临崩，亦诏以祖母史良娣子高受遗诏辅政。霍光在时，尝从骖乘，帝严惮之，若有芒刺在背。乃今所以为其子谋者，仍不免以外戚为辅。良以同姓宗室，宜于封建，不宜于内朝辅政。功臣嗣侯，数世而衰，亦难继盛。白徒孤仕，威信均有不孚。故君主政体之演进，当宗室封建、功臣世袭两途衰绝，乃折而入于外戚之代兴；此亦趋势之自然，有所必至也。自是以后，元帝任许、史，成帝任王氏，哀帝任丁、傅，平帝仍任王氏，皆以外戚擅权。其间有宦者，如元帝之信弘恭、石显；有师傅，如元帝之相萧望之，成帝之相张禹，哀帝之相师丹；虽亦亲幸，势终不敌外家。而王氏自成帝时，王凤以元舅为大司马大将军秉政，诸舅谭、商、立、根、逢时同日封侯，世谓之"五侯"。子弟分据势要，郡国守、相、刺史皆出门下。王氏一姓，乘朱轮华毂者二十三人。王凤既卒，从弟音及商、根相继当国。根病免，莽以从子继四父执政。及哀帝即位，中废。哀帝在位仅六年，二十三岁而崩，无子。丁、傅二后皆先卒，太皇太后（元帝后王氏。）仍诏莽为大司马，迎立平帝，而王氏遂重握朝柄。莽之篡汉，其凭藉于外戚之势者，至厚至重。此其所由以默移汉祚，而使人心相安于不自觉也。

二　王莽自身之名誉

至论莽之为人，在当时，亦实有足以见信重者。史称：

> 莽家凡九侯、五大司马，唯莽父曼蚤死不侯。莽群兄弟皆将军、五侯子，乘时侈靡，以舆马声色佚游相高；莽独孤贫，因折节为恭俭。受《礼经》，师事沛郡陈参，勤身博学，被服如儒生。事母及寡嫂，养孤兄子，行甚敕备。又外交英俊，内事诸父，

曲有礼意。

年三十，当世名士，咸为莽言，得封新都侯。（成帝永始元年。）莽：

> 爵位益尊，节操愈谦。散舆马衣裘振施宾客，家无所余。收赡名士，交结将相卿大夫，故在位更推荐之。

嗣以白太后姊子淳于长罪过，长伏诛；莽擢为大司马，继四父辅政。时年三十八。（绥和元年。）

> 遂克己不倦，聘诸贤良以为掾史。赏赐邑钱，悉以享士，愈为俭约。母病，公卿列侯遣夫人问疾；莽妻迎之，衣不曳地，布蔽膝，见之者以为僮使；问知其夫人，皆惊。

及哀帝即位，莽移病自免让丁、傅，公卿大夫多称之。

> 莽在国三岁，吏上书讼莽冤者以百数。

会哀帝不寿，莽遂复起。史言：

王莽始起外戚，折节力行，以要名誉，宗族称孝，师友归仁。及其居位辅政，成、哀之际，勤劳国家，直道而行，动见称述。又乘四父历世之权，遭汉中微，国统三绝，（成、哀、平。）而太后寿考，为之宗主，（自孝元元年立为后，至平帝卒，凡历四世，五十三年。）故得成篡盗之祸。推是言之，亦天时，非人力之致矣。

此言可谓得当时之真相。

三 王莽居摄前政治上之措施

然王莽所以得举世人心之归向，而安移汉祚于庙廊之间，其事固不止如上述门第之鼎盛、制行之谨饬而已也。盖莽之所以震动一世之视听，而得时人之信仰者，尤在其对于政治上之主张。其最先措施，犹在成、哀之际，莽为大司马时。《哀帝纪》，帝以绥和二年四月即位；六月，即下诏议田宅奴婢限列。诏曰：

> 制节谨度，以防奢淫，为政所先。诸侯王、列侯、公主、吏二千石及豪富民，多畜奴婢，田宅亡限，与民争利。百姓失职，重困不足。其议限列。

有司条奏：

诸王、列侯得名田国中，列侯在长安，及公主
名田县道，关内侯、吏民名田，皆无得过三十顷。

　　诸侯王奴婢二百人，列侯、公主百人，关内侯、
吏民三十人。年六十以上，十岁以下，不在数中。

　　贾人皆不得名田，为吏。犯者以律论。

　　诸名田、畜奴婢过品，皆没入县官。

　　齐三服官、诸官织绮绣，难成害女红之物，皆
止，无作输。

　　除任子令，及诽谤诋欺法。

　　掖庭宫人年三十以下，出嫁之。官奴婢五十以
上，免为庶人。

　　禁郡国无得献名兽。

　　益吏三百石以下俸。

　　察吏残贼酷虐者以时退。

　　有司无得举赦前往事。

　　博士弟子父母死，予宁三年。

今按：哀帝以元帝庶孙入承大统，即位，年十九。自四月即
位至六月，未满两月，而先下诏罢乐府，继以议田宅、奴婢
限列；此决非出哀帝之意，而自有为之主者。有司条奏诸端，
皆极大善政。以汉家故事言之，惟武帝初即位，诏举贤良，
以丞相言罢治申、韩、苏、张之言者一事，差为近之，然犹

远不能相比并；其他更不论也。然《帝纪》并不言主其事者何人。《食货志》乃谓：

> 哀帝即位，师丹辅政，建言："古之圣王，莫不设井田，然后治乃可平。孝文皇帝承兵革之后，务劝农桑，帅以节俭，民始充实，未有并兼之害。故不为民田及奴婢为限。今累世承平，豪富吏民訾数巨万，而贫弱俞困。宜略为限。"天子下其议。丞相孔光、大司空何武奏请诸侯王、列侯皆得名田国中，列侯在长安，公主名田县道，及关内侯、吏民名田，皆毋过三十顷。诸侯王奴婢二百人，列侯、公主百人，关内侯、吏民三十人。期尽三年，犯者没入官。时田宅奴婢贾为减贱。丁、傅用事，董贤隆贵，皆不便也。诏书且须后，遂寝不行。

是谓其事主于师丹、孔光、何武。然大司马王莽病免，以师丹为大司马，事在七月。议田宅、奴婢限列在六月。则其时辅政者，乃王莽，非师丹也。王莽为大司马当国，在绥和元年十一月，二年三月成帝崩，相去五月耳，莽盖不暇有所建白。及哀帝以藩王弱冠入承大统，莽居中朝，内仗太皇太后之尊，方谓可以大有所兴革。即据其议田宅奴婢限列条奏诸端，已可见其时王莽政治抱负之一斑。孔光、何武、师丹，亦承莽意云云耳。而哀帝在王国，已不满王氏僭盛。及即位，遽封拜丁、傅，期夺王氏权。莽遂乞退，帝亦听之。时莽方以奏言淳于长罪过得政，不失为忠直。以避丁、傅退位，不失为磊落。而为大司马前后八月，所建议虽不行，要其所以得天下之人望者，则实在于斯矣。

据《货殖传》：

> 成、哀间，成都罗裒訾至巨万。临菑姓伟，訾五千万。
>
> 成、哀、王莽时，雒阳张长叔、薛子仲訾亦十千万。
>
> 自元、成讫王莽，京师富人杜陵樊嘉、茂陵挚网、平陵如氏、苴氏，长安丹王君房、豉樊少翁、王孙大卿，为天下高訾。樊嘉五千万，其余皆巨万矣。

此言以货殖积赀致富者。至朝廷公卿仕宦之家，据《王嘉传》：

> 孝元皇帝温恭少欲，都内钱四十万万，水衡钱二十五万万，少府钱十八万万。赏赐节约。是时外戚赀千万者少，故少府、水衡见钱多。宠臣淳于长、张放、史育，育数贬退，家赀不满千万。

《佞幸传》则称：

> 石显赏赐及赂遗訾一万万。
> 淳于长赂遗赏赐亦累巨万。
> 董贤旬月间赏赐累巨万。……死后县官斥卖董
> 氏财，凡四十三万万。

《元后传》称：

> 王氏五侯群弟争为奢侈，赂遗珍宝，四面而至。
> 后庭姬妾，各数十人。僮奴以千百数。

盖汉自昭、宣以来，休养生息，元气渐复。神爵、五凤之间，天下殷富，（《王褒传》语。）不啻武帝之全盛。元、成因之，未能有所制限。社会财富，一任其自然为发展，自易走入巨富、极贫之境。时虽中朝一统，外无强国，而外戚佞幸，奢僭淫放，则较往者封王亦不殊。于是前朝贾、晁、董生所扼腕叹息之现象，乃一一重见。而一时学者，如王吉、贡禹之徒，乃复盛唱"制节谨度"之议。元帝时，贡禹言："官奴婢十余万，游戏亡事，税良民以给之，岁费五六巨万。宜免为庶人。"（《禹传》。）成帝永始四年诏："公卿列侯，亲属近臣，多畜奴婢，被服绮縠，车服过制。申敕有司，以渐禁之。"是皆绥和元年下诏议奴婢限列之先声。至限民名田，董仲舒已早为武帝言

之。元光中，曾令："贾人有市籍，及家属，皆无得名田，以便农。"至是乃推及诸王、列侯、吏二千石。盖即遥师仲舒之意。除任子令，其议创自王吉。其他如：

> 元帝初元元年，令诸宫馆希御幸者勿缮治，太仆减谷食马，水衡省肉食兽。
>
> 二年，诏罢黄门乘舆狗马，水衡禁囿、宜春下苑、少府佽飞外池、严籞池田，假与贫民。
>
> 五年，令太官所具各减半。罢角抵、齐三服官。博士弟子毋置员，以广学者。（是年贡禹卒。）

此等意见，皆自贡禹发之。议田宅奴婢限列前，先诏罢乐府，此议亦王、贡所唱。及成帝永始四年，诏曰：

> 圣王明礼制以序尊卑，异车服以章有德，虽有其财，而无其尊，不得逾制，故民兴行。方今世俗，奢僭罔极，靡有厌足。公卿列侯，亲属近臣，四方所则，未闻修身遵礼，或乃奢侈逸豫，车服嫁娶葬埋过制。吏民慕效，浸以成俗。

此可征当时以时平世泰，奢风日炽；而制节谨度之意，实一时上下所共希。王莽所抱政治理想，亦自此等时代背景及时代思潮下酝酿而来，并无足异。惟莽出王氏极盛之门第，而奉王、贡书生谨节之论，修己治人，坚守敢为，此则不易得耳。

然绥和二年限列之议，不久即废。《王嘉传》谓："诏书罢苑，而以赐贤（董贤。）二千余顷，均田之制从此堕坏。"是也。及哀帝崩，董贤见诛，王莽重柄朝政。平帝元始三年，莽奏车服制度，吏民养生、送终、嫁娶、奴婢、田宅、器械之品；盖即承绥和二年凤议。及莽既篡汉，始建国元年，下诏禁买卖田宅奴隶，有云：

> 予前在大麓，始令天下公田口井。时则有嘉禾
> 之祥，遭反虏逆贼且止。

即指此而言也。

王莽行政，重礼制，恤民生，着眼于社会经济，其本原皆出于王、贡，而其病则在拘古。此即王、贡亦不免。其最著者莫如改币制一事。《食货志》：

> 王莽居摄，变汉制，以周钱有子母相权，于是
> 更造大钱，重十二铢，文曰"大钱五十"。又造契刀、
> 错刀……契刀五百，错刀以黄金错，一刀直五千。
> 与五铢钱凡四品并行。

《莽传》谓莽既改币制，民多盗铸者。并禁列侯以下不得挟黄

金，输御府受直。今按：排斥黄金之论，远自晁错已言之，而贡禹主之尤力。禹言：

> 古者不以金钱为币，专意于农。故一夫不耕，必有受其饥者。今汉家铸钱采铜，一岁十万人不耕。民坐盗铸，陷刑者多。富人藏钱满室，犹无厌足。商贾求利，不出租税。民弃本逐末，耕者不能半。贫民虽赐之田，犹贱卖以贾，穷则起为盗贼。奸邪不可禁，其原皆起于钱。宜罢采珠玉金银铸钱之官，毋复以为币。除其贩卖租铢之律。租税禄赐，皆以布帛及谷，使百姓一归于农，复古道便。（兼采《禹传》及《食货志》。）

时议者以为交易待钱，布帛不可尺寸分裂，禹议亦寝。后哀帝时，复有上书言：

> 古者以龟贝为货，今以钱易之，民以故贫。宜可改币。（见《师丹传》。）

是当时颇有主取消钱币以复古而利民者。盖田宅奴婢之卖买，其事起于贫富不均。贫富不均，则因于商人阶级之崛起。而商贾之所挟以牟利而为兼并之资者，则为货币。故求均贫富，抑兼并，而徒为田宅奴婢议限列，其事尚非根本办法。而当时人之见解，则颇有以废金银货币为抑兼并、均贫富之根本办法者。莽兹所为，亦师其意，而推行尚有渐。禁列侯以下挟黄金，即为废金币之初步。明与议田宅奴婢限列同出一意，皆求抑兼并，均贫富，劝农桑，厚民生。远承贾、晁、董生，近师王、贡。推本古昔，着意小民。其意不可谓不美，惟其智则甚见其为迂固耳。

当时所谓礼制，亦有并不关涉民生，而徒以稽古为尚者。汉自武帝以来，始有甘泉泰畤，汾阴后土，祭祀天地。韦玄成、匡衡等主徙甘泉、汾阴祀于长安南北郊。（竟宁元年。）自匡衡以后三十余年，凡五徙五复。此亦汉廷一大争议。至莽时，卒奏定南北郊之礼。（元始四年。）又如贡禹倡毁庙之说，孔光、何武、刘歆诸人迭有论奏。（绥和二年。）至莽而奏尊孝宣庙为中宗，孝元庙为高宗，上承刘歆勿毁武帝庙为世宗，以符殷三宗之序。（元始四年。）刘向卒年奏兴辟雍，会成帝崩，事不果，而群臣引以定谥。及莽，乃奏立明堂、辟雍，并立《乐经》博士，以足六经之数。（元始四年。）又元始元年放郑声。五年，征天下通知音律者。成帝时，诏刘向校中秘书，而使谒者陈农求遗书于天下。（河平三年。）及刘歆继之，争立《古文尚书》《逸礼》《左氏春秋》诸博士。（建平元年。）莽时，益征天下通知逸经、古记、天文、历算、钟律、小学、史篇、方术者皆诣公车。（元始五年。）凡此皆见汉廷自昭、宣以下，稽古之风日盛；而王莽乃亦顺应此潮流以得美誉。平帝卒，莽定吏六百石以上服丧三年之礼。莽之信古敢为，不顾舆情，率如此。莽之长处得人尊信者在此，其短处卒以召乱致败亦在此也。

莽之为政，亦有并不关涉礼制，而徒以慕古为尚者。此亦承当时风气而来。如何武、翟方进等主改三公官名，以御史大夫为大司空；又罢刺史，更置州牧。（绥和元年。）及朱博奏罢之，复御史大夫、刺史如故。（建平二年。）其后又立三公。（元寿二年。）及莽当国，遂置羲和官，（元始元年。）更定官名及十二州界。（元始四年。）史称：

> 更公卿大夫、八十一元士官名位次，及十二州
> 名，分界郡国所属。罢置改易，天下多事，吏不能
> 纪。（《平帝纪》。）

此等事实无意义，徒滋纷扰。亦如变更币制，皆刻意泥古，自生厉阶。而莽自为宰衡，继称居摄，终乃受禅，其所以移汉祚，亦自当时刻意慕古之风气下得之也。

四　禅让论之实现

王莽既以外戚，四世当国，权重莫比。而其为政措施，又有以合夫一时学者之议论，以深中于民间之所想望。而汉世经学相传符瑞灾异、三统五德、禅国让贤之说，亦足为王莽篡汉一大助。哀帝建平二年六月，待诏夏贺良等言："赤精之谶，汉家历运中衰，当再受命。宜改元易号，大赦天下，

以建平二年为太初元将元年，号曰陈圣刘太平皇帝。"后月余，贺良等议欲变政，大臣争以为不可，贺良等下吏伏诛。今考陈圣刘者，以时人皆言汉为尧后，汉运既衰，以五德终始之说推之，继起者自应为舜后；今汉帝自称陈圣刘，陈即舜后，盖藉其名以为厌胜也。然改号未久，贺良等即继之以议变政。盖依汉世经生受命改制之理论言之，新王受命，自当改制以应符瑞。当时虽闾阎无事，边圉差安，而汉廷政治已如秋果之熟，不击将自坠。人心向倦，无可维系，皆求一变故常以为快。故自昭、宣以下，言禅国让贤伏诛者屡有其人，而恬不知戒。汉廷亦习闻生信。至于改号陈圣刘太平皇帝，自谓可以攘灾降福，太平无祸，其事俨如儿戏。惟贺良等所议欲变之法，疑必有荒诞甚不经者，故为诸大臣所力争而中辍。盖晚汉学风，一言礼制，渊源鲁学，重恤民生；一言灾异，本自齐学，好测天意。王莽论政源自王、贡，亦鲁学礼制之遗风；后更缘饰以五德符瑞之谶，以齐学为助澜。二流同汇，又济之以外戚之权藉，遂移汉祚。其间因果至复杂，固非尽王莽一人之奸诈所得以成事也。

第二节　王莽始建国后之政治

王莽既受禅，始建国元年，即下令禁买卖田宅奴婢。其诏曰：

古者一夫一妇田百亩，什一而税，则国给民富而颂声作。……秦坏圣制，废井田，是以兼并起，贪鄙生。强者规田以千数，弱者曾无立锥之居。又置奴婢之市，与牛马同兰，缪于"天地之性人为贵"之义。……汉氏减轻田租，三十而税一，常有更赋，罢癃咸出，而豪民侵陵，分田劫假。厥名三十税一，实什税五也。……故富者骄而为邪，贫者穷而为奸，俱陷于辜，刑用不错。予前在大麓，始令天下公田口井，遭反虏逆贼且止。今更名天下田曰"王田"，奴婢曰"私属"，皆不得卖买。其男口不盈八而田过一井者，分余田予九族邻里乡党。故无田，今当受田者，如制度。敢有非井田圣制者，投诸四裔。

此诏用意本甚是。凡今世所唱土地国有、均产废奴诸说，莽诏中皆及之。然非常之事，黎民所惧。社会经济，有其自然生长之过程，亦有其相当合理之背景。今欲以在上者之一纸诏令，一旦为之改弦而更张，其势有所不能。史称其时：

　　坐卖买田宅奴婢、铸钱，自诸侯卿大夫至于庶民，抵罪者不可胜数。

其后三年，始建国四年，有中郎区博谏曰：

井田虽圣王法，其废久矣。……秦知顺民之心，故灭庐井而置阡陌，讫今海内未厌其敝。今欲违民心，追复千载绝迹，无百年之渐，弗能行也。天下初定，万民新附，诚未可施行。

莽遂下书重令民得买卖田及奴婢。自是均田、废奴之制卒不行。惟天凤四年，调上公以下诸有奴婢者，率一口出钱三千六百，则仍寓惩禁之意。然其时社会势力既尚在富民豪家之手，则此等政令，实并不足示惠于奴婢，而仅足以招怨于豪民。民心已去，一切全败。为政者徒有美意，不明时势，不讲法术，亦仅以致乱而两损耳。然至光武时屡诏免奴，（赵翼《廿二史劄记》有"光武多免奴婢"条。）实受莽政影响。则莽政虽在身后，亦犹有效应也。

莽政关涉民生最切者，公田、废奴之外，厥为币制。汉自孝武时（元狩五年。）铸五铢钱，迄于平帝元始，无所变改。莽始更造大钱、契刀、错刀，与五铢四品并行。及始建国元年，罢错刀、契刀及五铢钱，更作小钱，直一，与五十者为二品并行。以防民盗铸，乃禁不得挟铜炭。翌年，始建国二年，又造宝货五品。《食货志》：

莽更作金、银、龟、贝、钱、布之品，名曰"宝货"。钱货六品，银货二品，龟货四品，贝货五品，布货十品，凡宝货五物六名二十八品。……百

　　　　　　　　　　　　　　秦汉史

姓愦乱，其货不行。农商失业，食货俱废，民涕泣
于市道。

此盖最为莽之秕政矣。夫龟、贝、布货，已成刍狗，岂得仍
与钱币同行！莽徒知慕古，不通物情，迂愚如此。然亦远自
晁错，近自贡禹，汉廷学者，存此想者非一人。彼辈知豪民
兼并之可恨，贫富不均之可虑，而不知所以为消弭之术；乃
归罪于金银货币，谓废金钱、革货币，则富民之所挟以为并
者失其资；而不悟社会生事，牵涉至广，拔其一发，痛及全
身。而况币制，尤为民间生业所系至巨微妙之一事，岂得以
一二人，不察民间实况，不通社会真情，空依古代文字记载，
强为变易；宁有不大为扰民之理！而王莽强志敢为，遂以铸
此大错也。始建国五年，以犯挟铜炭者多，除其法。明年天
凤元年，又改大、小钱为货泉、货布。《食货志》：

> 天凤元年，复申下金银龟贝之货，颇增减其贾
> 直，而罢大小钱。改作货布，重二十五铢，直货泉
> 二十五。货泉，重五铢，枚直一，与货布二品并行。
> 又以大钱行久，罢之，恐民挟不止，乃令民且独行
> 大钱，与新货泉俱枚直一，并行。尽六年，毋得复
> 挟大钱矣。每壹易钱，民用破业而大陷刑。及地皇
> 元年，（此据《莽传》。）莽以私铸钱死，及非沮宝货投
> 四裔，犯法者多，不可胜行，乃更轻其法：私铸作

泉布者，与妻子没入为官奴婢。吏及比伍知而不举
告，与同罪。非沮宝货，民罚作一岁，吏免官。犯
者愈众，及五人相坐皆没入，郡国槛车铁锁传送长
安钟官，（主铸钱者。）愁苦死者什六七。

可知改革币制，为莽政始终扰民一大端也。

王莽之行公田，废奴婢，改货币，其初意皆在抑兼并，
齐众庶，而行之不免于扰民。以此等皆牵涉民间生业，未可
以政府一纸诏令强为骤易也。其用意相类者，尚有六筦之令。
其事在始建国二年。所谓六筦者：一盐，二酒，三铁，四名
山大泽，五钱布铜冶，六五均赊贷是也。五均赊贷，其议起
于刘歆，见《周官》泉府有赊贷之法，而莽依其意推行之。
《食货志》：

> 于长安及五都（洛阳、邯郸、临淄、宛、成都。）立五
> 均官，皆为五均司市师。
>
> 工商能采金银铜连（铅。）锡登龟取贝者，皆自
> 占司市钱府。
>
> 又以《周官》税民，凡田不耕为不殖，出三夫
> 之税。城郭中宅不树艺者为不毛，出三夫之布。民
> 浮游无事，出夫布一四。不能出者，冗作，县官衣
> 食之。
>
> 诸取众物鸟兽鱼鳖百虫于山林水泽及畜牧者，

> 嫔妇桑蚕织纴纺绩补缝，工匠医巫卜祝及它方技商
> 贩贾人坐肆列里区谒舍，皆各自占所为其在所之县
> 官。除其本，计其利，十一分之，而以其一为贡。
>
> 敢不自占，自占不以实者，尽没入所采取，而
> 作县官一岁。

此其制，略似于武帝时之"算缗"，而性质颇不同。根据上列
诸项，"五均"殆以征收一切地税为主。故凡采矿畜牧坐肆列
里区谒舍，工商之就地生利者，五均皆得征其贡。盖自耕稼
以外之凡据地以为利者，胥由五均主之也。其田不耕，宅不
树艺，民浮游无事，此虽不生利，而亦不能无占地，故亦征
其税；乃是寓禁于征之意矣。"五均"一语，原于《乐语》，
河间献王所传；邓展注其文云：

> 天子取诸侯之土以立五均，则市无二价，四民
> 常均。（臣瓒注。）

故知五均有税地之义。盖古人惟以农为正业，其他则目为奸
利，又以为凡生利者必有赖于地，故于田租正税外，立此五
均一税也。

"五均"之名，又见于《周书·大聚解》，云：

> 市有五均，早暮如一。送行逆来，振乏救穷。

莽复师其意，使：

> 诸司市常以四时仲月，为物上中下之贾，各自
> 用为其市平。众民卖买五谷布帛丝绵之物，周于民
> 用而不雠者，均官考检厥实，用其本贾取之，毋令
> 折钱。万物昂贵过平一钱，则以平贾卖与民。其贾
> 低贱减平者，听民自相与市，以防贵庚者。民祭祀
> 丧纪无用者，钱府以所入工商之贡但赊；祭祀毋过
> 旬日，丧纪毋过三月。民或乏绝，欲贷以治产业者，
> 均授之，除其费，计所得受息，毋过岁什一。(《食货
> 志》。)

此又略似于武帝之"均输"，而性质实亦不同。盖五均所司，
在即征工商之贡税，而仍为工商谋便益，如定物价、收滞货、
平买卖皆是。其有赊贷，意在振乏救穷，则与征田不耕、宅
不树艺、民浮游无事者，其立法之用意，正为相反而相成也。
盖重利盘剥，亦为兼并一大事。今赊贷由官营治，则子钱家
无所牟利；而官家母金，即以征工商之所得税充之。此五均
一制之大概也。

其他如盐铁酒酤之官卖，名山大泽钱布铜冶之由国营，
此在武帝时业已先行。武帝尚志在增国库，王莽则确为抑兼
并。后世以成败论事，乃若莽政一无足取。即如六筦之令，

秦汉史

言其用意，亦未为全非矣。史称其时：

> 督五均六筦，郡有数人，皆用富贾，乘传求利，交错天下。因与郡县通奸，多张空簿。府藏不实，百姓愈病。（《食货志》。）

此则敝在奉行之不得其人，是亦改革政制之进程中所时有之现象，不足专为莽病也。

其后天凤四年，莽复下诏重申六筦之令。曰：

> 夫盐，食肴之将。酒，百药之长，嘉会之好。铁，田农之本。名山大泽，饶衍之藏。五均赊贷，百姓所取平，仰以给赡。钱布铜冶，通行有无，备民用也。此六者，非编户齐民所能家作，必仰于市；虽贵数倍，不得不买；豪民富贾，即要贫弱。先圣知其然也，故干之。（依《通鉴》在此年。）

此诏申述设六筦一制之用意甚显。用近代人术语说之，此等皆是一种"国家社会主义"政策之推行也。然莽之推行此等政策，则仍多有流弊。史称：

> 每一筦下，为设科条防禁，犯者罪至死，吏民抵罪者浸众。纳言冯常以六筦谏，莽大怒，免常官。

（《莽传》。）

地皇二年，或言羲和鲁匡设六筦以穷工商，宜诛以慰天下；莽以百姓怨非故，左迁鲁匡为五原卒正。明年，地皇三年，莽以天下畔己，

> 除井田、奴婢、山泽、六筦之禁，即位以来诏
> 令不便于民者，皆收还之。（《莽传》。）

是莽亦未尝不悟其所抱政治理想之不克急切推行矣。然莽遣使未发，会光武兄弟已起兵，莽终以覆灭。盖莽之所禁行，如井田、奴婢、山泽、六筦诸端，皆关涉社会民生之全部。以当时境土之广，人民之众，一政府高高在上；于此诸端，苟能精心密虑，推行以渐，犹惧不克济；今莽徒以志在民生，事慕古昔，遂谓可以一意孤行，企足而待效，则宜乎其种天下之大乱也。

莽之为政，并有全不关涉民生实际，徒以慕古而滋纷扰者。如：

> 始建国元年，策命群司，置九卿，二十七大夫，八十一元士。更诸官名，定诸侯王号皆称公，四夷僭号称王者皆更为侯。二年，匈奴单于求故玺，莽不与，遂寇边。

秦汉史

又始建国元年，立九庙。二年，置六经祭酒。四年，下书言巡狩。

天凤元年，依《周官》《王制》，悉更官名，分州郡。其后岁复变更，一郡至五易名，而还复其故。每下诏书，辄系其故名。

其繁碎轻率，拘泥文字，不通情实，有如此。史称：

> 莽意以为制定则天下自平，故锐思于地理，制礼作乐，讲合六经之说。公卿旦入暮出，议论连年不决，不暇省狱讼。县宰缺者，数年守兼。中郎将、绣衣执法在郡国者，传相举奏。又十一公士，分布劝农桑，班时令，交错道路。莽务自揽众事，有司受成苟免。又好变改制度，政令烦多。前后相乘，愦眊不渫。莽常御灯火至明，犹不能胜。尚书因是为奸寝事。上书待报者，连年不得去。拘系郡县者，逢赦而后出。卫卒不交代三岁。边兵二十余万人仰衣食。

此盖王莽当时致败之实情也。

又莽制吏禄薄，天凤三年下诏曰：

> 岁丰穰则充其礼，有灾害则有所损，与百姓同

忧喜也。其用上计时通计天下，即有灾害，以十率
多少而损其禄。

于是：

> 课计不可理，吏终不得禄，各因官职为奸，受
> 取赇赂，以自共给。

此等皆莽之不通政情，故遂以求治者致败也。

盖尝论之，汉儒论灾异，而发明天下非一姓之私，当择
贤而让位。此至高之论也。汉儒论礼制，而发明朝廷措施，
一切当以社会民生为归，在上者贵以制节谨度，抑兼并、齐
众庶为务。此又至高之论也。然前者为说，往往失之荒诞。
后者之立论，又往往失之拘泥。前说尊天，后议信古；而此
二者，皆使其迷暗于当身之实事。莽之为人，荒诞、拘泥，
兼而有之。竟以是得天下，而亦竟以是失之。然富民豪族之
兼并，贫富之不均，社会经济所形成之阶级，起而代古者封
建贵族之世袭；惟此一事，厥为西汉二百年最大待决之问题。
贾、晁、董生极论于前，王、贡诸儒深唏于后；而汉之诸帝，
实鲜有能注意及此，而了解其问题之严重者。惟王莽锐意变
法，欲举贾、晁、董生以来，迄于王、贡诸儒之所深唧而极
论者，一一见之于实政。此不可谓非当时一杰出之人物。不
幸而莽以一书生，不达政情，又无贤辅，徒以文字议论为政

312   秦汉史

治，坐召天下之大乱。而继此以往，帝王万世一家之思想，遂以复活；五德三统、让贤禅国之高调，遂不复唱；而为政言利，亦若悬为厉禁；社会贫富之不均，豪家富民之侵夺兼并，乃至习若固然；而新莽一朝井田、奴婢、山泽、六筦诸政，遂亦烟消火灭，一烬不再燃。西汉诸儒之荒诞拘泥，后世虽稍免；而西汉诸儒之高论，后世亦渐少见。是王莽一人之成败，其所系固已至巨。至于其人之贤奸诚伪，犹是对于王莽身后一人之评骘，可无斤斤焉深辨为也。